Fallschirmsport

10. Auflage 1997

ISBN 3-87820-305-5.

Dieses Buch verdankt sein Entstehen den Anregungen und der Mitarbeit vieler Fallschirmsportler. Stellvertretend für sie alle sei an dieser Stelle Herrn Dr. Hanshelmut Thiele gedankt. – Uwe Beckmann

Bildquellen: Ray Cottingham, USA (Umschlag); Erich Baumann, Uwe Beckmann, Joachim Biskup, Carl Boenish, Peter Böttgenbach, Jean-Pierre Bolle, CanPara, Axel Carp, Ray Cottingham, Rande Deluca, Helmut Ende, Heinz Girnth, Ralph Görtler, CIC Grenoble, Sjaak Gielen, Th. Hanschke, Hans-Helmut Herold, Andy Keech, Bernie Keenan, Jürgen Körschgen, Chip Maury, Rolf Schauss, Gérard Sittler, Tom Verschoor †, Rüdiger Wenzel

Uwe Beckmann

in Wort und Bild

mit dem offiziellen Prüfungsfragen-
Katalog des Bundesministers für Verkehr
und des Deutschen Aero Club e.V.

Offizielles Ausbildungsbuch
der Fachgruppe Fallschirmsport des Deutschen Aero Clubs

Verlag
S. Toeche-Mittler, Darmstadt

Inhalt

1. Die Geschichte des Fallschirms 8

2. Die heutigen Fallschirme 13
Der Rundkappenfallschirm
Fallschirmkunde
Andere Formen von Fallschirmkappen
Der Drachen- oder Schlepp-Fallschirm
Fallschirmsegeln
Hochleistungsrundkappen
Gleitfallschirme – Spitzengeräte des modernen Fallschirmsports
Gurtzeuge
Aerodynamik der Fallschirme
Nachprüfung und Versicherung

3. Die Absetzluftfahrzeuge 41

4. Die Ausrüstung 48

5. Die Ausbildung des Sprungschülers 51
Luftrechtliche Voraussetzungen
Die körperliche Vorbereitung
Theorie des freien Falls
Meteorologie
Das Packen des Fallschirms
Landung und Landefall
Der automatische Absprung
Das Steuern des Fallschirms
Verhalten in besonderen Fällen
Das Absetzen
Der manuelle Absprung
Prüfung und Erwerb der Erlaubnis für Fallschirmspringer (Luftfahrerschein)

6. Die Ausbildung für Fortgeschrittene 88
Zielspringen mit Hochleistungsrundkappen
Das Packen und Fliegen von Gleitfallschirmen
Figuren im Freifall
Nacht- und Wassersprünge

7. Das Formationsspringen 111
Der Stafettensprung
Kleine und große Sterne
Sequenz-Springen

8. Kappen-Formationsspringen 125

9. Wettbewerbe 128
Einzel- und Mannschaftszielspringen
Stilspringen und Kombination
Formationsspringen
Kappen-Formationsspringen
Fallschirm – Ski
Fallschirmsport als olympische Disziplin?

10. Schiedsrichtertätigkeit 147

11. Rekorde 149

12. Leistungsabzeichen 149

13. Medizinisch-Psychologische Aspekte 150

14. Sicherheit im Fallschirmsport 151

15. Fachausdrücke 152

16. Fallschirmsportvereine 156

17. Sprungplätze 160

18. Fallschirmsportmöglichkeiten in Europa 162

19. Literaturverzeichnis 164

20. Prüfungsfragen 165

21. Deutsche Rekorde, Mitglieder, Absprünge 171

22. Weltmeisterschaften 172

23. Weltrekorde 175

24. Der Autor 176

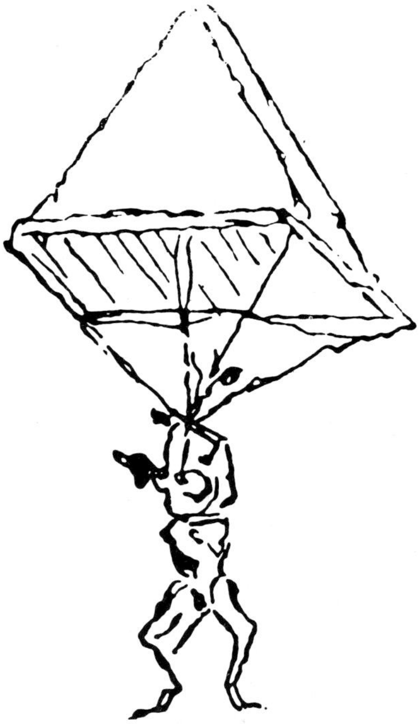

Leonardo da Vincis Fallschirm-Idee aus dem Jahre 1495: eine Zelt-Pyramide mit Seitenflächen von je etwa 9 m². Der Springer hält sich an vier Tragschnüren, die an den Ecken befestigt sind, eine fünfte geht bis zur Pyramidenspitze.

1617 baute Fauste Veranzio aus vier zum Quadrat zusammengefügt und mit Stoff bespannten Leisten einen Fallschirm und sprang mit ihm von einem Glockenturm Venedigs. Veranzio verwendete bereits eine Art Gurtzeug.

1. Die Geschichte des Fallschirms

Lange bevor es dem Menschen gelang, seine Sehnsucht nach der Höhe zu stillen und die Lüfte zu bezwingen, beginnt die Geschichte des Fallschirms. Der chinesische Kaiser SHUN (2258—2208 v. Chr.) soll der erste gewesen sein, der einen erfolgreichen Fallschirmabsprung von einem Turm durchführte. Der historische Wert wird aber angezweifelt.

Als eigentlicher Erfinder des Fallschirms gilt deshalb übereinstimmend der geniale Techniker und Maler LEONARDO DA VINCI. In dem Werk „Saggio delle opere di Leonardo da Vinci" befindet sich die Abbildung und Beschreibung seines Fallschirms. Die Erfindung stammt aus dem Jahre 1495. Er schrieb: „Wenn sich ein Mensch mit einer Kuppel aus Stoff ausrüstet, die auf einen Rahmen gespannt ist, von dem jede Seite 12 Ellen Länge hätte und die ebenfalls 12 Ellen Höhe hätte, könnte er ohne Gefahr von jeder Höhe herunterspringen." Aber er selbst sprang nicht, und es traute sich wohl auch sonst niemand, denn es vergeht über ein Jahrhundert ehe wir auf das nächste Fallschirmprojekt stoßen, das aber dann auch zugleich von dem Erfinder auf seine Verwendbarkeit hin erprobt wird und diese Probe voll besteht. Fauste VERANZIO, ungarischer Abstammung, war in Venedig geboren und verbrachte auch den größten Teil seines Lebens dort. Im Jahre 1617 veröffentlichte er eine Arbeit, in der sich sowohl eine Abbildung seines fliegenden Menschen („Homo volans") als auch eine Beschreibung des Fallschirms befindet. Veranzio stellte damals schon fest, daß der Fallschirm erst nach einer gewissen Fallzeit soviel Luft unter sich verdichtet, daß der Mensch mit einer gefahrlosen Geschwindigkeit zum Erdboden gelangt und daß mit zunehmendem Gewicht des fallenden Körpers sich auch die tragende Fläche des Fallschirms im Verhältnis vergrößern müsse. Aufgrund seiner Schilderungen wird angenommen, daß er 1617 von einem Glockenturm in Venedig mit seinem Fallschirm abgesprungen ist. Obwohl dieser Sprung glücklich verlief, verging wieder über ein Jahrhundert bis die Idee des Fallschirms von den Franzosen Joseph MONTGOLFIER (der später den Heißluftballon erfand) und Sébastian LÉNORMAND wieder aufgegriffen wurde.

Montgolfier stürzte sich 1777 vom Dach seines Hauses in Annonay — gestützt auf seine Berechnungen über den Widerstand der Luft und durch kleinere Vorversuche von der Richtigkeit seines Vorhabens überzeugt. Das Experiment glückte. Allerdings waren seine Frau und seine Eltern darüber so entsetzt, daß er schwören mußte, es nicht zu wiederholen. Nach zwei Jahren nahm er die Versuche wieder auf — diesmal jedoch mit Tieren, z. B. mit einem Hammel, den er vom Turm des Papstpalastes in Avignon (35 m hoch) mehrfach erfolgreich „absetzte".

Im Jahre 1783 experimentierte der Physiker Sébastian Lénormand in Montpellier mit Fallschirmen. Zunächst nahm auch er Tiere für seine Versuche, dann entwickelte er einen leichteren und größeren Fallschirm von dem uns eine genaue Beschreibung erhalten ist. Ein 2 m hoher Leinwandkegel mit 4,5 m Durchmesser bildete die Kappe. Um den Stoff luftdicht zu machen, beklebte Lénormand ihn von innen mit Gummi. 32 Schnüre hielten einen Rahmen aus Weidenholz, in dem der Erfinder dann selbst beim Absprung vom Observatorium in Montpellier saß.

Mit der Erfindung des Heißluftballons trat die Entwicklung des Fallschirms in ein neues Stadium. Nicht mehr Häuser, Bäume oder Türme dienten als Absprungmöglichkeit, sondern Ballone in weitaus größeren Höhen.

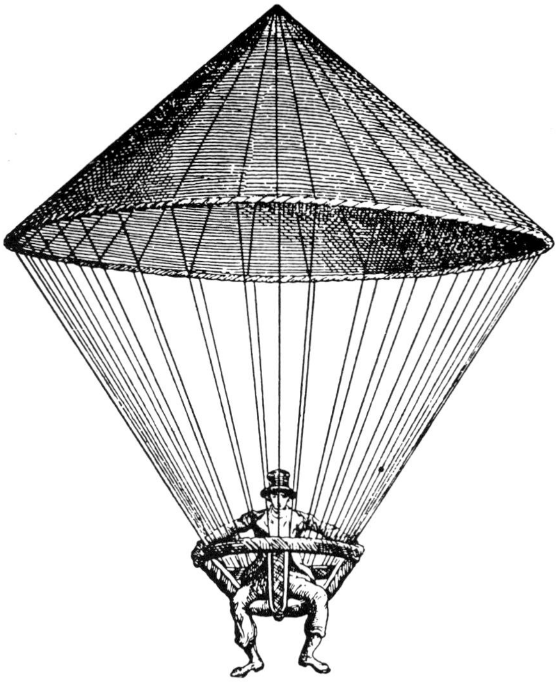

Sébastian Lénormand benutzte ein „Gurtzeug" aus Weidenholz. Er hatte seine Fallschirmkappe — einen Leinwandkegel — von innen mit Gummi beklebt, um sie luftundurchlässig zu machen.

Der erste Fallschirmsprung der Geschichte. André Jaques Garnérin in seiner Gondel über Paris am 22. 10. 1797. Im Hintergrund der gekappte Trägerballon.

Der Franzose Jean Pierre BLANCHARD beginnt die Reihe dieser Männer. Er verband seinen Gasballon mit einem 7 m im Durchmesser betragenden Fallschirm, der ihn im Notfall gefahrlos zur Erde bringen sollte. Der Schirm hatte in der Mitte einen Stiel, der bis in die Gondel reichte. Um seine Aufstiege attraktiver zu machen, ließ er zunächst Tiere an kleineren Fallschirmen hinunter, so z. B. auch am 3. Oktober 1785 in Frankfurt einen Hund. Kurze Zeit später, am 21. November des gleichen Jahres, erwies sich sein Fallschirm als wirkliches Rettungsmittel. Offenbar war in seinem Ballon ein Überdruck entstanden, er zerstach die Hülle und rettete sich mit seinem Fallschirm. Die erste Fallschirm-Rettung aus Luftnot!

Eine bedeutende, wenn nicht sogar die bedeutendste Rolle in der Geschichte des Fallschirms, spielten die Gebrüder GARNERIN. Insbesondere der jüngere André Jacques. Er verwandte viel Kraft und Geschicklichkeit an die Konstruktion eines Fallschirms, mit dem er einen Absprung vom Ballon aus 1000 m Höhe auszuführen gedachte. Nach der mißglückten Probe im Juni (Riß der Ballonhülle am Boden), einer Anklage wegen Betruges und fieberhafter Tätigkeit wegen der nahenden Gerichtsverhandlung, stieg er endlich am historischen 22. Oktober 1797 um 17.28 Uhr nachmittags im Park von Monceau (Paris) auf. Sein Fallschirm hatte keine starre Basis, die die Entfaltung vor dem Gebrauch sicherte, wie es für Sprünge von Häusern, Türmen usw. notwendig ist, sondern die Kappe hing schlaff unter einem Ballon. In 700 m Höhe kappte Garnerin die Verbin-

Absprung Leroux' über Berlin. In dieser Art wurden längere Zeit Fallschirmsprünge vom Ballon aus durchgeführt. Die Kappe war mit einem Karabinerhaken am Netzwerk befestigt, er wurde beim Absprung aufgezogen.

Ankündigung eines Käthchen Paulus Sprunges in Frankfurt. Plakat aus dem Historischen Museum, Frankfurt.

Absprung eines Beobachters mit einem Paulus-Fallschirm von einem Ballon. Die Kappe ist zusammengerollt und verpackt an der Gondel befestigt.

dung zum Ballon (der unmittelbar darauf zerplatzte, da er zu sehr gefüllt war) und fiel in rasender Geschwindigkeit zur Erde. Die zahlreichen Zuschauer stießen bereits gellende Schreckensrufe aus, aber die Kappe entfaltete sich und die Geschwindigkeit nahm zusehends ab. Da in der Mitte der Kappe (Scheitel) noch keine Öffnung war, suchte sich die verdichtete Luft am Rande einen Ausweg. So pendelte Garnerin in seiner Gondel luftig hin und her, landete jedoch heil auf der Erde und wurde im Triumph in die Stadt gebracht. Der erste Fallschirmabsprung in der Geschichte war vollbracht. Heute kündet davon noch ein verrostetes Schild „Alleé Garnerin" in Paris.

Auf Anregung des Astronomen LALANDE brachte Garnerin fünf Jahre später eine Scheitelöffnung am Fallschirm an. Die gefährlichen Pendelungen, die manchmal fast 90° betrugen, hörten auf. Jacques Bruder, Jean Baptiste Olivier, reduzierte das Gewicht des Fallschirms von 120 auf 12 kg und brachte es dabei sogar fertig, den Durchmesser von 9 auf 12 m zu vergrößern.

Der Bann war gebrochen, Fallschirmspringen zur Befriedigung der menschlichen Schaulust und Sensationsgier (ein starker Hauch davon haftet ihm heute noch an) verbreitete sich über Europa. Man führte Schausprünge auf Volksfesten durch, aber schon damals — wie heute — war es nötig das Programm immer mehr auf die Spitze zu treiben, um die Leute ununterbrochen in Atem zu halten. Stets neue kalte Schauer jagte man ihnen den Rücken hinuter, durch Sprünge ins Wasser oder vom brennenden Ballon. Trapezkünstler führten während des Sinkens Akrobatstücke auf einer Stange durch, die anstelle eines Gurtzeuges da war. Jetzt fingen auch die ersten Frauen an zu springen. Die Nichte Garnerins, die schöne Elisa, sprang an die vierzigmal unter den originellsten Bedingungen und aus den verschiedensten Höhen.

Nach den sehr vielversprechenden Anfängen erscheint uns das 19. Jahrhundert ziemlich unheilvoll in der Geschichte des Fallschirms, und zwar auf Grund von tragischen Versuchen mit Geräten verschiedenster Art, die wohl recht originell waren, aber auf keiner wissenschaftlichen Basis erfunden wurden.

So konstruierte z. B. 1837 der Engländer COCKING – der Garnerin gesehen hatte – einen Schirm, der wie ein vom Sturm umgeklappter Regenschirm aussah, der Scheitel war also unten. Er glaubte damit eine wesentliche Verbesserung zu erreichen und schlug alle wohlgemeinten Warnungen in den Wind. Am 27. Juli 1837 sprang er aus 2000 m Höhe, und dieser Schirm tat etwas für uns heute Selbstverständliches – er schloß sich durch den Luftdruck völlig. Cocking stürzte zu Tode.

Weitere tödliche Unfälle schockierten die Zuschauer. Aber die Entwicklung des Fallschirms ging weiter.

Als bedeutendste Frau in der Geschichte des Fallschirms kann wohl die Deutsche Käthe PAULUS, die um 1890 ihren ersten Fallschirmabsprung machte, gelten. Sie war die erste, die auf die umwälzende Idee kam, den Schirm zusammenzupacken. Sie faltete die Bahnen sorgfältig, zog sie in eine schlauchartige Packhülle ein und rollte das ganze zusammen, diese Rolle wurde durch einen Gummiring gehalten. Die Fangleinen legte sie bündelweise und durch Papier-Zwischenlagen vor dem Verwirren geschützt, in Schlaufen ein. Beim Absprung wurden zunächst die Fangleinen herausgezogen und dann die Kappe. Käthchen Paulus beherrschte schon um die Jahrhundertwende die Technik des Doppelabsprunges: Sie sprang aus ca. 1200 m von einem Ballon ab, öffnete den ersten Schirm, warf ihn wieder ab und öffnete kurz darauf den zweiten Schirm. Ein Leckerbissen für die Zuschauer.

Noch zu ihrer aktiven Zeit, am 1. März 1912 sprang der Amerikaner Albert BERRY als erster Mensch aus einem Flugzeug, einem Doppeldecker, ab. Der Fallschirm befand sich in einem Metallkasten auf der unteren Tragfläche. Im August 1913 machte es der Franzose PEJOUD besonders oirginell. Genau wie Berry hatte er große Schwierigkeiten, einen Piloten zu finden. So flog er selbst, öffnete den Schirm im Flugzeug und ließ sich von ihm herausziehen. Das Flugzeug stürzte anschließend ab. Diese etwas unwirtschaftliche Art des Absprunges wird noch öfter praktiziert.

Dem deutschen Konstrukteur HEINECKE gelang es, ein letztes Hauptproblem zu lösen. Bei Rettungsabsprüngen aus Flugzeugen war die Gefahr sehr groß, daß sich die Kappe am Flugzeug verfing, da der Fallschirm direkt am Flugzeug befestigt war und sofort nach dem Verlassen der Kabine zum Notsprung aufging. Es kam also darauf an, eine Konstruktion zu finden, die es ermöglichte, mit dem verpackten Fallschirm zunächst das Luftfahrzeug zu verlassen und die Öffnung des Schirms erst dann zu verursachen, wenn dieser sich außerhalb des Flugzeugbereichs befand. Heinecke glückte es auf überraschend einfache Weise. Seine Verpakkung wurde nicht am Flugzeug, sondern am Körper des Piloten befestigt. Eine einfache Leine – heute Aufziehleine genannt – zog nach genügend langem Fall den Fallschirm aus der Verpackung und er konnte sich dann gefahrlos öffnen. Da im Gegensatz zu den Rettungsabsprüngen aus Fesselballonen bei einem Absprung aus einem Flugzeug bereits eine relativ große Geschwindigkeit vorhanden ist,

In den 20er Jahren waren Absprünge von der unteren Tragfläche eines Doppeldeckers große Mode. Der Springer zog selbst, ein Hilfsschirm zog die Kappe heraus und diese zog den Springer vom Flugzeug.

Gleich kommt der Springer!

Manueller Absprung 1922

Der Pionier des deutschen Fallschirmsports, Richard Kohnke, nach einem Sprung in Danzig 1922.

konstruierte Heinecke auch ein spezielles Gurtzeug, das jedes Einschnüren in den Körper ausschloß. Das Prinzip des Heinecke Fallschirms wird heute noch angewendet.
Im Jahre 1919 setzte der Amerikaner Leslie L. IRVIN einen weiteren, bedeutenden Meilenstein in der Fallschirmgeschichte. Am 28. April 1919 sprang er in McCook Field, Ohio, aus etwa 500 m Höhe aus einem De Havilland Doppeldecker und ließ sich frei durch die Luft fallen, ohne noch mit dem Flugzeug verbunden zu sein. Erst kurz darauf öffnete er selbst seinen Fallschirm. Der erste Freifallsprung in der Geschichte war absolviert, ein ungeheures Wagnis, das wir heute kaum noch richtig einschätzen können und zu dem ein enormer Mut nötig war. Man war damals allgemein der Ansicht, ein Mensch im Freien Fall müsse unweigerlich das Bewußtsein verlieren. Irvin bewies das Gegenteil. Der Siegeszug des Fallschirms als Rettungsgerät begann damit. Charles LINDBERGH verdankte ihm viermal sein Leben.
Richard KOHNKE, der Vater des deutschen Fallschirmsports, sprang 1930 aus 7800 m Höhe ab und absolvierte einen Freifall von 142 Sekunden Dauer. Er stellte schon damals fest, daß die Fallrichtung durch das Einnehmen verschiedener Körperhaltungen beeinflußt werden kann.
Der Sportgedanke kam auf. Die ersten Fallschirmsportspringer wetteiferten bereits in den zwanziger Jahren um eine möglichst gute Ziellandung. Durch den 2. Weltkrieg unterbrochen ging diese Entwicklung Ende der vierziger Jahre beschleunigt weiter. Überall in Europa und Amerika bildeten sich die ersten Fallschirmclubs. Man stellte die ersten Regeln auf und veranstaltete Wettbewerbe. Der Fallschirmsport war geboren!

2. Die heutigen Fallschirme

Der Rundkappenfallschirm

Die Grundfläche der allerersten Fallschirme war quadratisch, wohl vor allem deshalb, weil sie eine starre Basis hatten und die läßt sich quadratisch einfach herstellen, indem man vier Latten an den Eckpunkten verbindet.
Bereits Garnerin verzichtete auf diese starre Basis – und verwendete schon einen Rundkappenfallschirm. Bei diesem wird durch die Fangleinen, die von dem Gurtzeug über die Kappe hinweg wieder zum Gurtzeug zurück geführt werden, ein elastisches „Gerippe" gebildet und ein statisch einwandfreier Aufbau des Fallschirms erreicht. Folglich besitzen die Kappen der meisten Übungs-Fallschirme einen kreisrunden oder kreisähnlichen Grundriß. Die aerodynamische Stabilität des Rundkappenfallschirms kann jedoch nur durch eine hohe Luftdurchlässigkeit des Kappengewebes erreicht werden. Diese verschlechtert aber wiederum den Widerstandsbeiwert der Kappe, so daß mit der aerodynamischen Stabilität stets eine erhöhte Sinkgeschwindigkeit in Kauf genommen werden muß.
Rundkappenfallschirme ohne irgendwelche Modifikation findet man heute beim Sportspringen kaum noch, sie werden manchmal noch als Reservegeräte, öfter bei militärischen Fallschirmtruppen aufgrund ihrer einfachen und preiswerten Bauweise eingesetzt. Ihr großer Nachteil ist, daß man sie kaum steuern kann. Ausschließlich die Windverhältnisse bestimmen die Bahn des Schirms und den Landepunkt. Ein begrenztes Manövrieren ist durch das „Slippen" möglich. Man zieht dabei auf der Seite, zu der man hinsteuern will, einen oder zwei Haupttragegurte kräftig nach unten, u.U. sogar die Fangleinen. So erreicht man, daß die unter der Kappe gestaute Luft am entgegengesetzten Kappenrand verstärkt entweicht und dem Schirm einen gewissen (relativ schwa-

Ein einfacher, nicht steuerbarer Rundkappenfallschirm. Bei diesem speziellen Typ ist die Basis etwas nach innen gezogen, dadurch wird eine bessere Stabilität erreicht.

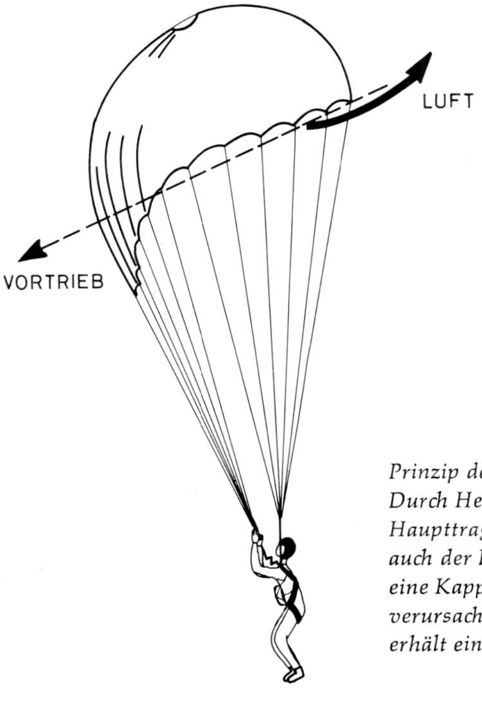

Prinzip des „Slippen": Durch Herunterziehen der Haupttragegurte und evtl. auch der Fangleinen wird eine Kappenasymmetrie verursacht und der Schirm erhält einen Vortrieb.

Rundkappenfallschirm mit einem Steuerschlitz. In Kappenmitte ist deutlich die Scheitelöffnung zu sehen.

(oben) Absprung mit einem automatischen Fallschirm.

(links) Wie eine Nabelschnur verbindet die Aufziehleine den Springer mit dem Flugzeug und zieht den äußeren Verpackungssack auf.

(rechts) Die Fangleinen sind gestreckt und die Kappe wird aus dem inneren Verpackungssack gezogen. Ist auch sie gestreckt, reißt ein Sollbruchband am Kappenscheitel, der Springer ist frei.

Die Serie zeigt einen der ersten Sprünge nach der Wiedererlangung der Lufthoheit 1955. Damals wurde noch ohne Reservegerät gesprungen.

Sprung mit einem manuellen Schirm.

Der Springer fällt ohne Verbindung mit dem Flugzeug frei durch die Luft. Er betätigt den Aufziehgriff (hier in seiner rechten Hand) und bewirkt dadurch, daß die Packhülle sich öffnet. Der Hilfsschirm springt heraus.

Der Hilfsschirm übernimmt beim manuellen Schirm die Funktion der Aufziehleine. Zunächst wird die Kappe gestreckt, die sich noch im Packschlauch befindet.

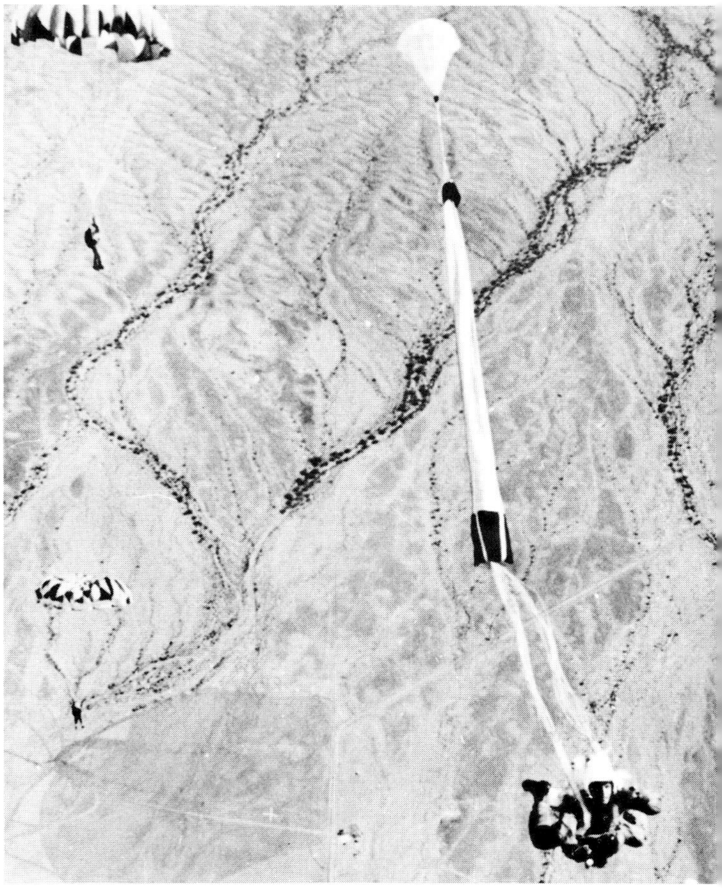

Die Fangleinen werden ausgeschlauft und danach der Packschlauch abgezogen.

Die Fallschirmkappe füllt sich mit Luft.

Fallschirm mit TU-Schlitz

chen) Vortrieb verleiht. Da die Kappenfläche gleichzeitig kleiner wird, vergrößert sich die Sinkgeschwindigkeit, besonders bei starkem Slippen. In Bodennähe kann es also gefährlich werden. Das Herunterziehen der Haupttragegurte oder gar der Fangleinen erfordert viel Kraft, Experten arbeiten sich trotzdem bis an den Kappenrand heran. Man kann sich so allerdings im wahrsten Sinne des Wortes sehr schnell die Finger verbrennen: faßt man die Fangleinen ohne Handschuhe an und läßt sie nur etwas rutschen, gibt es böse Brandwunden.

Bei der ersten Weltmeisterschaft im Fallschirmsportspringen 1951 in Bled (Jugosl.) plagten sich alle Teilnehmer noch mit derartigen Schirmen und Techniken ab. Aber bald kamen findige Konstrukteure dahinter, daß man den Vortriebeffekt auch besser und weniger mühsam für den Springer, erzielen konnte: es wurde einfach ein Schlitz in die Kappe geschnitten. Die angestaute Luft unter der Kappe trat nun durch diesen Schlitz aus und der Schirm bekam einen wirkungsvolleren Vortrieb.

Mit Hilfe einer Steuerleine kann die Geometrie dieses Steuerschlitzes so verändert werden, daß die Luft nicht gerade ausströmt, sondern seitlich (tangential). Die Kappe erhält dadurch einen Drall. Man ist also in der Lage den Schirm so zu drehen, daß der Vortrieb einen genau in die Richtung schiebt, in die man möchte. Vortrieb und Drehung sind das Prinzip der Steuerung, nach diesem Prinzip arbeiten heute alle modernen Sport-Übungsfallschirme.

Neben der Form der Kappe klassifiziert man die Übungsfallschirme noch nach der Art ihrer Öffnung in „automatische" und „manuelle" Fallschirme. Der Erstspringer erhält stets einen automatischen Fallschirm, er braucht sich um dessen Öffnung überhaupt nicht zu kümmern. Sie wird automatisch durch eine Aufziehleine bewirkt, die im Flugzeug eingehakt ist. Anders ist es beim manuellen Fallschirm, den fortgeschrittene Springer benutzen. Sie fallen mit ihrem Fallschirm frei durch die Luft, ohne Verbindung zum Flugzeug und müssen selbst den Aufziehgriff mit dem Aufziehkabel ziehen, um die Öffnung des Fallschirms freizugeben. Aus finanziellen Gründen ist ein kombinierter Fallschirm, der sowohl automatisch als auch manuell gesprungen werden kann, für die Fallschirmsportvereine besonders interessant.

Reservekappen
mit verschiedenen Steuerschlitz-Formen.

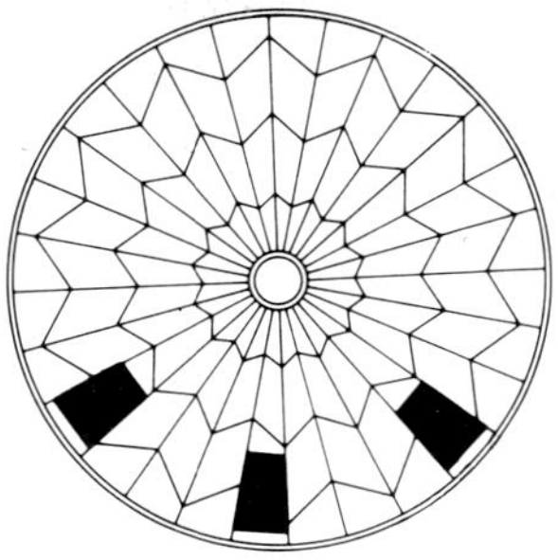

Offene TRI-VENT-Schlitze
Felder im Schrägzuschnitt
(Bias cut)

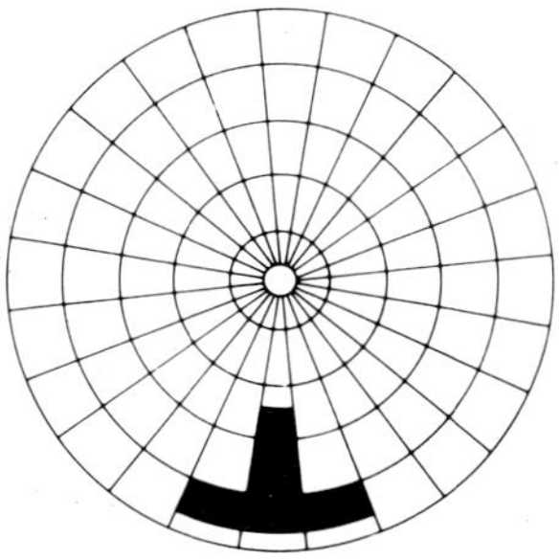

Offener T-Schlitz
Felder im Blockzuschnitt
(Block cut)
Beispiel: 26 ft. LoPo Steerable

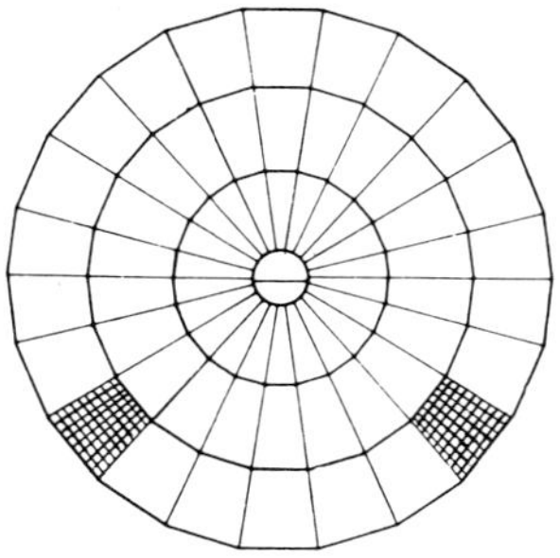

Zwei Fehl-Felder
als Steuerschlitze.
Stoff durch Gaze ersetzen.
Beispiel: 23 ft. TRI-CONICAL
Felder im Blockzuschnitt

Größerer T-Schlitz.
Stoff durch Gaze ersetzt.
Felder im Schrägzuschnitt.
Beispiel:
26 ft. SUPER STEERABLE

Rundkappen
mit verschiedenen Steuerschlitz-Formen.

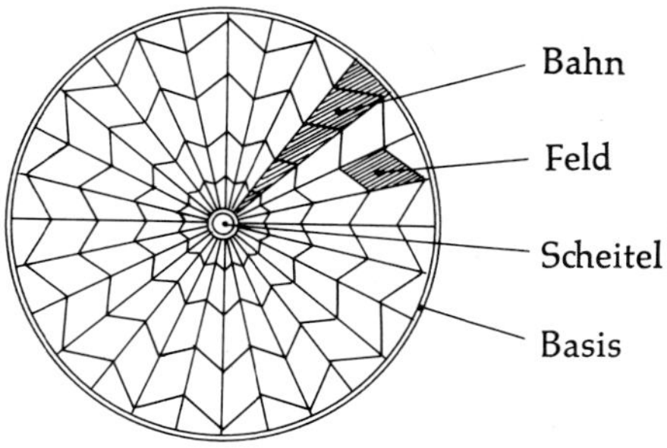

T-Schlitz

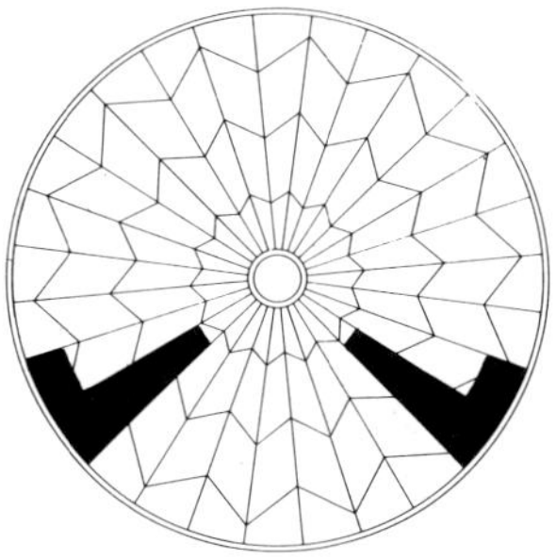

LL-Schlitz

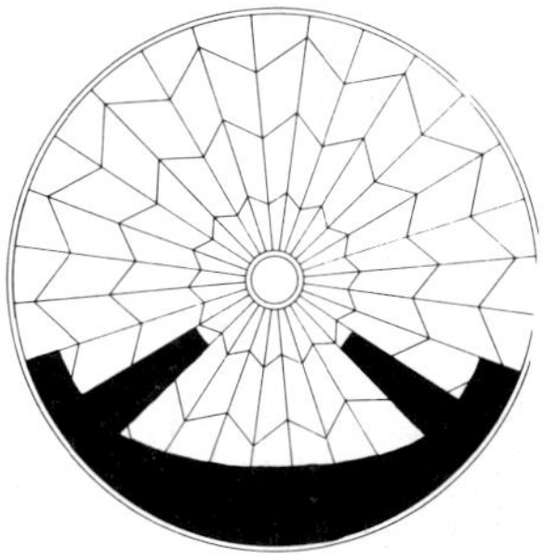

TU-Schlitz

Steuerbare Reserven

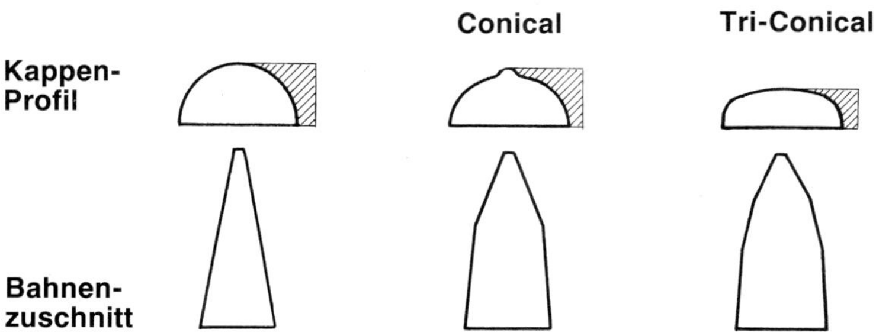

Fallschirmkunde

Fallschirmrundkappen bestehen aus synthetischem Gewebe (meist Nylon) und haben eine Größe von 55–70 m^2 je nach Typ. In der Regel haben sie 24 oder 28 Bahnen, die mit Kappnähten zusammengenäht sind. Jede Bahn besteht aus fünf Feldern. In der Mitte der Kappe befindet sich die Scheitelöffnung. Die aus ihr entweichende Luft verleiht der Kappe eine gewisse Stabilität. Die Steuerschlitze werden nach ihrem Aussehen auch als T-, Doppel-LL- oder TU-Schlitz bezeichnet. Der untere Rand der Kappe wird Basis genannt, sie ist stets besonders verstärkt.
An den Kappenrand (ca. 15 cm lang) sind die Fangleinen angenäht, manchmal laufen sie auch über die gesamte Kappe. Die Fangleinen verbinden die Kappe mit dem Gurtzeug, sie sind ca. 7,5 m lang.
Die wichtigsten Teile des Gurtzeuges sind: Haupttragegurt, Rücken-, Sitz-, Bein- und Brustgurt. Alle Gurte sind vorwiegend aus Perlon. Durch drei Schnellauswurf-Karabinerhaken (Schnell-Verschlüsse), zwei an den Beingurten und einen am Brustgurt, wird das Gurtzeug verschlossen. Moderne Fallschirme haben außerdem Kappentrennschlösser, durch deren Öffnen man die Kappe vom Gurtzeug trennen kann (in manchen Situationen sehr wichtig).
In zwei D-Ringe aus Metall wird das Reservegerät vor der Brust eingehakt. Das Tragen des Reservegerätes auf dem Rücken ist bei modernen Gurtzeugen für Gleitfallschirme üblich.

Am Gurtzeug ist auch die Packhülle (Container) befestigt, in die die Fangleinen und die Kappe gepackt werden.
Ein wesentlicher Bestandteil des Fallschirms ist schließlich noch der Packschlauch, der über die gefaltete Kappe gezogen wird und an dessen unterem Ende die Fangleinen in Gummiringe eingeschlauft werden, damit sie nicht durcheinander geraten. Der Packschlauch hat einmal die Funktion, die Kappe geordnet zusammenzuhalten, im wesentlichen bewirkt er aber eine gewisse Verzögerung der Öffnung eines manuellen Fallschirms, so wird der Entfaltungsstoß weniger hart. Bei der Beschreibung des Öffnungsvorgangs wird dies noch genauer erläutert. Automatische Schirme haben und brauchen im allgemeinen keinen Packschlauch, sondern einen inneren Verpackungssack. Die Fall-Geschwindigkeit eines Springers beim automatischen Sprung ist längst nicht so groß wie die beim manuellen Sprung, der Entfaltungsstoß also auch nicht so hart. Kombinierte Fallschirme, die automatisch und manuell gesprungen werden können, besitzen einen Packschlauch.
Als letztes Teil von Bedeutung gibt es den Hilfsschirm, der für eine einwandfreie Öffnung des manuellen Schirms benötigt wird. Automatische Schirme haben keinen Hilfsschirm. Er übernimmt nämlich eigentlich die Funktion einer Aufziehleine beim manuellen Schirm. Nach der Öffnung der Packhülle bewirkt eine Spiralfeder in seinem Inneren, daß er herausspringt und vom Fallwind erfaßt wird. Er streckt die Kappe, die Fangleinen und zieht anschließend den Packschlauch ab.

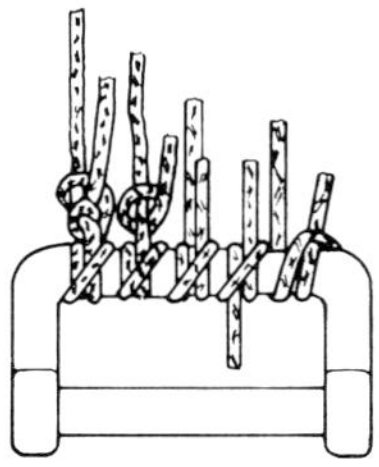

Einbindung der Fangleinen an die D-Verbindungsstücke des Gurtzeugs mit Mastwurf und zwei Halbschlägen, das Ende wird durch eine 10 cm lange Zick-Zack-Naht gesichert.

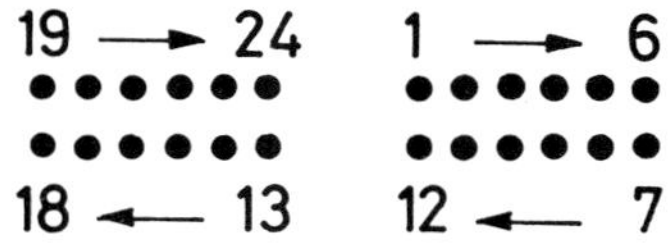

Reihenfolge der Fangleinen an den vier D-Verbindungsstücken bei einem 24-Bahnen-Schirm.

Der RL 3/5 aus Seifhennersdorf (DDR) stellt das Optimum dar, das aus einer klassischen Rundkappe herauszuholen ist.

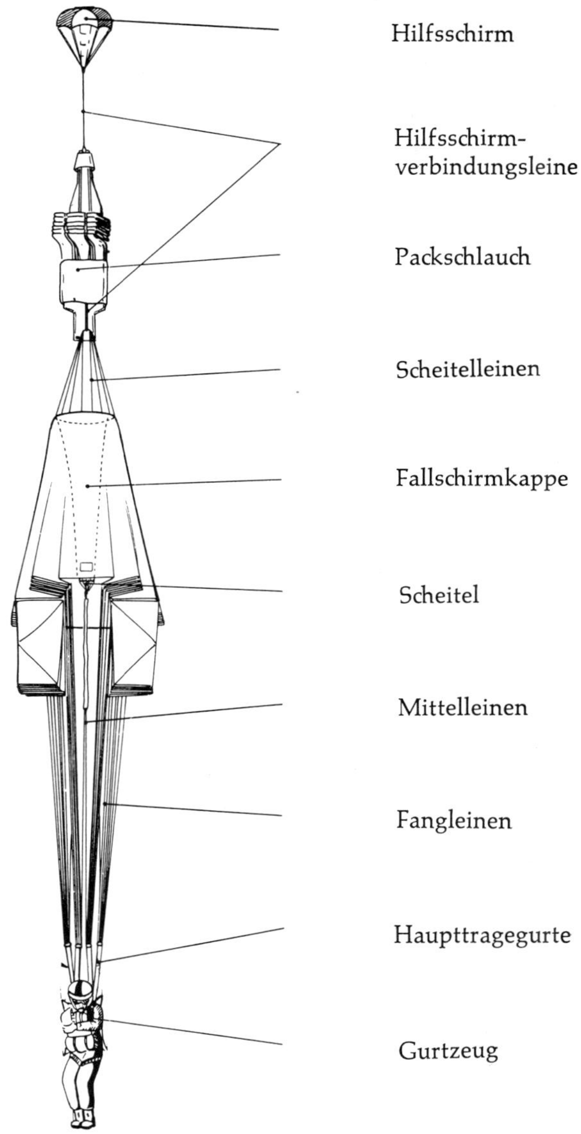

Die einzelnen Teile eines manuellen Fallschirms, hier des Para Commander. Bei einem einfacheren Schirm sind die Scheitelleinen kürzer, die Mittelleinen entfallen, der Schnitt der Kappe entspricht der Abbildung auf Seite 17.

Andere Formen von Fallschirmkappen

Die runde Eintönigkeit der Fallschirmkappen wurde lange Zeit nur durch zwei bemerkenswerte Typen unterbrochen. Zunächst durch den quadratischen und steuerbaren russischen Fallschirm PD-47 und bald darauf durch den dreieckigen, deutschen Kohnke-Fallschirm, die Weiterentwicklung eines bereits 1943 zum Patent angemeldeten Dreieck-Fallschirms. Beide Typen werden in ihren Heimatländern teilweise heute noch als zuverlässige Anfängerschirme benutzt. Erst in den vergangenen Jahren kamen Dreieck- und Rechteckkappen wieder zu Ehren: als moderne Gleitfallschirme.

Kohnke-Dreieck-Fallschirm ohne Steuerschlitz.

Der quadratische, russische PD 47, hier ohne Steuerschlitz. Durch Herunterziehen der Fangleinen (Slippen) versuchen beide Springer ein begrenztes Steuermanöver.

Der Drachen- oder Schlepp-Fallschirm

Obwohl teilweise noch 1966 bei der VIII. Weltmeisterschaft im Fallschirmsportspringen klassische Rundkappenfallschirme benutzt wurden, waren ihre Tage bereits 1964 bei der VII. Weltmeisterschaft gezählt. Ihre Leistungsfähigkeit in dem sich dynamisch weiter entwickelnden Fallschirmsport war ganz einfach nicht ausreichend.
Es ist das große Verdienst des französischen Konstrukteurs Pierre LEMOIGNE, die entscheidenden Impulse für neue Wege bei der Konstruktion von Fallschirmen gegeben zu haben, die über 10 Jahre wirksam waren.
Er entwickelte einen grundlegend neuartigen Fallschirmtyp, der 1961 zum erstenmal in Nordamerika auftauchte. Der Fallschirm „Lemoigne" wurde jedoch noch nicht gesprungen, sondern mit einem Seil am Boden oder hinter einem Fahrzeug befestigt und stieg bei starkem Wind oder durch die beim Fahren des Fahrzeugs entstehende Luftströmung von ganz allein nach oben! Dieses Hochsteigen wird durch ein völlig neues Schlitzsystem bewirkt, durch das die Luft nach hinten und unten entweicht. Die Kappe besteht aus einem Nylongewebe mit sehr geringer Luftdurchlässigkeit, der Scheitel wird durch zwei Mittelleinen nach innen gezogen, wodurch der Luftdruck unter der Kappe erhöht wird. An beiden Seiten der Kappe befinden sich an der Basis Stabilisierungsflächen, die ein Drehen der Kappe in der Luft und ein Abstürzen des „Springers" verhindern.

Das Fallschirmsegeln mit diesem sogenannten Drachenschirm ist ein Spaß, der immer mehr Freunde findet und in vielen Urlaubsorten durchgeführt werden kann. Vorkenntnisse benötigt man dafür überhaupt keine: ins Gurtzeug einsteigen und einige kurze Laufschritte (falls überhaupt kein Wind ist, ein paar mehr) und man hängt am Himmel. Die Landung ist sehr sanft. Je mehr Wind, desto besser, denn der Schirm ist ja durch das Seil gehalten. Leichtgewichte haben bei sehr starkem Wind Schwierigkeiten, überhaupt wieder herunterzukommen! Zum Schleppen ist alles geeignet, was sich irgendwie fortbewegt, z. B. Auto, Motorboot, Schneeraupe usw.
Spektakuläre Taten mit dem Drachenfallschirm waren z. B. die Überquerung der Adria oder des Mittelmeeres bis Afrika, auch die Sahara und Alaska blieben nicht verschont; Spaß machte das wahrscheinlich nicht mehr.

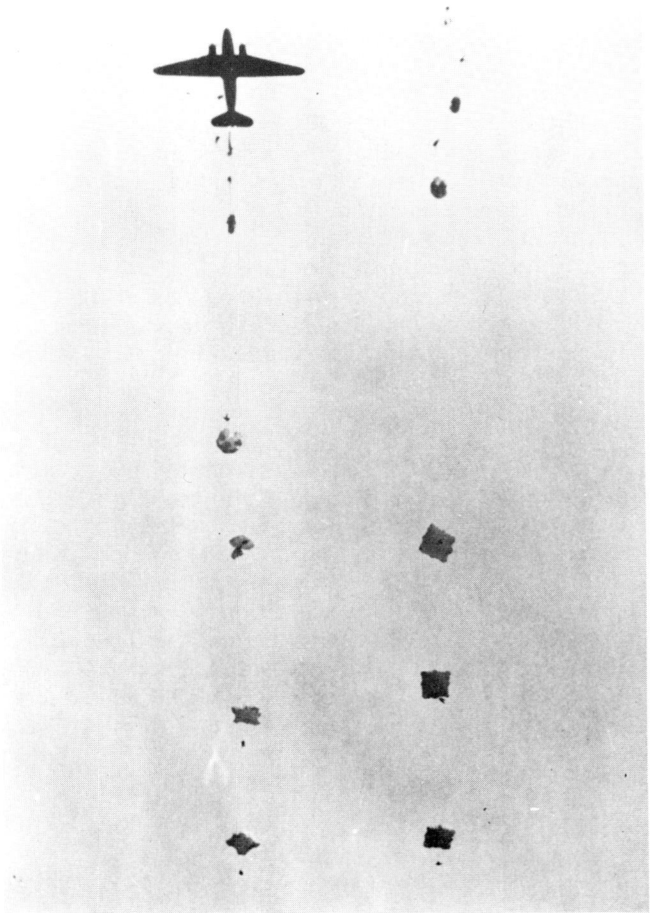

Reihensprung mit dem PD 47.

Der Drachenfallschirm von Lemoigne wird an einem Seil hinter einem Fahrzeug hochgezogen.

Drachenfallschirme durchsegeln im „Verbandflug" eine Wüste.

Fallschirmsegeln

TenCate, die holländische Textilfirma, die vor einigen Jahren mit dem Windsurfer einen völlig neuen Sommersport groß gemacht hat, brachte 1978 ein neues Produkt auf den Markt: den Uphill Racer, einen Fallschirm, der einen Skifahrer schon bei ein bis zwei Beaufort mühelos bergauf zieht. Entwickelt hat diese Fallschirmvariante der Freiburger Chemiker Dr. Dieter STRASILLA.

Um den Umgang mit dem „Fallschirm-Skisegel" zu vereinfachen, wurde die Zahl der Fangleinen stark verringert, außerdem laufen sie etwa schon in der Mitte zwischen Skifahrer und Kappe zusammem. Der Schirm ist nicht aus durchlässigem Fallschirmstoff, sondern aus beschichtetem Spinnakertuch, also zum Springen nicht geeignet.
Der Segler trägt einen Gurt und bestimmt mit Hilfe eines Bügels die Segelrichtung. Droht ein Hindernis, genügt ein Druck auf einen Aushakknopf, der Schirm löst sich sofort einseitig und fällt dann in sich zusammen, bleibt aber an einer übrigen Leine verbunden, sodaß er nicht verloren gehen kann. Auch das Segeln zu zweit ist möglich. Der „Kopilot" wird an einer 5 m langen Schleppleine hinter dem Piloten hergezogen.
Er ist in der Lage, einem Anfänger zu helfen, wenn er Start und Steuerung vollendet beherrscht und Fehler korrigieren kann. Auch bei einem unerwarteten Fall kann ein guter Kopilot die Balance wiederherstellen. Bei starkem Wind und durch kräftiges Abbremsen des Kopiloten entsteht eine solche Spannung in den Leinen, daß sich der Segler vom Boden abhebt! Es können auch zwei, drei oder mehr Kopiloten sein, die natürlich vortreffliche und erfahrene Skifahrer sein müssen.

TenCates Original-Uphill-Racer im Einsatz

Fallschirmsegeln, Skifahren mit dem Wind, ohne Lift bergauf.

Hochleistungsrundkappen

Der Erfinder des Drachenschirms, Lemoigne, hat bereits bei der Konstruktion klar erkannt, daß dieser Schirm sich auch für den Fallschirmsport eignen würde. Auf der letzten Seite der Gebrauchsanweisung vertrat er auch diese Meinung.
Die amerikanische Gesellschaft Pioneer Parachute Company erkannte die Möglichkeiten, die in dem Schirm steckten und konnte sich die Rechte sichern, nur weil wieder einmal mehr ein Erfinder im eigenen Land nicht ernst genommen wurde: die französische Gesellschaft EFA hatte Lemoigne abblitzen lassen.

Bald nachdem die ersten von den Amerikanern „Para-Sail" genannten Lemoigne-Schirme am Seil am Himmel hingen, sah man sie auch schon ohne Seil, sie wurden auf ihre Sprungtauglichkeit hin überprüft. Zwei bemerkenswerte, positive Eigenschaften entdeckte man sehr schnell:

— der Schirm sank langsamer als alle bis dahin bekannten Fallschirme gleicher Größe (ca. 8 m Durchmesser),

— der Schirm hatte einen sehr starken Vortrieb.

„Para Commander", Mark I, nannte man das Modell, das im Juli 1964 vorgestellt wurde. Eine Reihe von notwendigen Veränderungen gegenüber dem Para-Sail hatten sich aus den Testsprüngen ergeben. Im hinteren Teil der Kappe wurde ein großer „Fenster"-Schlitz zur Verbesserung des Vortriebs eingebaut, außerdem zwei Dreieck-Schlitze, die ursprünglich zum Steuern benötigt wurden. Zu den vier Schlitzen auf jeder Seite der Kappe (der hintere erhielt schließlich fast die doppelte Länge als sie ursprünglich vor-

Mittelpunktlandung mit einem PC bei seinem ersten Einsatz während der VII. Weltmeisterschaft 1964, in Leutkirch (BRD).

handen war!) wurden Steuerleinen geführt, diese Schlitze nahmen also den Dreieckschlitzen ihre Funktion wieder ab. Die Schlitze auf der Vorderseite der Kappe wurden ganz weggelassen, außerdem wurde die Kreisform dort etwas gestutzt, so daß die vordere Hälfte eine elliptische Form erhielt. Schließlich befestigte man noch die Mittelleinen am D-Verbindungsstück der hinteren Haupttragegurte anstatt an der Stelle, wo vorderer und hinterer Haupttragegurt zusammentreffen.

Der Schirm machte 1964 auf der VII. Weltmeisterschaft in Leutkirch (BRD) Furore und hat seitdem einen großartigen Erfolg auf der ganzen Welt. Inzwischen wurden verschiedene Nachfolgemuster gebaut, aber der PC Mark II und PC Competition bewährten sich nicht. Man mußte die bereits eingestellte Produktion des Mark I wegen der großen Nachfrage wieder aufnehmen. Er wird noch heute – 15 Jahre nach der Premiere – gebaut. Außerdem sind z. Zt. zwei Varianten auf dem Markt: der Relativ Para Commander hat den gleichen Durchmesser wie der normale PC, Kappengewebe und Fangleinen sind jedoch fast 3 kg leichter. Der Jumbo PC, der besonders gut für schwerere Springer geeignet ist, hat einen ca. 1,2 m größeren Durchmesser (28 ft anstelle von 24 ft) als der normale und wiegt deshalb 1,5 kg mehr. Beide haben jedoch den Original Mark I Grundriß.

Außerhalb der USA wurden ähnliche Schirme gebaut, das Lemoigne'sche Prinzip kann keiner leugnen. Sie unterscheiden sich nur durch Variationen der Schlitze von mehr oder minder großer Bedeutung, durch die verwendeten Gewebe und durch etwas andere Gurtzeuge, Verschlüsse, Trennschlösser und Packhüllen.

Ziel dieser Nachbauten war stets, die Nachteile des Para Commander, Mark I zu verkleinern, denn er hat trotz (oder wegen?) der Vielzahl von Vorteilen natürlich auch Nachteile. Das komplizierte Gerät reagiert auf nicht einwandfreie Freifallagen während der Öffnung (z. B. leichte Kopflage) empfindlicher als ein normaler Rundkappenfallschirm. Außerdem erfolgen die Drehungen der Kappe zwar um eine Vertikalachse, jedoch pendelt der Springer dabei mehr oder weniger stark aus. Dieses Auspendeln kann bei Richtungskorrekturen über 90°, die kurz über dem Boden ausgeführt werden, sehr gefährlich sein, wenn der Springer aus der Pendelbewegung auf den Boden geschleudert wird. Man muß also abrupte Drehungen vor der Landung vermeiden, selbst wenn man das Ziel unter sich vorbeigleiten sieht!

Verbesserungen erreichten die französischen Schirme, der Olympic, Super Olympic und der neuere Papillon. Sie erlauben eine sehr stabile Drehung. Die tschechischen Schirme der PTCH-Serie haben den Vorteil gegenüber dem PC, daß sie auch in steilerem Winkel ins Ziel geführt werden können und dabei stabil bleiben. Die Gefahr, daß der Springer beim Zielspringen vor oder hinter dem Zielkreis landet, ist daher geringer. Auch der russische UT-15 hat sich bewährt, er wurde sogar in den USA als Russian PC nachgebaut, wie übrigens auch der Papillon als US-Papillon.

Die Kappe des Para Commander, Mark I.

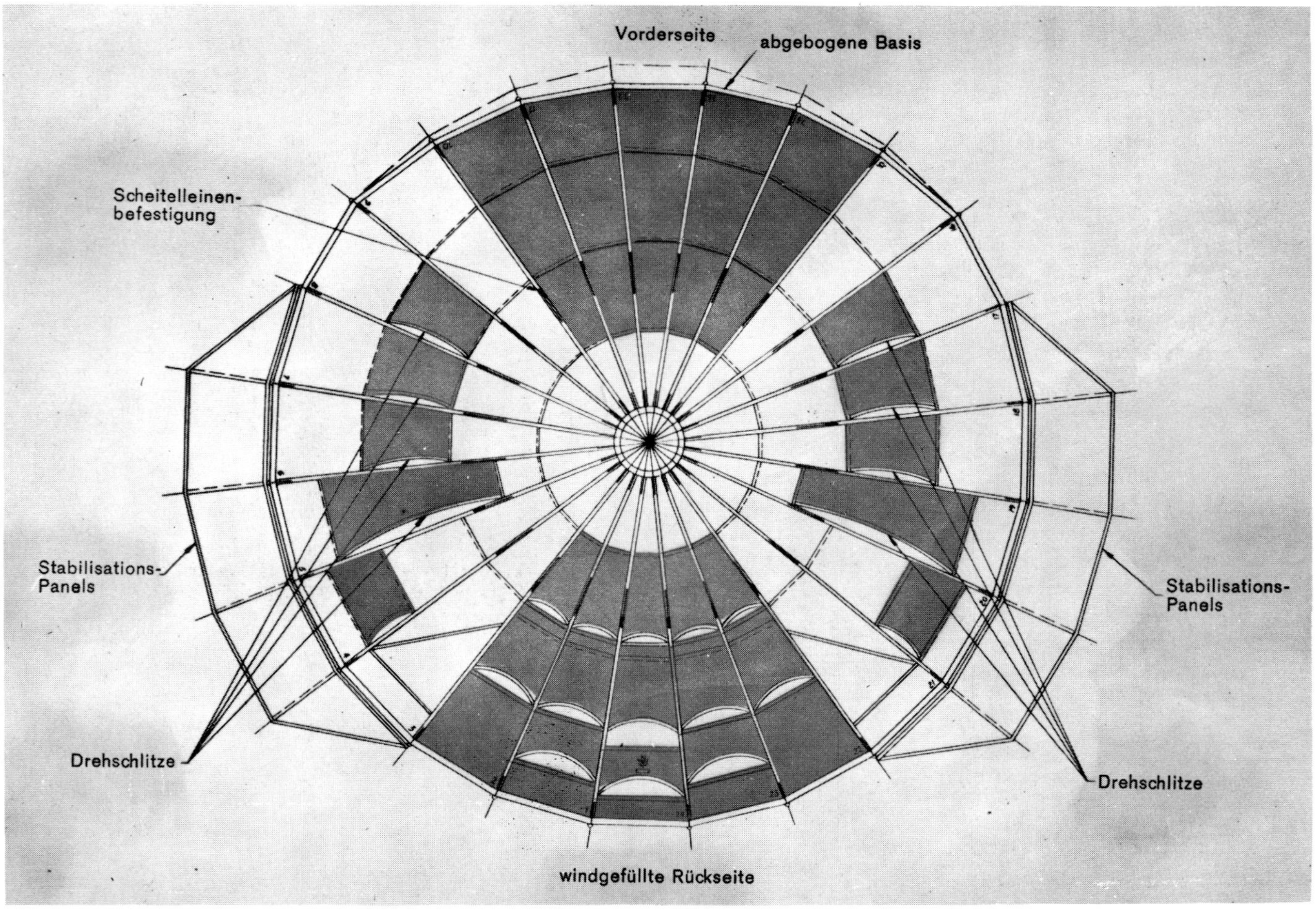

Der Para Commander wurde oft kopiert und seine Kopien liefen ihm vorübergehend den Rang ab. So zum Beispiel der PTCH (CSSR), der auf der vorangehenden Seite über Pfronten (Allgäu) zu sehen ist, außerdem die beiden oben abgebildeten Fallschirme

... Papillon (Frankreich)

... UT-15 (UdSSR)

Gleitfallschirme – Spitzengeräte des modernen Fallschirmsports

Trotz des Erfolges aller dieser PC-Nachbauten versuchten die Konstrukteure auch völlig neue Wege. Sie gingen dabei von einer ganz bestimmten Zielvorstellung aus. Alle bisher aufgeführten und gewiß sehr leistungsfähigen Typen bieten eine hohe Ziellandepräzision bis etwa 5 m/s Windgeschwindigkeit. Ist die Windgeschwindigkeit größer oder treten unerwartete seitliche Höhenströmungen auf, sind Landungen außerhalb des Zielkreises immer noch sehr rasch möglich. Zahlreiche Beispiele dafür gibt es sogar von Weltmeisterschaften, bei denen manchmal äußerst schwierige Windbedingungen auch Weltklassespringern zu Außenlandungen „verhalfen"!

An eine neue Fallschirmkonzeption wurde deshalb die Forderung gestellt, einen höheren Vortrieb als die bisherigen Typen zu besitzen. Gleichzeitig mußte aber der starke Vortrieb während der unmittelbaren Landephase abbremsbar sein, um eine sichere Landung zu garantieren, schließlich mußte die Öffnung der Kappe auch sicher und zuverlässig sein.

Der 252 Lite Foil wird immer noch nach den gleichen Prinzipien gebaut, wie die ersten Para Foil, den das kleine Bild zeigt. Auffallend sind die damals noch recht langen Fangleinen.

Die Verwirklichung dieser Ideal-Konzeption verdankt der Fallschirmsport Domina JALBERT aus Boca Raton in Florida (USA), geboren 1904 in Quebec (Kanada), als 17. von 21 Kindern. Er erkannte, daß ein angestrebtes Gleitverhältnis von 3 : 1 mit einer herkömmlichen Fallschirmkappe nie zu erreichen sein würde. Als er während eines Fluges auf die Tragfläche des Flugzeuges sah, kam ihm die Idee: warum eigentlich nicht eine Tragfläche aus Stoff bauen?

Die erste Tragfläche dieser Art flog im März 1964, im gleichen Jahr, in dem der Lemoigne'sche PC, der trotz seiner Genialität immer noch grundsätzlich auf der Idee Leonardo da Vinci's beruhte, die Wettbewerbstaufe erhielt. Jalbert's Idee war etwas grundsätzlich Neues, Revolutionäres: sie stand in der Genialität Leonardo's Idee in nichts nach.

Das Grundprinzip ist ein durch Stauluft gefülltes Tragflügelprofil. Die Stauluft muß auch bei geringer Vorwärtsgeschwindigkeit, also z. B. bei der Landung, genügend Druck in den einzelnen Zellen ausüben, damit die Kappe ihr Profil behält. Deshalb müssen die Zellöffnungen eine bestimmte Höhe haben. Je enger die Öffnungen, desto mehr Geschwin-

Im Gegensatz zum Foil wurden beim Para Plane die Fangleinen direkt an der Kappe befestigt, die sägezahnartigen Fortsätze an der Kappenunterseite entfielen.

digkeit wird gebraucht, um den nötigen Innendruck zu erreichen.
Außerdem muß bei den Gleitfallschirmen immer eine gleichmäßige Verteilung des Druckes an der Unterseite der Kappe vorhanden sein, um eine möglichst glatte Fläche zu haben: nur sie bietet optimales Gleiten.
Um diesen gleichmäßigen Andruck zu erzielen, ließ Jalbert seine Hauptzellenwände unten sägezahnartig überstehen und befestigte daran die Fangleinen. Diese Dreiecksflächen sollen den Luftstrom kanalisieren und die erwünschte gleichmäßige Druckverteilung bewirken. Außerdem wirken sie ähnlich einem Schwert bei einem Segelboot und verhindern ein seitliches Abtreiben.
Nach diesem Prinzip des „Parafoil" – so nannte Jalbert seinen neuen Gleiter – werden noch heute von der Fa. North American Aerodynamics Nachfolgemuster gebaut, mit großem Erfolg übrigens. Die neuesten Modelle sind der Mini-Foil (ein Fünfzeller) und der 252 Lite Foil (ein Siebenzeller), beide sind aus Leichtgewebe hergestellt.
Der heutige Erfolg der Gleitfallschirme ist aber zu einem wesentlichen Teil auch weiteren Ideen des Amerikaners Steve SNYDER von der Fa. Para Flite zu verdanken, die er erstmalig 1968 entwickelte: das hilfsschirmgesteuerte Reff-System und die direkte Befestigung der Fangleinen an der Kappe.
Das Reff-System basiert auf der dynamischen Wechselwirkung zwischen den vom Hilfsschirm ausgeübten Zugkräften, die so gegen die Öffnungskräfte der Kappe arbeiten, daß sie während der Entfaltung präzise das allmähliche Freigeben der Kappenfläche kontrollieren und regulieren.
Das direkte Befestigen der Fangleinen an der Kappe ergibt eine aerodynamisch saubere, äußerst gleitfähige Konstruktion. Snyder nutzt die Zellen-Zwischenwände zur gleichmäßigen Lastverteilung. Die sägezahnartigen Fortsätze an der Kappenunterseite können entfallen, dadurch wird Gewicht eingespart. Diese Abweichung von Jalbert's Originalpatent reichte dem US-Patentbüro, Snyder sein eigenes Patent für einen mehrzelligen, nicht-starren Flächengleiter zu geben, es war der Para-Plane, wegen seiner totalen Rechteckform auch „fliegende Matratze" genannt. Bei ihm verlief die Reffleine oben auf der Kappe. Aber die Zuverlässigkeit war noch nicht groß genug, der Öffnungsschock weiterhin zu groß. Para-Plane wie Para Foil und dessen Nachfolger Para-Sled blieben exotische Ausnahmen am Fallschirmhimmel.

Der Durchbruch kam 1974 mit dem von Snyder konstruierten Strato-Star. Bei ihm war die Reffleine am unteren Rand der Kappe angebracht. Wenn der Hilfsschirm freigegeben war, hielt die Verpackung den Packsack noch solange zurück, bis die oben auf dem Packsack in Gummis eingeschlauften Reffleine vollständig ausgeschlauft war. Dies stellte sicher, daß eine ausreichende Zugkraft vom Hilfsschirm während der Entfaltung ausgeübt wurde, ein mit einer vorzeitigen Öffnung verbundenen starker Öffnungsschock wurde verhindert, es gab ihn nicht mehr.

Zwei Jahre später war auch dieses Prinzip überholt: der Entfaltungsregler (Slider) war geboren! Er ist heute an fast allen Gleitfallschirmen zu finden. Die Idee ist verblüffend einfach. Der Slider ist ein rechteckiges Stück Stoff (ca. 50 x 50 cm) mit

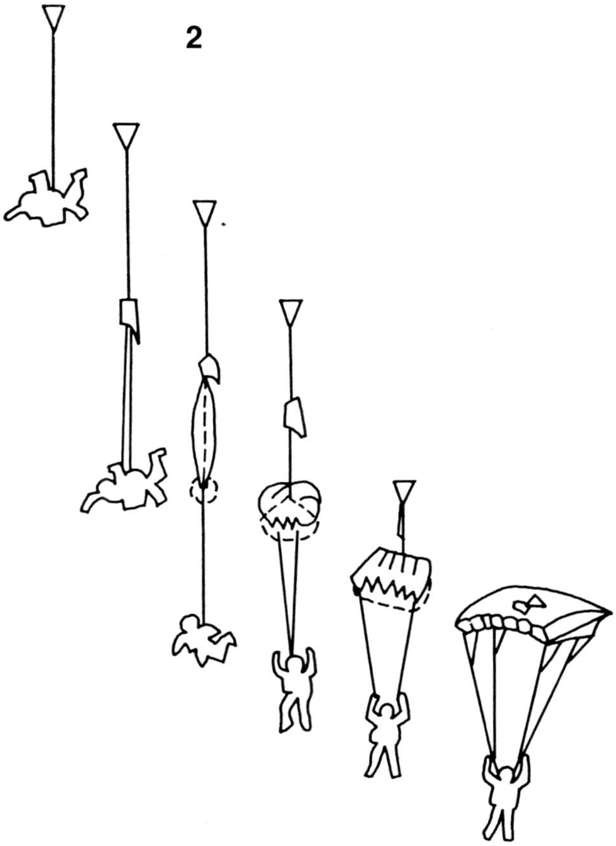

Die Zeichnungen verdeutlichen den Unterschied bei der Öffnung des Para Plane und des Strato-Star. Der Para Plane (1) benötigt zwei Hilfsschirme, er geht ziehharmonikaartig auf, das Reff-System befindet sich oben auf der Kappe.

Der Strato-Star (2) kommt mit einem normalen Hilfsschirm aus, die Kappe wird wie bei einem konventionellen Fallschirm gestreckt und geht auch ähnlich auf, das Reff-System befindet sich am unteren Rand.

Der Strato-Star. Nach dem Para Commander die zweite Revolution in der Fallschirmentwicklung.

je einer Öse in den Ecken, durch die ein Viertel der Fangleinen verläuft. Bei der Entfaltung der Kappe nimmt er einen Großteil der anströmenden Luft auf und verhindert dadurch eine schockartige Öffnung. Die Kappe entfaltet sich jetzt von innen nach außen allmählich. Dadurch verringert sich die Luftanströmung auf den Slider, er rutscht an den Fangleinen runter und liegt schließlich auf den Haupttragegurten auf.
Zwar ist der Entfaltungsstoß eines Fallschirms mit einem Slider etwas härter als mit einer Reff-Leine, aber er läßt sich wesentlich einfacher packen; auch diese bedeutende Tatsache trug jetzt zum unaufhaltsamen Siegeszug der „Flächen" bei. Innerhalb von drei Jahren waren die Hochleistungsrundkappen bei erfahrenen Springern verschwunden.
Kurz nach der Entwicklung des Fünfzellers Strato Star folgte der Siebenzeller Strato Cloud, ebenfalls von Para-Flite gebaut. Er beherrschte bereits die 13. WM in Rom 1976 total. Ein Jahr später kam auch der bis dahin kleinste Gleitfallschirm heraus, der Strato Flyer, ebenfalls ein Fünfzeller, aber mit etwa 30 cm weniger Spannweite als der Star. Aus ihm entstand nach weiterer, zweijähriger Entwicklungsarbeit die erste rechteckige Reserve-Kappe: der Safety Flyer, ein Zeichen dafür, wie zuverlässig inzwischen die Entfaltungen der Gleitfallschirme geworden sind.

Die Fallschirmsportler aber wollten mehr als Zuverlässigkeit: sie wollten auch geringes Packvolumen an Gewicht. Kappen und Fangleinen mußten kräftig abspecken. Neue Leichtgewebe und neue Nähtechniken sowie dünnere Fangleinen aus neuem Material (Dacron) führten dazu, daß die Kappen heute nur noch zwischen 3 kg und 5 kg wiegen. Trotz dieser Radikalkur wurden die Leistungen immer besser: ein Gleitverhältnis von 4 : 1 ist heute Stand der Technik.

Übersicht der bekanntesten Fallschirmkappen (unmaßstäblich) F = Kappenfläche in m²; v_v = Sinkgeschwindigkeit in m/sec; v_h = Vortrieb in m/sec; v_r = Drehgeschwindigkeit in sec/360°. Alle Angaben sind ca.-Werte. Die schwarzen Flächen stellen die Steuerschlitze bzw. andere Öffnungen dar.

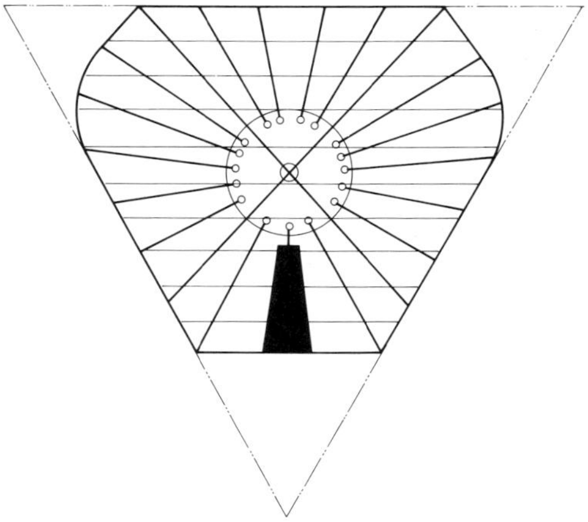

Kohnke Dreieck (BRD)
F = 67,0
v_v = 5,4
v_h = 2,0
v_r = 10—12

Pioneer TU (USA)
F = 55,0
v_v = 5—6
v_h = 3—4
v_r = 6—8

Pioneer LL (USA)
F = 55,0
v_v = 5— 6
v_h = 3,0
v_r = 8—10

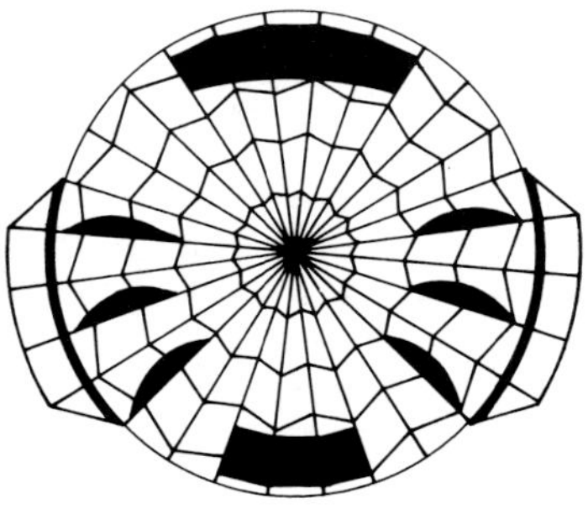

RL 3/5 (DDR)
F = 54,0
v_v = 5—6
v_h = 3—5
v_r = 5—7

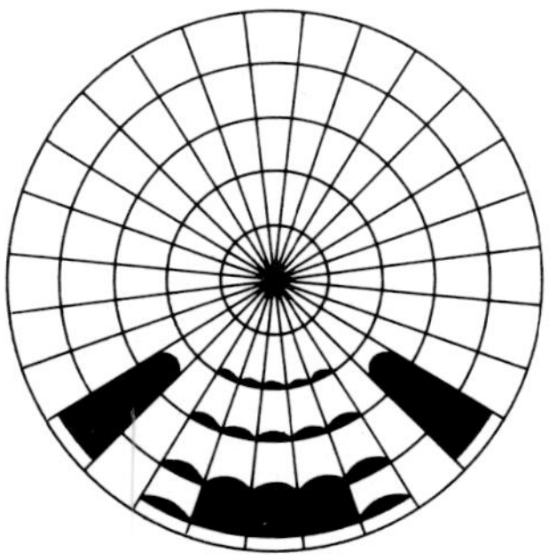

PTCH—C (CSSR)
F = 70,0
v_v = 5,5
v_h = 2,0
v_r = 9—12

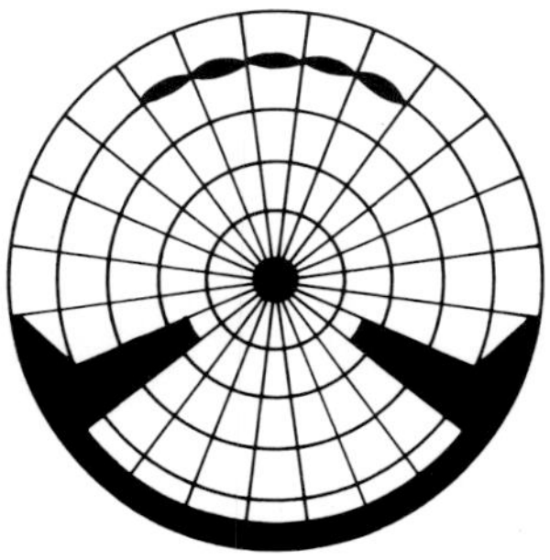

EFA 657 (F)
F = 55,0
v_v = 5,0
v_h = 4,0
v_r = 6—8

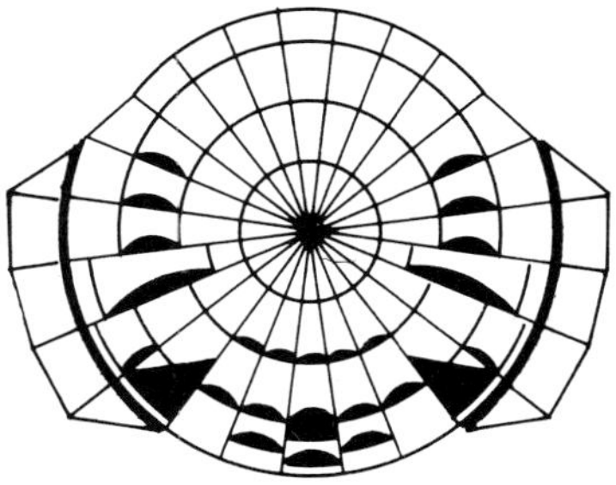

Para Commander (USA)
Mark I
F = 48,0
v_v = 5,0
v_h = 6,0
v_r = 3—4

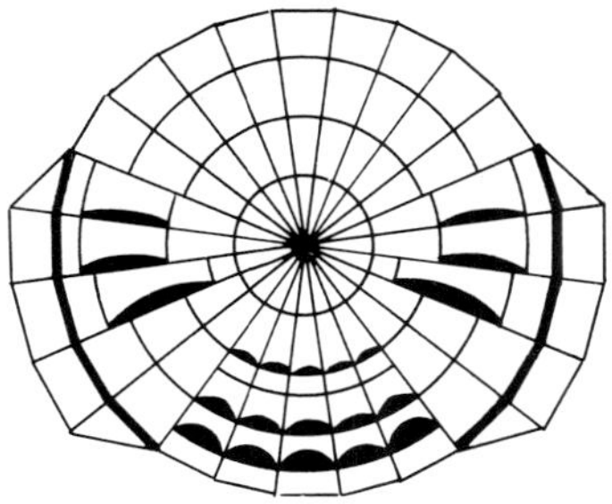

Para Commander (USA)
Mark II
F = 48,0
v_v = 5,0
v_h = 5,0
v_r = 3—4

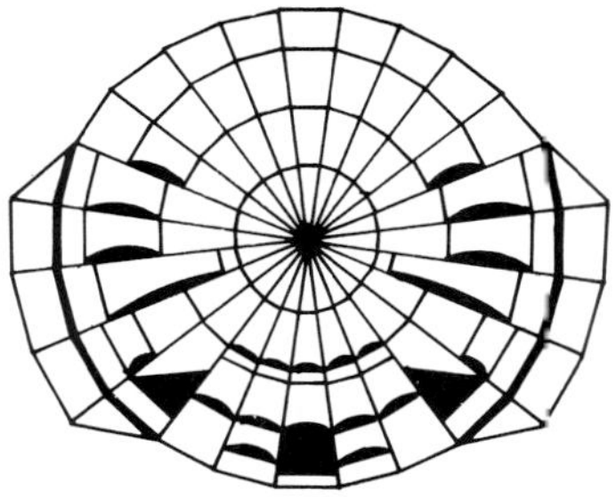

Para Commander (USA)
Competition
F = 48,0
v_v = 5,0
v_h = 6,0
v_r = 3—4

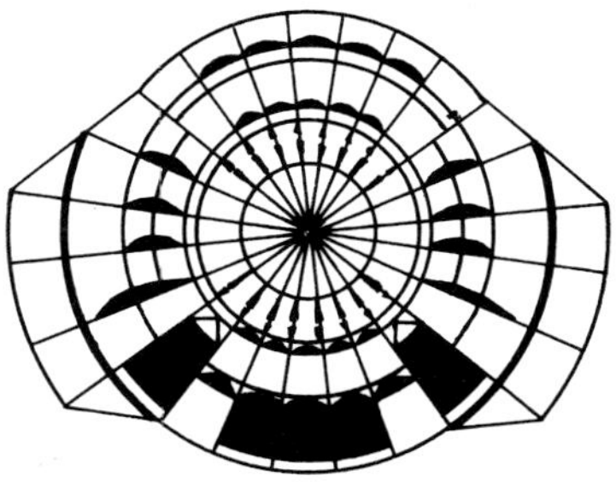

UT—15 (UdSSR)
F = 50
v_v = 5,0—5,6
v_h = 5,0—5,6
v_r = 3,0—3,4

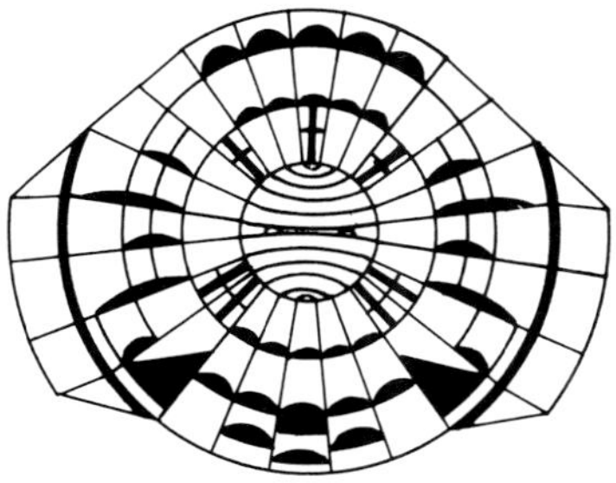

Super Olympic (F)
F = 51,0
v_v = 4,7
v_h = 5,6
v_r = 3,0

Papillon (F)
F = 51,0
v_v = 4,8
v_h = 5,6
v_r = 2,8

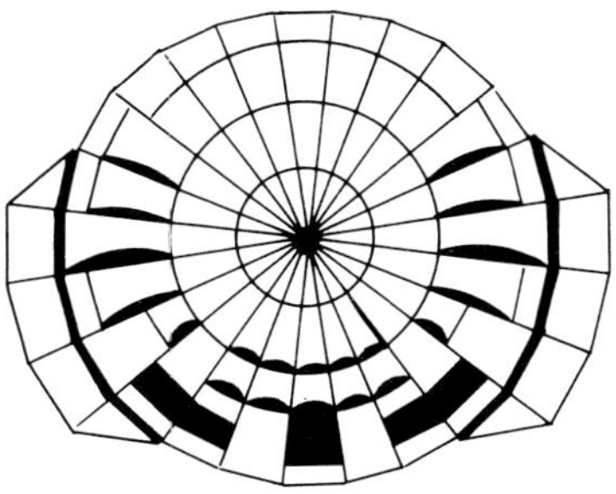

PS—06—1 (YU)
F = 51,8
v_v = 4,6
v_h = 5,5
v_r = 3—5

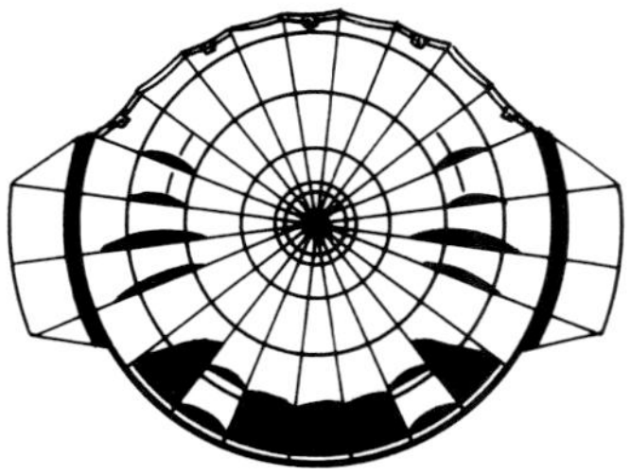

PTCH—7 (CSSR)
F = 48,0
v_v = 5,2
v_h = 4—5
v_r = 3—5

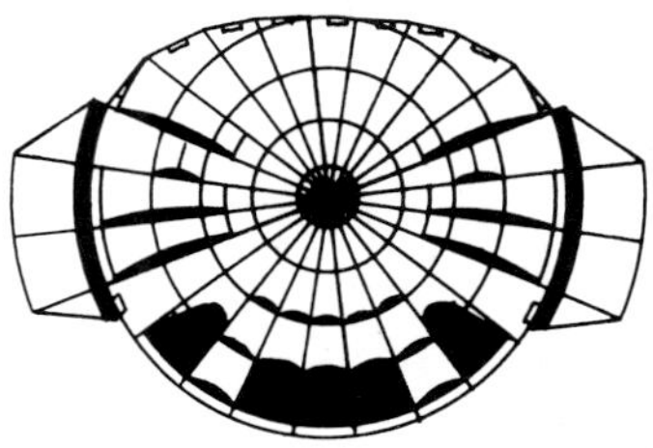

PTCH—8 (CSSR)
F = 46,0
v_v = 5,2
v_h = 6,0
v_r = 3—5

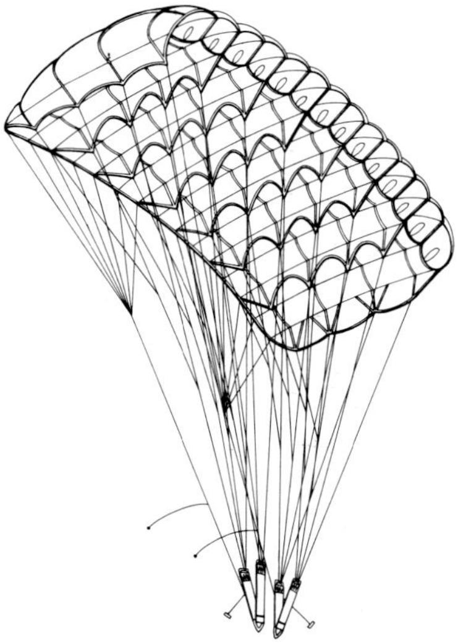

Para Foil (USA)
F = 17,5
v_v = 4,0
v_h = 12,6

Gleitverhältnis 3,2 : 1

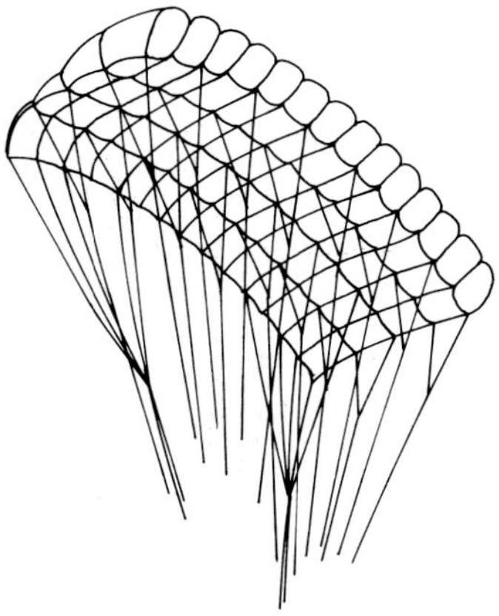

Para Plane (USA)
F = 18,6
v_v = 4,3 – 7,8
v_h = 3,0 – 13,0
Gleitverhältnis 3 : 1

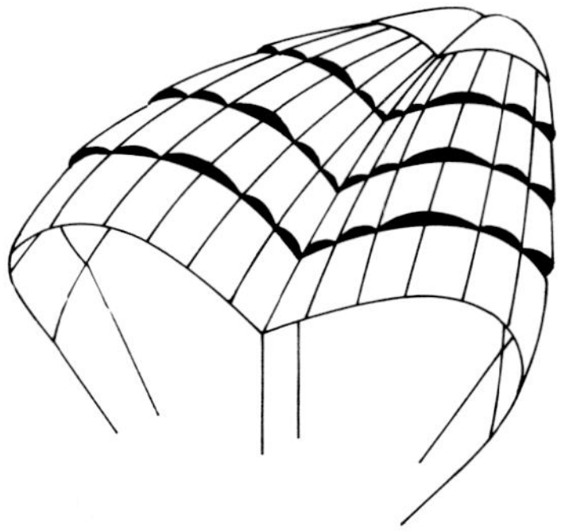

Parawing Delta II (USA)
F = 37,0
v_v = 5,0
v_h = 9,0

Gleitverhältnis 2,8 : 1

Strato-Star (USA)
F = 16,7 m
v_v = 4,0 – 7,0
v_h = 13,0
Gleitverhältnis 2,5 : 1

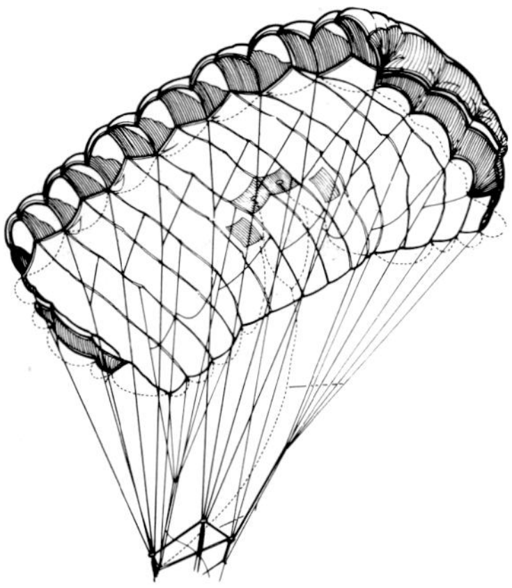

Strato Cloud
F = 21,5 m^2
v_v = 3,6 – 4,8
v_h = 9 – 13,5
Gleitverhältnis 2,5 – 3 : 1

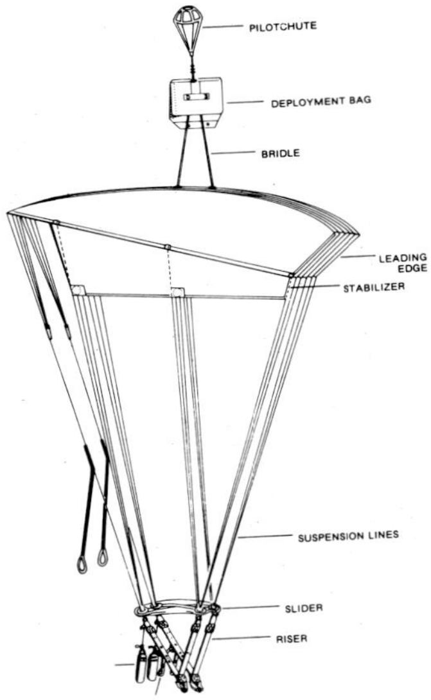

Strato Flyer
F = 14,9 m^2
v_v = 3,7 – 4,3
v_h = 8,9 – 13,4
Gleitverhältnis 3 : 1

252 Lite Foil

Strato Cloud

Cruisair

The UNIT

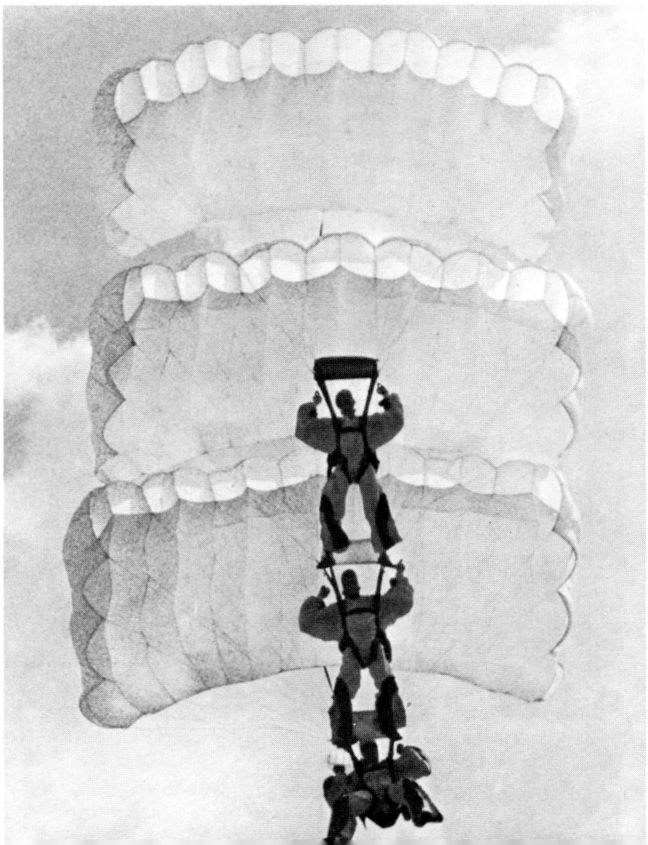

Gurtzeuge

Nicht nur die Fallschirmkappen, sondern auch die Gurtzeug-Packhüllen-Systeme haben in den letzten Jahren eine erhebliche Wandlung durchgemacht. Die Packhüllen (Container) wurden zunehmend kürzer, gedrungener, kleiner. Die Idee, Reserve- und Hauptkappe in einem System auf dem Rücken unterzubringen, konnte sich erst 1974 zusammen mit dem Strato Star durchsetzen. Es hatte zwar schon vorher vereinzelt solche Systeme gegeben, aber sie waren zu groß und zu schwer. Mit den neuen Gleitfallschirmen, die spürbar leichter waren und ein geringeres Packvolumen hatten, wandelten sich die Gurtzeuge völlig, moderne Gurtzeug-Container-Systeme haben alle beide Kappen auf dem Rücken. Wie die Kappen, mußten auch die Gurtzeuge abspecken und Pfunde verlieren, insbesondere die vielen schweren Metall-Beschlagteile wurden reduziert. Man hatte aber nicht nur Gewichtsersparnis im Auge, eine ganze Reihe von Details wurden grundlegend verbessert und mit ihnen auch die Sicherheit der Systeme.
Der nicht komplikationslose Kegel-Stift-Verschluß der Packhüllen wurde durch einen Schlaufen-Stift-Verschluß, später durch einen Schlaufen-Schlaufen-Verschluß und jetzt wieder durch einen Schlaufen-Rundstift-Verschluß ersetzt. Den radikalsten Wandel brachte das Wonderhog-System, das erfolgreichste der letzten Jahre. Anstelle der bisherigen Kappentrennschlösser setzte der Amerikaner Bill BOOTH das Dreiring-System, leichter, einfacher und dadurch sicherer als das Capewell-Trennschloß. Auch bei diesem ließ man inzwischen den störanfälligen mechanischen Teil weg und hielt den oberen Teil durch Velcro Band. Das Eagle Single-Point-System besteht einfach aus einem breiten Spezialband.
Beim Wonderhog-System wurde auch die Öffnung revolutioniert. Es hat für den Hauptkappen-Container überhaupt keinen Aufziehgriff mit -kabel mehr, sondern der Hilfsschirm sitzt in einem kleinen Täschchen auf dem Bauchgurt. Will man öffnen, zieht man ihn an einem Knebel heraus und wirft ihn in den Luftstrom. Er zieht einen Rundstift aus der Gummi-Verschlußschlaufe heraus und anschließend die Kappe aus der Verpackung. Auch die direkte Handauslösung des Hilfsschirms hat sich schon weitgehend durchgesetzt.

Das Jerry Bird System wurde von einem der weltbekanntesten Relativspringer Jerry Bird — im Foto links — entwickelt. Es ist ein besonders leichtes Gurtzeug mit einer aerodynamisch günstig geschnittenen Verpackung.

Das Mini-System (links unten) und das Super Pro Gurtzeug (unten) sind die bekanntesten klassischen „Zweiteiler".

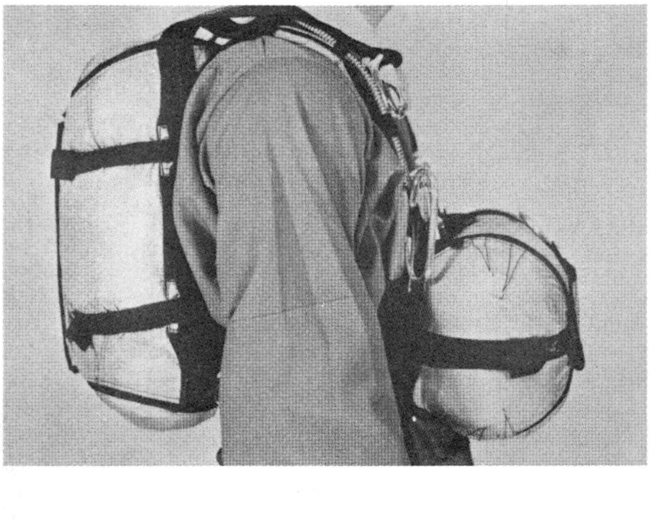

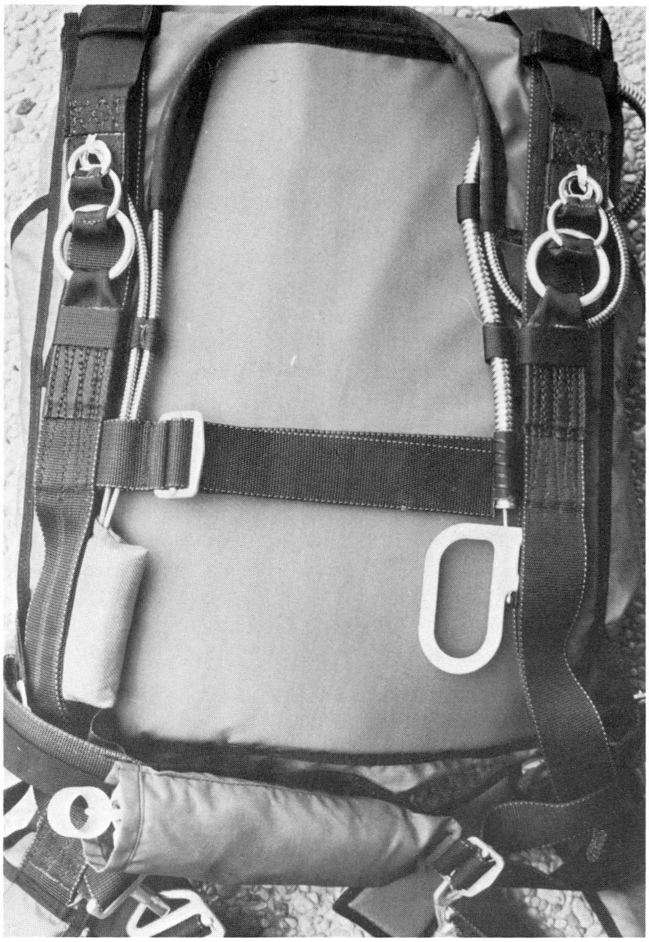

Das Wonderhog-System, links der Griff zum Abtrennen der Kappe, rechts der Griff für die Reserve, unten in der Tasche der Hilfsschirm.

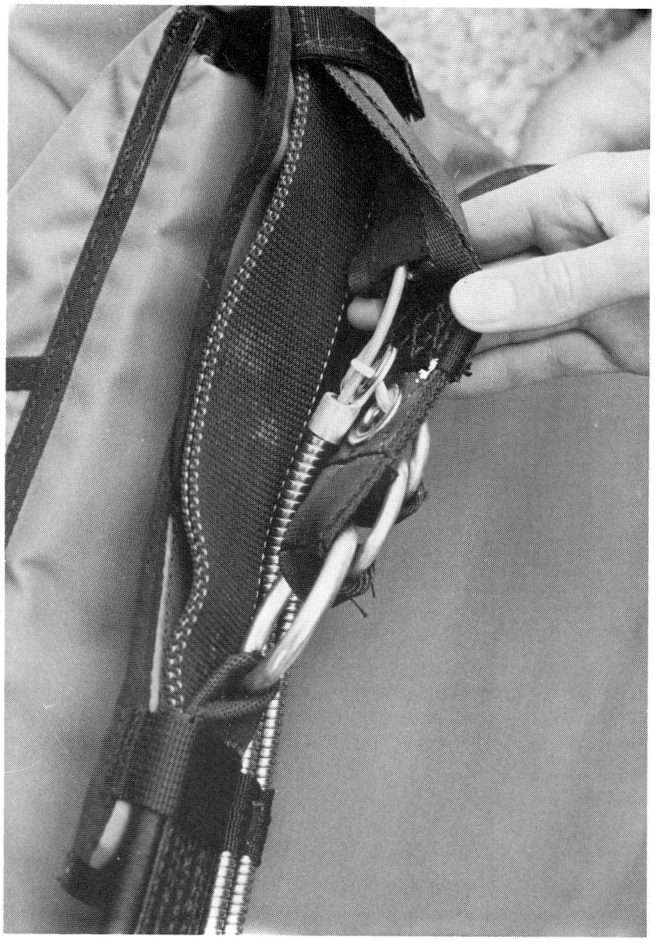

Dreiring-System (oben). Wird das Stahlkabel gezogen, gibt die Schlaufe den oberen Ring frei, dieser den zweiten, er den dritten. Classiflier (unten)

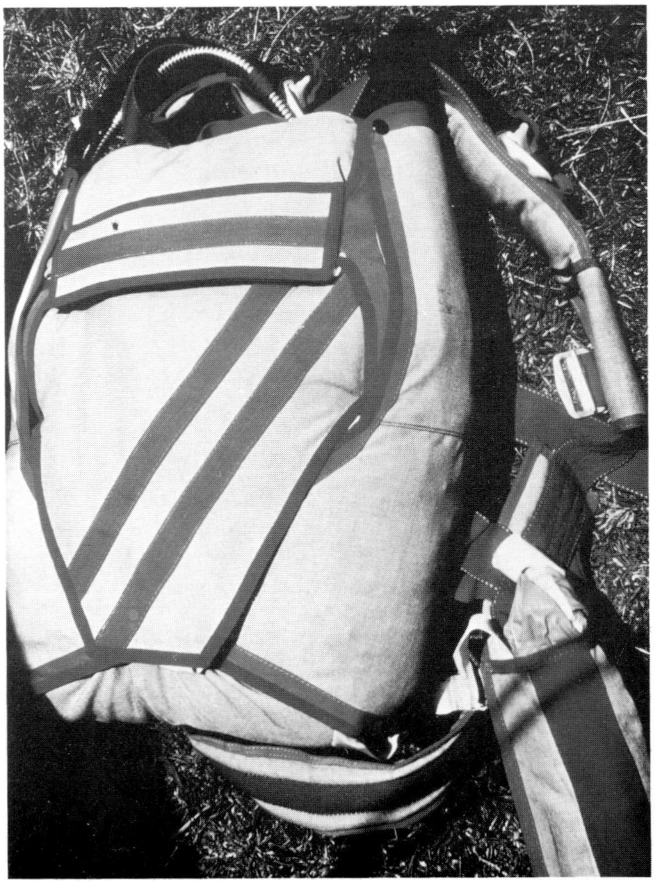

Aerodynamik

Die Umströmung der Luft an der einfachen Rundkappe ist in wenigen Sätzen erklärt: Fallschirmkonstrukteure streben bei ihnen immer danach, den Widerstand so groß wie möglich zu halten. Der sinkende Fallschirm bewegt sich gegen die Luft, die eine Kraft auf ihn ausübt. Sie nennt man Luftwiderstand. Dieser ist von der Geschwindigkeit und Dichte der Luft, von der Fläche, der Form und der Oberflächenbeschaffenheit des Körpers abhängig.
Durch Versuche im Windkanal ermittelte man, daß eine halbierte Hohlkugel – mit ihrer offenen Seite gegen den Luftstrom gestellt – gegenüber allen anderen Körpern mit gleichgroßer Stirnfläche den größten Widerstand besitzt. Die Fallschirmpioniere der Vergangenheit hatten also bereits gefühlsmäßig die richtige Form gewählt!
Eine Fallschirmkappe wird aber nicht nur durch ihre Form, sondern auch durch das verwendete Gewebe geprägt. Ihr Widerstand wird um so größer, je geringer die Luftdurchlässigkeit des Gewebes ist, denn dann reißt die Strömung stärker ab und die Widerstand erzeugenden Wirbel oberhalb der Kappe sind größer. Bei porösem Gewebe dagegen sind die Verwirbelungen geringer, damit der Widerstand kleiner und die Sinkgeschwindigkeit des Fallschirms höher.
Bei Übungsfallschirmen mit Schlitzen strömt die Luft in horizontaler Richtung durch die Schlitzöffnungen aus, dadurch erhöht der Schirm einen bestimmten Eigenvortrieb. Der gesamte Strömungsablauf ändert sich jedoch gegenüber der einfachen Form nur geringfügig, also auch Widerstand und Sinkgeschwindigkeit.

Die Hochleistungsrundkappe zeigt schon deutlichere Veränderungen. Durch Mittelleinen wird der Scheitel eingezogen, das gibt der Kappe eine flachere, aerodynamisch günstigere Form. In Verbindung mit einem komplizierten Schlitzsystem führt sie zu einem Strömungsbild, das sich dem einer Flugzeugtragfläche ziemlich annähert. Diese Kappe erzeugt nicht nur Widerstand, sondern auch schon Auftrieb. Die Auftriebskräfte sind so groß, daß nur noch etwa zwei Drittel der Kappenfläche einer klassischen Rundkappe genügt, um die gleiche Sinkgeschwindigkeiten zu halten. Der Vortrieb dagegen ist bedeutend höher.
Am stärksten tritt der aerodynamische Auftrieb bei den Gleitfallschirmen oder „Flächen" auf. Woher kommt er und wie wird er hervorgerufen? Einer der fundamentalen Grundsätze der Aerodynamik ist das Prinzip von Bernoulli: der Druck, den eine Flüssigkeit oder ein Gas (bei uns die Luft) ausübt, verringert sich, wenn sich ihre Geschwindigkeiten vergrößern. Übertragen auf das tragflächenähnliche Profil eines Gleitfallschirms bedeutet dies eine geringere Geschwindigkeit und damit Druck an der Profilunterseite, eine größere Geschwindigkeit und damit Sog an der Profiloberseite, das ergibt den Auftrieb. Er muß unbedingt erhalten werden, soll der Fallschirm die Leistungen erbringen, für die er entworfen wurde. Ist er erst einmal verloren, hat man nur noch eine (viel zu kleine!) Fläche, die allein nicht ausreicht, um einen Menschen sicher zur Erde zu bringen!
Um diesen Auftrieb zustande zubringen, muß die Kappe ständig mit Stauluft gefüllt bleiben. Das bedeutet, daß der Druck innerhalb der Kappe größer sein muß, als der Druck außerhalb der Kappe, weil sie sonst zusammenfällt und tatsächlich nur noch ein „Fall"schirm ist. Mit zunehmendem Anstellwinkel (Winkel zwischen Profilsehne und Luftan-

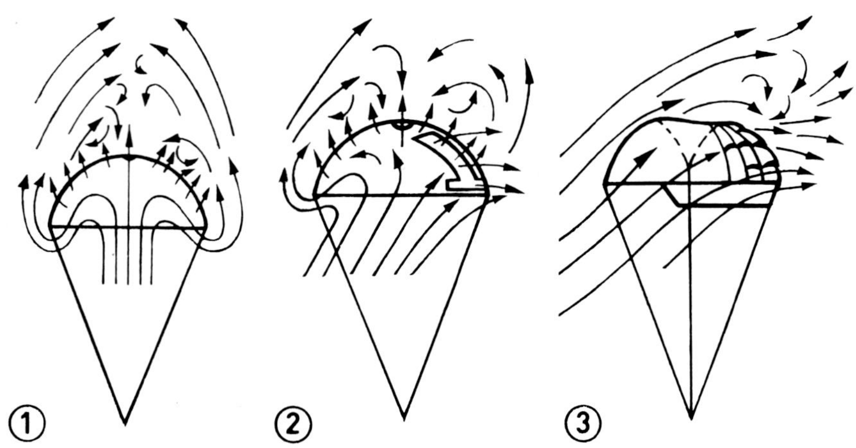

Strömungsbilder an einer einfachen Rundkappe (1), einer Rundkappe mit Schlitz (2) und einer Hochleistungsrundkappe (3). Je geringer die Luftdurchlässigkeit des Kappengewebes ist, desto größer der Widerstand. Die Hochleistungsrundkappe erzeugt nicht nur Widerstand, sondern auch schon Auftrieb.

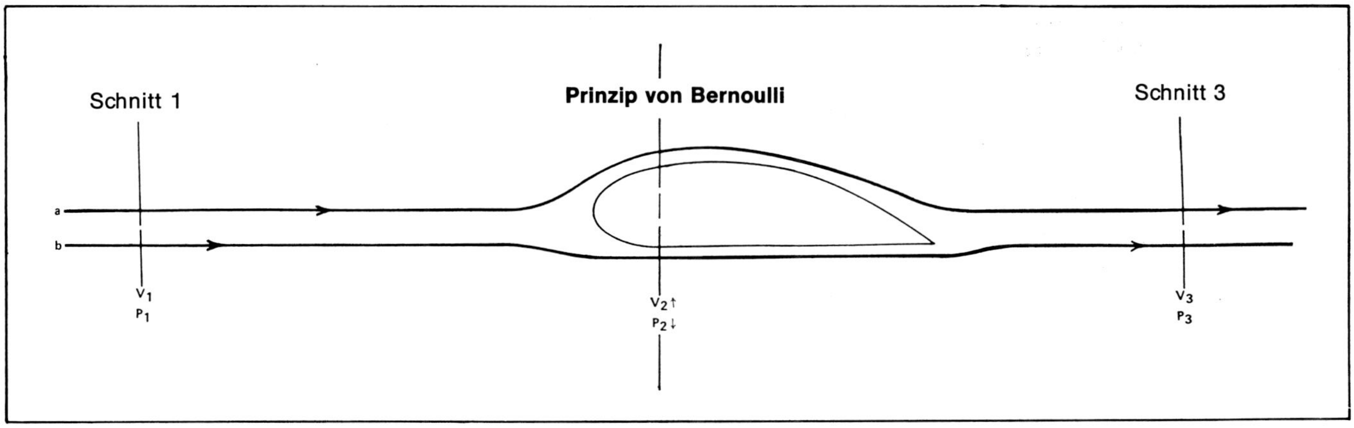

Anwendung des Prinzips von Bernoulli auf den tragflächenähnlichen Querschnitt eines Gleitfallschirms. Die abgebildeten Strömungslinien a und b stellen die Wege von zwei Luftmolekülen dar. Sie passieren zusammen Schnitt 1 und Schnitt 3. Da der Weg a länger ist als der Weg b muß die Geschwindigkeit des oberen Moleküls größer sein als die des unteren. Der Druck von a im Schnitt 2 ist geringer als der Druck von b im gleichen Schnitt. Die Folge davon ist der Auftrieb. Geschwindigkeit (V) und Druck (P) im Schnitt 1 und 3 sind gleich.

strömung), wenn wir den Gleiter also mehr oder weniger stark abbremsen, wird es für die anströmende Luft immer schwieriger, in die Kappe hineinzugelangen. Denn einmal nimmt ihre Geschwindigkeit ab, zum anderen muß sie immer mehr „um die Ecke" strömen. Der Druck im Innern der Kappe wird ständig geringer. Zur gleichen Zeit erhöht sich aber aufgrund des größeren Anstellwinkels der Druck auf die Profilunterseite. Werden also bei voller Bremsstellung die

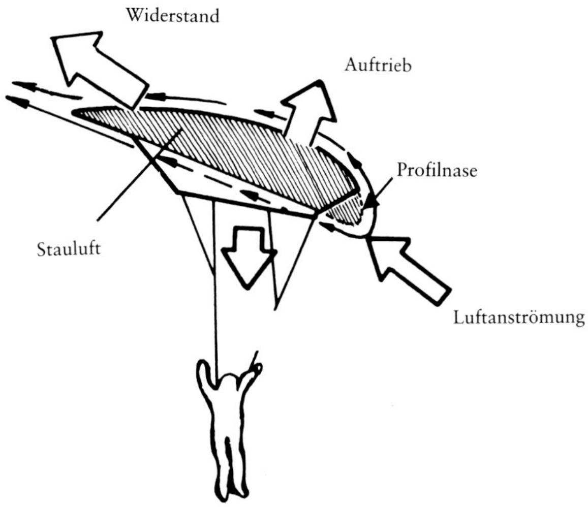

Kräfte, die auf eine Gleitfallschirm-Kappe während des Fluges wirken. Ein kleiner Teil der gestauten Luft wird nach vorn herausgedrückt und bildet eine „künstliche" Profilnase. Hier wird die Luftanströmung nach oben und unten umgeleitet.

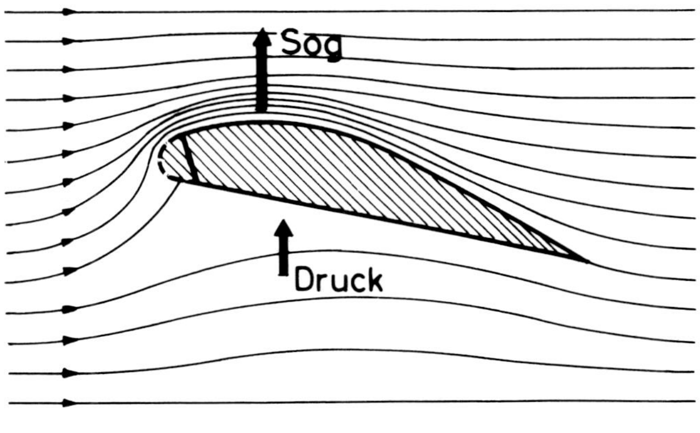

Kappenoberseite: langer Weg, große Geschwindigkeit, Sog.
Kappenunterseite: kurzer Weg, kleine Geschwindigkeit, Druck.

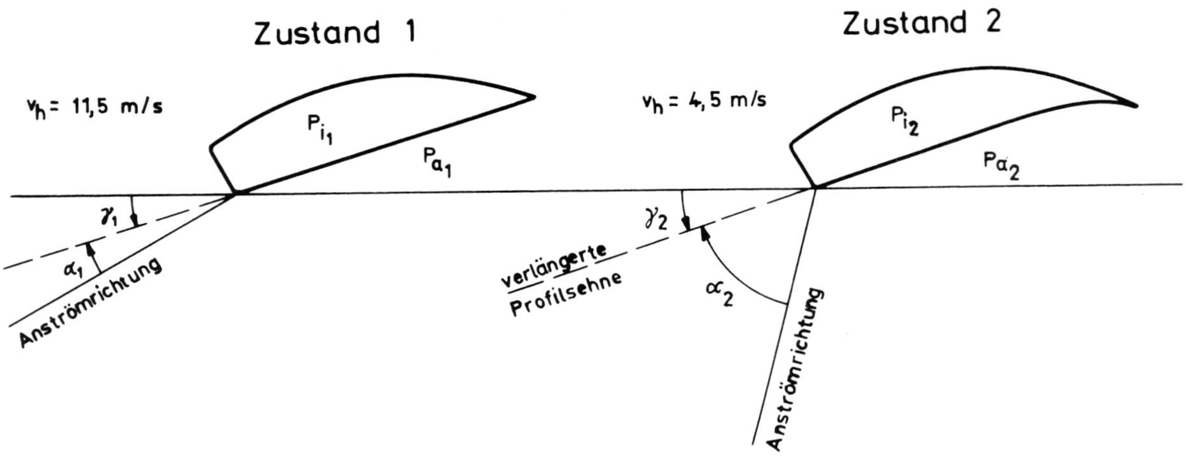

Gleitwinkel γ und Anstellwinkel α. Links der normale, durch das Längenverhältnis der Fangleinen vorgegebene Anstellwinkel α (Winkel zwischen Profilsehne und Anströmrichtung). Rechts ein durch Betätigung der Bremsen vergrößerter Anstellwinkel. Für die anströmende Luft wird es schwieriger, in die Kappe zu gelangen, da ihre Geschwindigkeit abnimmt und sie immer mehr "um die Ecke" muß. Der Gleitwinkel γ (Winkel zwischen der Profilsehne und der Horizontalen) ist in beiden Fällen gleich. Der Innendruck links (P_{i_1}) ist größer als der rechts (P_{i_2}), der Druck unter der Kappe ist rechts größer (P_{a_2}) als links (P_{a_1}).

Steuerknebel weiter herunter gezogen, „entleert" sich die Kappe, dadurch geht ihre aerodynamische Form verloren, außerdem gibt es auf der Oberseite einen gefährlichen Strömungsabriß. Diesen Punkt (bzw. diese Steuerknebelstellung) an dem die Strömung abreißt, auch Stallpunkt genannt, sollte man an seiner Kappe gut kennen. Aber man sollte ihn in ausreichender Höhe über Grund ertasten, denn ein Strömungsabriß in geringer Höhe bedeutet eine erhebliche Verletzungsgefahr für den Springer.

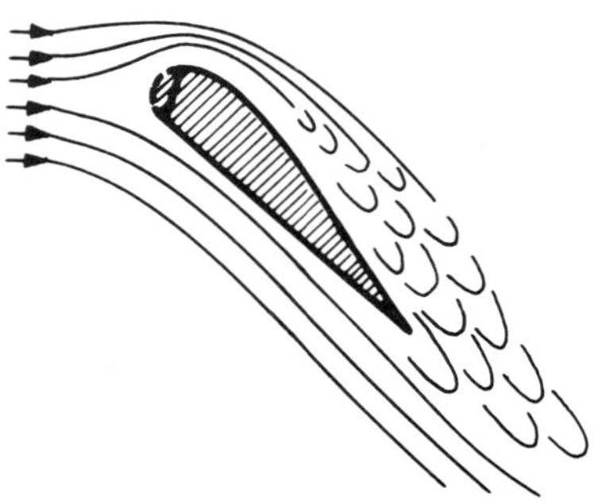

Das Abreißen der Strömung am Kappenprofil (Stall) nachdem der Anstellwinkel zu sehr vergrößert wurde. In Bodennähe ist dieser Zustand äußerst gefährlich.

Der induzierte Widerstand W_i ist eine weitere, wichtige Kraft bei allen Gleitfallschirmkappen. Da sie keine unendliche, sondern eine begrenzte Spannweite haben, gleicht sich der Druckunterschied zwischen der Profiloberseite und der Profilunterseite an den seitlichen Kappenenden auf fast Null aus. Die Strömung des Druckausgleichs bewirkt eine Ablenkung der Stromlinien an der Kappe, und zwar an der Oberseite zur Mitte hin, an der Unterseite nach außen hin. Besonders stark sind die Randwirbel.
Die Wirbelbänder verursachen eine zusätzliche Ablenkung der Anströmung nach unten, um den sogenannten induzierten Anstellwinkel α_i. Da der Auftrieb immer senkrecht zur tatsächlichen Anströmungsrichtung wirkt und diese jetzt um α_i gegenüber der ungestörten Anströmung geneigt ist, erhält der Auftrieb ebenfalls eine Neigung α_i, daraus ergibt sich eine Kraftkomponente nach hinten, der induzierte Widerstand. Er hat eine erhebliche Bedeutung, wenn der Anstellwinkel groß ist. Ebenfalls läßt sich feststellen, daß eine Kappe mit einem großen Seitenverhältnis (Profiltiefe t zu Spannweite b) mehr induzierten Widerstand hat, als eine mit einem kleinen Seitenverhältnis. Das erklärt den heutigen Trend zu Siebenzellern und ihre besseren Gleitverhältnisse gegenüber den Fünfzellern.

$$\text{Gleitverhältnis} = \frac{\text{zurückgelegte Entfernung}}{\text{Höhenverlust}}$$

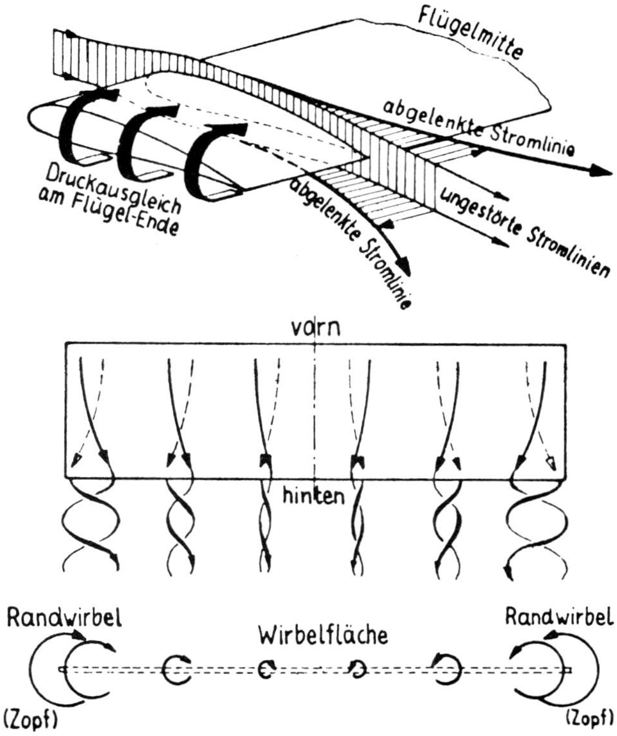

Druckausgleich am Kappenende und Entstehung der Wirbelbänder. Besonders stark sind die Randwirbel.

Aus dem induzierten Widerstand, dem normalen aerodynamischen Widerstand und dem sogenannten „parasitären" Widerstand, der von den Fangleinen und dem Körper des Springers verursacht wird, ergibt sich der Gesamtwiderstand einer Gleitfallschirmkappe und beeinflußt Sink- und Vorwärtsgeschwindigkeit.

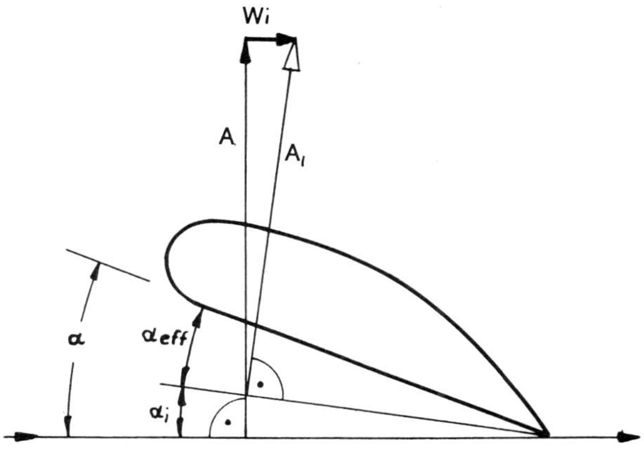

Der induzierte Widerstand. Da der Auftrieb immer senkrecht zur tatsächlichen Anströmrichtung wirkt und diese um α_i geneigt ist, erhält der Auftrieb ebenfalls eine Neigung α_i. Daraus ergibt sich W_i.

Nachprüfung und Versicherung

In der Bundesrepublik Deutschland trat am 1. April 1979 eine neue Luftverkehrs-Zulassungsordnung (LuftVZO) in Kraft. Sie fordert eine Zulassung nur noch für Rettungsfallschirme. Vorher war sie auch für Sportfallschirm-Systeme gefordert, ebenfalls eine Nachprüfung jedes Jahr oder nach 100 Absprüngen. Auch die zulässige Gesamt-Betriebszeit war mit 400 Absprüngen oder 10 Jahren eingeschränkt. Ersatzregelungen wurden vom Deutschen Aero Club e.V., Fachgruppe Fallschirmsport, 1979 eigenverantwortlich ausgearbeitet. Sie sind im Technischen Betriebshandbuch (Teile I–V) des DAeC, Fachgruppe Fallschirmsport, festgelegt. Der Verband strebt auch an, daß der Fallschirm von den Behörden als Sportgerät und nicht als „Luftfahrzeug" eingestuft wird, wie es z. Zt. noch der Fall ist. Das hat zur negativen Folge, daß für jeden Fallschirm eine Haftpflichtversicherung in gleicher Höhe wie für ein Flugzeug bis 1000 kg Gewicht abgeschlossen werden muß! Die gesetzliche Höchsthaftungssumme beträgt hierfür DM 850.000,–. Das Gesetz besagt aber nicht, daß über diese Summe eine Haftpflicht abzuschließen ist. Es gibt eine Mindesthöhe für eine Haftpflicht-Versicherung im § 103, Abs. 3, der LuftVZO für Fallschirme wie folgt an: DM 35.000,– für Personenschäden (eine Person), DM 75.000,– für Personenschäden (mehrere Personen), DM 5.000,– für Sachschäden. Dies ist also eine gesetzlich geforderte Mindestverpflichtung. Würde man einen Schaden verursachen, der höher liegt – was aus der bisherigen Erfahrung heraus ziemlich utopisch ist – müßte man die Mehrsumme, maximal also die Differenz zu DM 850.000,– aus eigener Tasche bezahlen. Fallschirme, die nicht zu Übungs- oder Vorführzwecken verwendet werden, sind von der Versicherungspflicht befreit. Dies gilt vor allem für Reserve-Fallschirme.

Auch für persönliche Lebens- und Unfall-Versicherungen wirkt sich die Tatsache, daß der Fallschirm noch als „Luftfahrzeug" gilt, teuer aus. Fallschirmsportler werden deshalb auch als „Luftfahrer" eingestuft. Das bedeutet, daß man bei Abschluß einer Lebensversicherung einen Aufschlag bezahlen muß. Die persönliche Unfallversicherung haftet zwar bei allen Sportunfällen, aber nicht bei Fallschirmsportunfällen, weil die Versicherungen Fallschirmsport nicht als „normalen" Sport ansehen, man muß also noch eine Extra-Unfall-Versicherung für Fallschirmsportler abschließen, wenn man sich absichern will. Der Deutsche Aero Club bemüht sich, diese Diskriminierungen der Fallschirmsportler zu beseitigen. Die Vereine haben für ihre Ausbildungsfallschirme eine sogenannte „Hänge-Versicherung" abgeschlossen, die jedem Benutzer dieser Schirme einen Unfallversicherungsschutz bietet.

3. Die Absetzluftfahrzeuge

Als „Absetzen" bezeichnet der Fallschirmsportler das Anfliegen in einer bestimmten Höhe auf einer bestimmten Richtungsachse, die er dem Piloten „diktiert", und das Abspringen über dem gewünschten „Absetzpunkt". Will man kurz beschreiben, welche Luftfahrzeuge sich dafür eignen, kann man einfach sagen: alle! Alles was nur irgendwie fliegt und gewillt ist, ihn auf Höhe zu bringen, nimmt der Fallschirmspringer dankbar an. Die meisten Staaten — auch die BRD — verlangen jedoch, daß das Absetzflugzeug zum Absetzen zugelassen ist.

Unter den Flugzeugen ist der Hochdecker am geeignetsten, weil er dem Springer beim Absetzen eine freie Sicht nach unten gewährt und ein bequemes Aussteigen ermöglicht. Stars unter den Absetzflugzeugen sind ohne Zweifel die amerikanischen Cessna-Typen, und zwar auf der gesamten Welt. Der Absprung erfolgt bei ihnen aus der Seitentür, wie bei vielen anderen auch. Bei dem britischen Flugzeug Skyvan erfolgt der Absprung durchs Heck, leider steht diese Maschine auf unserem Kontinent kaum zur Verfügung.

Auch aus Tiefdeckern kann man springen, nur bereitet das Finden des Absetzpunktes einige Schwierigkeiten, weil man nur mühsam am vorderen Rand der Tragfläche vorbei nach unten sehen kann. Bei der französischen Morane muß man zunächst die Haube nach hinten schieben, dann auf die Tragfläche klettern, von der man sich schließlich nach hinten runterrutschen läßt. Durch das Höhenleitwerk wird der Springer nicht gefährdet.

In den osteuropäischen Staaten und der UdSSR wird sehr viel der russische Doppeldecker AN-2 benutzt, auch bei mehreren Weltmeisterschaften wurde er erfolgreich eingesetzt. Ein etwas langsames, aber sonst sehr geeignetes Flugzeug. Die Absprungtür liegt hinter den Tragflächen, das Absetzen bietet also keine Probleme.

Noch besser als die oben beschriebenen Flugzeugtypen eignen sich alle Arten von Hubschraubern zum Absetzen, sie haben nur einen sehr großen Nachteil: sie sind zu teuer. Glücklicherweise unterstützen jedoch oft die Armeen der meisten Länder die Fallschirmsportler, indem sie ihnen Hubschrauber für nationale Meisterschaften und andere bedeutende Wettbewerbe zur Verfügung stellen. Der Vorteil liegt auf beiden Seiten: die Springer haben eine günstige Sprungmöglichkeit und die Armeen leisten so gute Öffentlichkeitsarbeit, abgesehen davon, daß die Piloten im Absetzen von Fallschirmspringern trainiert werden.

Besondere Leckerbissen für Springer sind die sehr seltenen Gelegenheiten, aus einem Ballon oder gar einem Luftschiff springen zu können. Der Reiz liegt — abgesehen von dem Ungewöhnlichen — darin, daß man wegen der fehlenden Horizontalgeschwindigkeit und somit des „Fahrtwindes" senkrecht nach unten fällt. Der Absprung muß sehr sauber sein, da man in den ersten Sekunden des Freifalls noch keine Möglichkeit hat, sich durch Gegendrücken gegen einen Luftwiderstand zu stabilisieren. Ähnlich kann es beim Hubschrauber sein, aber normalerweise haben diese meist eine Horizontalgeschwindigkeit von etwa 100 km/h.

(umseitig) Amerikanische Cessna Maschinen (3=5 Springer) werden auf der ganzen Welt zum Absetzen von Fallschirmsportlern benutzt, als Hochdecker sind sie auch ideal dafür geeignet.

(lins oben) Auch die deutsche Dornier 27 (bis zu 5 Springer) ist ebenfalls ein Hochdecker. Viele Vereine in der BRD haben eine eigene Do 27, von der Bundeswehr ausgesonderte Maschinen.

(rechts) Die britische Skyvan (16 Springer) besitzt eine riesige Heckklappe, die hochgezogen den Weg für die Springer freigibt.

(rechts außen) Die große Schwester der Do 27 — die Do 28 (12 Springer).

(links unten) Delikat sind Sprünge aus Tiefdeckern, durch das Leitwerk ist der Springer nicht gefährdet. Auf dem Bild die australische Victa Airtourer (3 Springer).

(rechts unten) Hervorragend zum Springen geeignet — der russische Doppeldecker Antonov 2 (14 Springer).

O-IOWM

DM-WCY

F-B

F-BSTF
F-BSTF

(links) Etwas langsam, etwas laut —aber sehr zuverlässig: der französische Broussard (6 Springer).

(rechts) Steigt wie ein Fahrstuhl — der amerikanische Hubschrauber Bell UH (10 Springer).

(rechts) Ein ideales „Absetzschiff" ist der amerikanische Doppelturbinen-Hubschrauber Chinook CH-47 (über 30) mit seinem riesigen Haifischmaul am Heck, hier beim Einsatz während des 1. Relativ-Welt-Cups 1973.

(links) Sehr schnell, sehr leise — und ausgezeichnete STOL-Eigenschaften: die schweizerische Pilatus Porter (7- 8 Springer).

(links) Die kanadische Twin Otter (20 Springer) ist ideal für Relativ-Sprünge.

(unten) 100 Springer faßt die Super-Constellation, sie dürfen nur schubweise die Maschine verlassen. Sprünge aus der Super-Conny sind Ausnahmen.

Die Norman Islander
faßt 8 Springer bequem.

Die Relativ-Springer der
USA benutzen sehr häufig
die DC 3 ...

... oder die Twin-Beech-
craft.

Der Sprung aus einem
Luftschiff ist ein äußerst
seltener Leckerbissen.

FLY THE
GOOD SPORTS

Links: *Achter-Formations-Weltmeister 1977, USA (oben) und Vize-Weltmeister Bundesrepublik Deutschland (unten) mit moderner, leichter Ausrüstung: Spezielle Kombinationen für das Formationsspringen, leichte Schuhe, Piggy-back-Gurtzeug-System.*

4. Die Ausrüstung

Die Fallschirmausrüstung, also der Hauptfallschirm und das obligate Reservegerät, wird in fast allen Vereinen und Ausbildungszentren den Springern zur Verfügung gestellt. Erst wenn ein gewisser Leistungsstandard erreicht ist, kaufen sich viele eine komplette eigene Fallschirmausrüstung.

Außer einem Fallschirm benötigt man zum Springen noch einige spezielle Dinge, eine persönliche Ausrüstung.
Das fängt mit einem Paar guter Springerstiefel an. Weltweit verbreitet sind die französischen Paraboot-Modelle. Das Modell „Competition" hat eine dicke, durchgehende Luftkammersohle. Es wird besonders Anfängern empfohlen. Bei einer nicht richtig ausgeführten Landung, wenn beide Füße nicht fest zusammengehalten werden, besteht infolge der hohen Sohle die Gefahr, daß die Füße umknikken. Elastische Bandagen um die Fußgelenke bieten eine zusätzliche Sicherheit. Für das Wettbewerbsspringen, insbesondere das Stil- und Zielspringen, sind sie weniger geeignet, da sie zu schwer und zu unbeweglich sind. Die Firma Paraboot hat daher ein leichteres Stil-Modell entwickelt, ebenso die deutschen Firmen Puma und Adidas, deren Modelle sich sehr gut für Stil- und gerade auch Zielsprünge eignen. Erfahrene Springer begnügen sich oft mit normalen Turnschuhen.
Ein Springerhelm ist obligatorisch, um den Kopf des Springers bei der Landung zu schützen. Normalerweise berührt er den Boden zwar nicht mit dem Kopf, aber es kann sein, daß der Landefall einmal nicht ganz vorschriftsmäßig verläuft und dann ist das Tragen eines Helmes äußerst vorteilhaft. Besonders bei dem von vielen Springern gefürchteten Landefall rückwärts kommt es leicht zu einer sogenannten „Dreipunktlandung": Füße — Hinterteil — Kopf. Sie ist zwar nicht richtig, aber kommt eben immer wieder vor.
Weltweit durchgesetzt hat sich der französische St. Christoph-Helm „Integral". Er wurde speziell für das Fallschirmspringen entwickelt. Der Kinnriemen ist außen am Helm befestigt, besonders wichtig für Anfänger, da bei einer Befestigung im Innern die Gefahr besteht, daß Gurte oder Fangleinen während einer unstabilen Öffnung zwischen Befestigung und Helmkante haken und den Helm abreißen und/oder den Nackenwirbel verletzen.
Im allgemeinen trägt man zum Sprung eine durchgehende Kombination, die sich besser bewährt hat als zweiteilige Kombinationen. Sowohl für das Formationsspringen als auch für das Ziel- und Stilspringen wurden in den letzten Jahren spezielle Kombinationen entwickelt, die unterschiedlich geschnitten sind.
Zum Schutz der Hände empfiehlt es sich, stabile Leder-Fingerhandschuhe zu tragen, die das Fingergefühl nicht zu stark beeinträchtigen und griffig sind.
Eine gut sitzende Schutzbrille ist bei den ersten automatischen Sprüngen nicht unbedingt notwendig, jedoch später, bei längeren Freifallsprüngen eine Wohltat für die Augen. Es gibt allerdings nicht wenige Springer, die auch dann keine Brille tragen mögen.

Oben: Für Ziel- und Stilspringer, aber auch für Sprungschüler empfiehlt sich eine eng geschnittene Sprung-Kombination. Sehr stabil ist der „Bell"-Helm.

Unten: Der französische Helm „St. Christophe-Integral" mit außen befestigtem Kinnriemen hat sich stark durchgesetzt. Leichte Stiefel, griffige Handschuhe und Brille vervollständigen die Ausrüstung.

Zur genauen Information über die Höhe, in der man sich gerade befindet, ist bei Freifallsprüngen aus über 1000 m ein zuverlässiger Höhenmesser erforderlich, der entweder am Arm wie eine Uhr getragen wird oder in einer Halterung auf dem Reservegerät.

Die Höhe läßt sich auch mit Hilfe einer Stoppuhr kontrollieren, die man beim Verlassen des Flugzeugs drückt. Anhand der Freifallzeit weiß man ziemlich genau, wieviel Meter man gefallen ist und wann man den Schirm öffnen muß. Bei Wettbewerbssprüngen erfüllt die Stoppuhr noch eine andere Funktion. Bei Mannschaftssprüngen wird vorher eine genaue Öffnungsstaffelung abgesprochen, die sich nur mit einer Stoppuhr exakt einhalten läßt.

Zur Sicherheit der Schüler, die ihre ersten manuellen Sprünge machen, gibt es Öffnungsautomaten. Falls der Schüler aus irgendwelchen Gründen den Aufziehgriff nicht betätigt, erledigt es der Automat für ihn. Er arbeitet entweder mit einer Barometrik (gewünschte Öffnungshöhe einstellen) oder auf Zeit (gewünschte Freifallzeit einstellen).

Bei Absprüngen in unmittelbarer Nähe von Wasserflächen sollte man eine geeignete Schwimmweste mit sich führen oder spezielle Schwimmer, die hinter die Spannbänder des Reservegeräts geklemmt werden und sich nach kräftigem Zusammendrücken automatisch aufblasen. Sie haben einen ausreichenden Auftrieb, um einen Menschen über Wasser zu halten.

Ein Sauerstoffgerät wird erforderlich, wenn Sprünge aus über 4000 m Höhe ausgeführt werden sollen.

Preise für eine Grundausrüstung

Springerstiefel:	DM 130,– bis 175,–
Springerhelm:	DM 85,– bis 110,–
Kombination:	DM 135,– bis 275,–
Schutzbrille:	DM 10,– bis 35,–
Handschuhe:	DM 20,– bis 45,–
Höhenmesser:	DM 150,– bis 250,–
Halterung:	DM 45,– bis 60,–
Stoppuhr:	DM 80,– bis 140,–

Für den Kauf eines eigenen Fallschirms muß man – je nach Typ – etwa 2 500 bis 3 500 DM (einschließlich Reservegerät und Gurtzeug) ausgeben.

Französische Springerstiefel Paraboot mit dicker Luftkammersohle.

Armatur mit Höhenmesser und Stoppuhr.

(unten) Öffnungsautomat KAP-3P. Je nach Einstellung (Zeit oder Höhe) öffnet er den Schirm, indem er das Aufziehkabel herauszieht (Pfeil).

5. Die Ausbildung des Sprungschülers

Luftrechtliche Voraussetzungen

Fallschirme sind für uns Sportgeräte, für den Gesetzgeber leider auch noch „Luftfahrzeuge", daher sind Fallschirmsportler auch „Luftfahrer" und unterliegen den gesetzlichen Bestimmungen des Luftverkehrsgesetzes (LuftVG), der Luftverkehrs-Ordnung (LuftVO), der Luftverkehrs-Zulassungs-Ordnung (LuftVZO), der Verordnung über Luftfahrtpersonal (LuftPersV), der Prüfordnung für Luftfahrtgerät (LuftGerPO) und der Betriebsordnung für Luftfahrtgerät (LuftBO). Das ganze hört sich sehr schlimm an, ist es auch, aber man muß noch damit leben. Aus der LuftVZO sind Sportfallschirme-Systeme bereits herausgenommen, der Deutsche Aero Club, Fachgruppe Fallschirmsport, bemüht sich jetzt um Herausnahme aus dem LuftVG.

Hier sind die wichtigsten Bestimmungen für den angehenden Schüler: Die Ausbildung darf (mit Genehmigung der Eltern) am 16. Geburtstag begonnen werden, mit 17 Jahren kann man frühestens den „Luftfahrerschein für Fallschirmspringer" erwerben. Eine wesentliche Voraussetzung ist die körperliche Tauglichkeit zum Springen, die von einem Fliegerarzt bestätigt werden muß. Außerdem dürfen „keine Tatsachen vorliegen, die den Bewerber als unzuverlässig erscheinen lassen, die beabsichtigte Tätigkeit als Luftfahrtpersonal auszuüben", wie es so schön in der neuen Luft VZO heißt. Die Behörden fordern noch ein polizeiliches Führungszeugnis und 2 Paßbilder.

Nur anerkannte Ausbildungsbetriebe dürfen die Ausbildung durchführen. Fast alle Fallschirmsport-Vereine besitzen diese Anerkennung. In den Vereinen sind aussschließlich ehrenamtliche Fallschirmsprunglehrer tätig, die ihre Ausbildungs-Berechtigung in einem besonderen Ausbildungslehrgang erworben haben.

Man kann seine Ausbildung auch im Ausland, z. B. während des Urlaubs, absolvieren. Ausländische Erlaubnisse werden aber nur anerkannt, wenn die Bestimmungen zu ihrer Erteilung mit den deutschen Bestimmungen vergleichbar sind, ggf. muß deutsches Luftrecht nachgeschult werden. Anträge auf Anerkennung sind an das Luftfahrt-Bundesamt zu stellen. Nach der Anerkennung kann eine deutsche Erlaubnis bei der zuständigen Erlaubnisbehörde beantragt werden.

Die körperliche Vorbereitung

Eine gute körperliche Verfassung sollte man zum Fallschirmspringen mitbringen, damit man mit Selbstvertrauen an den Sport herangehen kann. Um die körperliche Fitness zu erhalten und damit die Verletzungsgefahr weitgehend zu reduzieren, sollte man ein abwechslungsreiches Training mit folgenden drei Schwerpunkten durchführen.

1. Ausdauer

Laufen, Schwimmen und Radfahren eignen sich hervorragend als Ausdauertraining und sind sehr einfach durchzuführen. Herz und Lunge werden gekräftigt, außerdem bei einem Wald- oder Querfeldeinlauf noch die beim Springen besonders beanspruchten Knie- und Sprunggelenke.

2. Kraft

Wichtig ist die Kräftigung der Beinmuskulatur (für Absprung und Landung), der Bauchmuskulatur (für Landefall und Saltos, der Rückenmuskulatur und der Hals- und Nackenmuskulatur (für die Hohlkreuzlage).

3. Beweglichkeit

Die Beweglichkeit aller Gelenke ist nicht nur für eine sichere Landung wünschenswert, auch beim Stil- und beim Formationsspringen wird sie ständig abverlangt.

Auf den Abdruck von Übungsbeispielen zu Punkt 2 und 3 muß hier aus Platzgründen verzichtet werden, es gibt darüber aber eine umfangreiche und preiswerte Literatur.

Die theoretische Ausbildung

Auch im Fallschirmsport läßt sich nicht vermeiden, einige Theorien zu büffeln. Die Stoffgebiete sind für den Bereich der BRD in den „Richtlinien des Bundesministers für Verkehr für die Ausbildung und Prüfung des Luftfahrtpersonals", Kapitel 10, Fallschirmspringer, genau vorgeschrieben, ebenso natürlich auch die praktische Ausbildung.

Zur Theorie gehören folgende Abschnitte:

- Luftrecht, Luftverkehrs- und Flugsicherungsbestimmungen
- Theorie des freien Falls
- Meteorologie
- Technik
- Verhalten in besonderen Fällen

Die luftrechtlichen Voraussetzungen zum Springen wurden oben schon geschildert, in den Abschnitten „Nachprüfung und Versicherung" und „Prüfung und Erwerb der Erlaubnis für Fallschirmspringer" werden die wichtigsten weiteren Bestimmungen angeführt. Sie in Verbindung mit den Prüfungsfragen reichen als Grundwissen für den Schüler vollkommen aus. Eine umfangreiche und vollständige Information über dieses Thema bietet die „Gesetzessammlung für Fallschirmsport" vom gleichen Autor (siehe Lit.-Verzeichnis).

Das Ausbildungsgebiet „Technik" umfaßt die Abschnitte Aerodynamik, Fallschirmkunde, Ausrüstung und Technik (Fallschirmtechnik und Sprungtechnik). Sie sind bereits behandelt worden, bzw. werden weiter hinten behandelt.

Theorie des freien Falls

Unmittelbar nach Verlassen der Absetzmaschine beeinflussen Schwerkraft, Trägheit und Luftwiderstand den Fall des Springers. Die Schwerkraft zieht ihn zur Erde, und zwar so schnell, daß eine Gefährdung durch das Heckteil der Maschine völlig ausgeschlossen ist.
Infolge des Trägheitsgesetzes fällt der Springer nicht sofort wie ein über einem Brunnen losgelassener Stein senkrecht nach unten, sondern die in ihm steckende Geschwindigkeit des Flugzeugs wird durch den horizontalen Luftwiderstand allmählich reduziert, der Springer fällt auf einer parabelförmigen Bahn. Erst wenn die Horizontalgeschwindigkeit abgebaut ist, fällt er senkrecht. Von seinem Gewicht und seiner Größe hängt nun die normale Fallgeschwindigkeit ab. Würde er jetzt in einem luftleeren Raum fallen, würde sein Fall sich gleichförmig beschleunigen. Der Luftwiderstand, der der Schwerkraft entgegenwirkt, verhindert dies beim Springer zum Glück. Etwa nach 10 Sekunden oder 300 m „Freifall" bleibt daher seine Fallgeschwindigkeit mit ca. 50 m/s (ca. 180 km/h) fast gleich.
Ein Fallschirmsprung spielt sich in einem Element ab, das vollkommen anders ist, als die dem Menschen gewohnte, sichere Erde. Er wurde so „konstruiert", daß er sich in aufrechter Haltung auf der Erde fortbewegen kann. Von frühester Kindheit an hat er sich an ein Gleichgewicht in dieser Haltung gewöhnt.
Die Fallposition eines Fallschirmsportlers ist eine Haltung, die zu allen angeborenen oder erworbenen Reflexen ziemlich entgegengesetzt ist. Das Gleichgewicht ist horizontal statt senkrecht, trotzdem soll der Blick zum Horizont gehen (wenigstens für Anfänger). Seinen Körper in dieser Haltung dem Element Luft preiszugeben, widerspricht dem natürlichen Abwehrreflex. Er würde ein Zusammenkrümmen des Körpers bewirken, was tatsächlich häufig bei Schülern zu beobachten ist. Oft sieht man auch, daß Anfänger, die das Gleichgewicht verlieren, mit den Füßen strampeln, um das

Jeder Springer packt grundsätzlich seinen Schirm selbst. Eine Packplane oder Gras reicht als Packfläche aus, besser ist ein Packtisch.

Gleichgewicht wieder zu gewinnen, wie sie es auch auf der Erde machen, wenn sie stolpern. Während der Ausbildungszeit muß der Schüler neue Reflexe lernen, die ihm erlauben, beim Verlust des Gleichgewichts, dieses möglichst schnell zurückzugewinnen.
Hierzu eignet sich die folgende Übung recht gut:

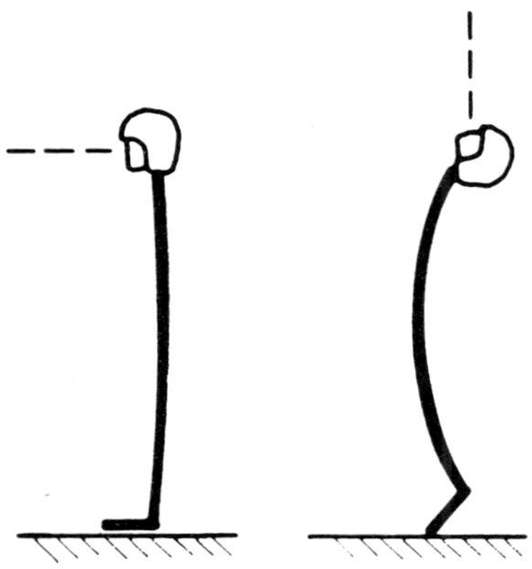

der Schüler steht in entspannter Haltung, locker, ohne Hohlkreuz, Arme in Schulterhöhe seitlich gestreckt, Blick zum Horizont, Beine auf Schulterbreite gespreizt. Auf Zuruf des Lehrers spannt er seinen Körper zum Hohlkreuz, dabei nimmt er den Kopf soweit zurück, daß er den Himmel sehen kann und stellt sich auf die Zehenspitzen. Die Übung sollte intensiv durchgeführt werden.

In einer sauberen X-Lage, d. h. mit einem guten Hohlkreuz, hat der Springer immer ein stabiles Gleichgewicht, weil der Schwerpunkt des Körpers tief liegt und der (ideelle) Angriffspunkt des Luftwiderstandes darüber.
Ist es umgekehrt (Katzenbuckel-Lage), ergibt sich sehr schnell eine unstabile Lage, wenn der Angriffspunkt des Luftwiderstandes seitlich versetzt ist, der Springer wird auf's Kreuz gehebelt.

Fallen beide Punkte zusammen (Körper sehr gerade gestreckt), ist das Gleichgewicht labil, es kann sehr schnell umschlagen, entweder in eine unstabile Lage oder in ein stabiles Gleichgewicht, meist ist ersteres der Fall.
Dann hilft das oben beschriebene Hohlkreuz-Training, um sofort wieder stabil zu werden.

Meteorologie

Das Ausbildungsgebiet Meteorologie liefert einiges Wissenswerte für den Springer, manchmal wird es aber in der Ausbildung auch übertrieben ausgewalzt. Die wichtigste Tatsache, nämlich daß tiefhängende Wolken, Regen und starker Wind größter Gegner des Sportspringers sind, die hat auch der Anfänger nach einem einzigen derartigen Wochenende begriffen.

Er sollte aber auch wissen, daß die Temperatur mit zunehmender Höhe abnimmt, und zwar um 0,65°C je 100 m Höhe. Wenn man z. B. im Sommer bei einer Bodentemperatur von 25° C einen Sprung aus 3.000 m Höhe machen will, muß man wissen, daß dort oben etwa $25 - 30 \times 0{,}65 = + 5{,}5$°C herrschen und seine Kleidung dementsprechend wählen.

Genau wie die Temperatur nimmt auch die Luftdichte und der Luftdruck mit zunehmender Höhe ab, bei einem Höhenunterschied von 5.500 m Höhe sind sie etwa nur noch halb so groß. Aufgrund der geringeren Luftdichte in größerer Höhe (und damit eines geringeren Luftwiderstandes) ist die Fallgeschwindigkeit größer als in Bodennähe. In 5.000 m Höhe macht es etwa 20 % mehr aus, in 3.000 m etwa 10 %. Öffnet man den Schirm sehr hoch über NN, z. B. bei Sprüngen im Gebirge, ist natürlich auch die Sinkgeschwindigkeit des geöffneten Schirms größer, was bei Zielsprüngen beachtet werden sollte.

Der Luftdruck nimmt mit zunehmender Höhe ebenfalls ab, auf dieser Erkenntnis beruht auch die Wirkungsweise der Höhenmesser. Allerdings spielt die Temperatur eine Rolle mit, da sich ja bekanntlich warme Körper (also auch Luft) ausdehnen, kalte jedoch zusammenziehen. Da die Höhenmesser nach der Standard-Atmosphäre geeicht sind, fliegt man in einer wärmeren Luftmasse in einer etwas größeren Höhe als der Höhenmesser anzeigt, in einer kälteren Luftmasse in einer geringeren Höhe.

Die Abweichungen können immerhin gute 100 m betragen, auch das muß vor dem Sprung einkalkuliert werden.
Schließlich wird auch der Sauerstoff mit zunehmender Höhe weniger. Bei Sprüngen aus über 4.000 m Höhe muß deshalb ein Sauerstoffgerät mitgeführt werden! Die persön-

Eine saubere Hohlkreuz-Lage ist die beste Gewähr für ein stabiles Gleichgewicht.

liche Reaktion auf Sauerstoffmangel ist sehr unterschiedlich, er kann jedoch zu starker Abminderung der Reaktionsfähigkeit führen und für den Springer katastrophale Folgen haben.
Der Wind ist der größte Angstgegner der Fallschirmsportler, der schon viele Sprünge verhindert und viele sportliche Hoffnungen hinweggeblasen hat. Bei Schülerabsprüngen sollte die Windgeschwindigkeit am Boden nicht mehr als 5 m/s betragen, beim Zielspringen sind 7 m/s, beim Stil- und Formationsspringen 9 m/s zugelassen. Mit Gleitfallschirmen kann man auch noch bis etwa 10 m/s springen. Wenn der Wind stark böig ist, also rasch in Stärke und Richtung wechselt, sollte man es aber unterlassen. Während eines Sprungbetriebes wird die Windgeschwindigkeit und die Windrichtung durch einen Windgeschwindigkeitsmesser und einen Windsack kontrolliert (siehe auch Abschnitt „Wettbewerbe"). Ist kein Windsack vorhanden, kann man an Flaggen, hohen Bäumen, Rauchfahnen usw. die Bodenwindrichtung erkennen. Auf den Zug von Wolken sollte man sich besser nicht verlassen, da die Windrichtung in Wolkenhöhe wesentlich anders sein kann als am Boden.
Aus dem Flugzeug heraus kann man die Richtung des Bodenwindes auch an Hand von evtl. vorhandenen Rauchfahnen erkennen, man muß aber eine perspektivische Verzerrung beachten, wenn man sich nicht senkrecht über der Rauchfahne befindet.
Erhält man eine Angabe über die Windgeschwindigkeit in Knoten, so muß man diesen Wert halbieren, um sie in m/s zu erhalten.
Häufig ist der Wind in Bodennähe wegen der hier vorhandenen Bodenreibung geringer als in der Höhe. Beim Zielspringen muß man außer dem Horizontalwind auch die Auf- und Abwinde berücksichtigen. Infolge Sonneneinstrahlung erwärmen sich nicht alle Bodenflächen gleichmäßig stark, sondern je nach Reflektion unterschiedlich. Eine große Betonfläche z. B. erwärmt sich stärker als eine Wasserfläche.

Einflüsse von thermischen Auf- und Abwinden auf den Gleitweg eines Fallschirms. Thermische Aufwinde sind bei Sonneneinstrahlung z. B. über steinigem Grund, gepflügten Feldern, Straßen und dem Zielkreis zu erwarten; thermische Abwinde z. B. über Wasserflächen und Wäldern. ▼

Die erwärmte Luft steigt auf und saugt kältere hinterher. So entsteht ein Kreislauf, denn in entsprechender Höhe kühlt die wärmere Luft wieder ab und strömt hinter der kälteren Luft her. Diese thermischen Aufwinde (oft vereinfachend Thermik genannt) und Abwinde können dem Springer sehr große Schwierigkeiten bereiten.
Auch in der Nähe künstlicher oder natürlicher Hindernisse (höhere Gebäude, Wald, Berge) entstehen — mechanische — Auf- und Abwinde, darum sind auch ganz besonders Gebirgssprünge so voller Überraschungen. Der Horizontalwind wird vor diesen Hindernissen, also auf der Luvseite (windzugewandten Seite), nach oben gelenkt. Auf der Leeseite (windabgekehrte Seite) des Hindernisses fällt er wieder nach unten. Häufig treten zusätzlich auch noch starke Turbulenzen auf.
Schließlich sei noch erwähnt, daß vor einer Gewitter- oder allgemeinen Wetterfront eine Warmluftwalze rotiert, die ziemlich plötzlich da sein kann und sehr gefährlich für noch in der Luft befindliche Springer ist. Bei aufziehenden Gewittern muß daher der Sprungbetrieb eingestellt werden!
Wolken stören meist auch die Kreise der Springer. Durch eine geschlossene Wolkendecke darf er nicht springen. Entweder springt er unterhalb der Wolkendecke ab oder aber er muß das Springen ganz sein lassen, wenn diese Wolkendecke nicht mindestens 600 m hoch ist. Sind genügend Lücken vorhanden, um über die Wolkendecke zu kommen, muß beim Absprung ausreichende Bodensicht bestehen. Im kontrollierten Luftraum oder über 900 m über Grund bzw. Wasser außerhalb des kontrollierten Luftraums muß man von Wolken einen horizontalen Mindestabstand von 1,5 km halten! Den „Sprung aus den Wolken" gibt es nur im Fernsehen, in Wirklichkeit ist er sehr gefährlich, da man nie weiß, was in oder unter der Wolke steckt. 1967 wurden 19 amerikanische Springer über einer dichten Wolkendecke in 6.000 m Höhe mit Radar abgesetzt. Aus ungeklärter Ursache befand sich die Maschine jedoch noch nicht über dem vorgeschriebenen Zielgebiet, sondern über dem Erie-See; 17 von ihnen bezahlten Irrtum und Verstoß gegen die Sicherheitsvorschriften mit ihrem Leben.
Der Deutsche Wetterdienst (DWD) hat eine Wetterberatung für die Allgemeine Luftfahrt (GAFOR) über automatische Anrufbeantworter eingerichtet. Die jeweiligen Gebietskennzahlen für das GAFOR-System findet man im AIP, Bd. III.

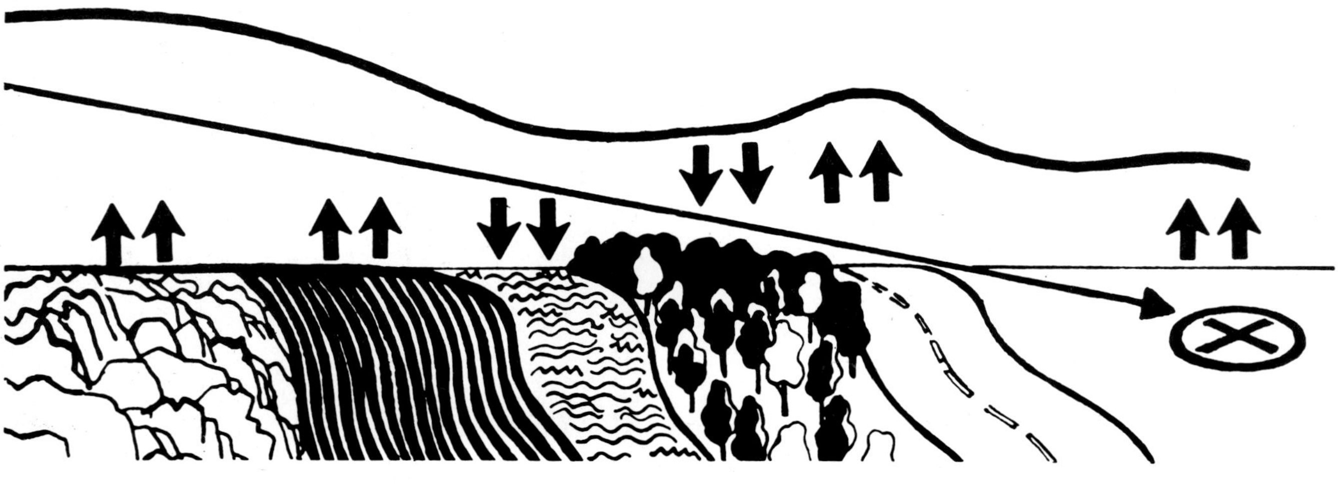

Nach der Landung werden Fangleinen ...

Das Packen des Fallschirms

Jeder Fallschirmsportler packt seinen Schirm grundsätzlich selbst. Auch dem absoluten Fallschirmlaien wird einleuchten, daß sorgfältiges Packen durch eine noch so gute Lebensversicherung nicht ersetzt werden kann. Daher nimmt die Packausbildung einen breiten Raum ein.

Zunächst wird der Schirm auf einen glatten, 12 m langen und 2 m breiten Packtisch oder einer Packplane am Boden ausgelegt. Bei der Landung und beim anschließenden vorläufigen Zusammenlegen des Schirms kann es vorkommen, daß die Kappe sich umdreht, die Innenseite kommt nach außen und umgekehrt. Dieser Zustand wird mit „Kappendurchschlag" bezeichnet. Er wird dadurch beseitigt, daß der Scheitel durch das Innere der Kappe gezogen wird. Der Scheitel wird dann an einem Festpunkt eingehakt.

Nun muß kontrolliert werden, ob die Fangleinen einwandfrei verlaufen. Einwandfrei bedeutet, von den D-Verbindungsstücken an den Haupttragegurten bis zur Basis frei, ohne Verdrehungen, Verwirrungen oder Verknotungen (letztere kommen eigentlich nur in den Witzen der Kameraden vor).

Gemeinsame Verdrehungen beider Fangleinenbündel werden durch Gegendrehungen des Gurtzeugs um die Längsachse beseitigt, Verdrehungen der Fangleinenbündel in sich, durch Gegendrehung des Gurtzeugs um die Querachse, und zwar zwischen den beiden Fangleinenbündel. Verläuft ein Fangleinenbündel durch das andere, müssen oben und unten verlaufende Fangleinen auseinandergehalten und das Gurtzeug vollständig durchgesteckt werden. Schließlich wird auch das Gurtzeug auf korrekte Lage überprüft und der Fallschirm mit Hilfe einer Spannvorrichtung gespannt.

Die in der BRD für Anfänger noch viel verwendeten Kohnke-Dreieckfallschirme werden nicht gespannt.

Blickt man bei einem Rundkappenfallschirm, der 28 Bahnen hat, vom Gurtzeug in Richtung Basis, verlaufen die Fangleinen von der Mitte oben links Nr. 1 im Gegenuhrzeigersinn zur Mitte oben rechts. Nr. 28. Hochleistungsfallschirme haben in der Regel nur 24 Bahnen, der Verlauf ist der gleiche. Auf den Abbildungen wird das Packen an verschiedenen Hochleistungsfallschirmen demonstriert, das Prinzip ist bei allen gleich.

Man nimmt die Fangleine Nr. 12 (also Mitte unten links), geht an ihr bis zur Basis hoch und zieht die Bahn 12 heraus. Eine Bahn nach der anderen wird herausgezogen, und über die vorige gelegt. Das ganze Bahnenpaket wird nach links abgelegt — die letzte Bahn liegt unten — und halbiert. Auf jeder Seite werden die Bahnen jetzt einzeln sorgfältig gelegt, insbesondere die Basis. Danach erfolgt die „Fangleinenkontrolle". Die beiden mittleren Fangleinen oben (Nr. 1 und 24) müssen frei zu den Bahnen 1 und 24 verlaufen (die Bahnen sind numeriert), die beiden mittleren unten (12 und 13) zu den Bahnen 12 und 13. Die Kappe wird nocheinmal in Längsrichtung in den Drittelpunkten

... und Fallschirmkappe in S-Schlägen „auf den Arm" genommen und zum Packplatz getragen.

Die Scheitelleinen werden geordnet, der Packschlauch drübergestreift und der Scheitel eingehängt.

Der Schirm wird ausgelegt, die Fangleinen werden auf einwandfreien Verlauf überprüft.

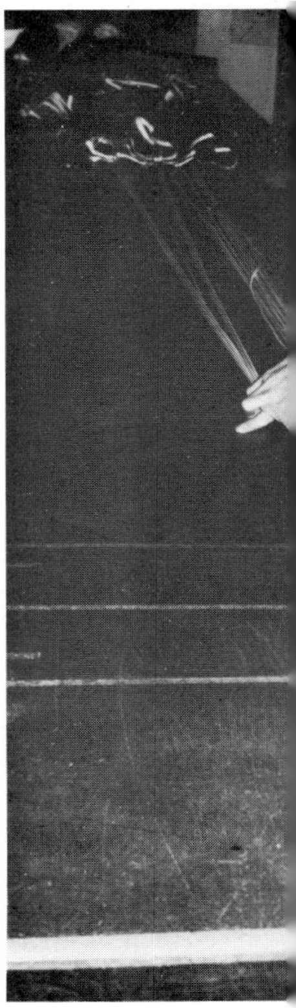

Hier stimmt was nic
sind miteinand

Der Schirm wird gespannt. Ein hübsches Mädchen eignet sich besser als eine richtige Spannvorrichtung.

Mit der Fangleine 12 beginnt das Packen.

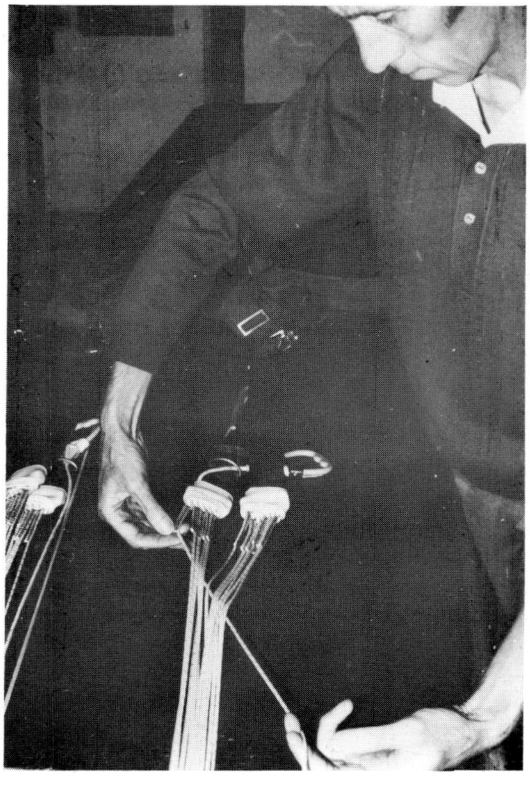

Bahn für Bahn wird passiert ...

ꞏide Fangleinenbündel
ꞏrdreht.

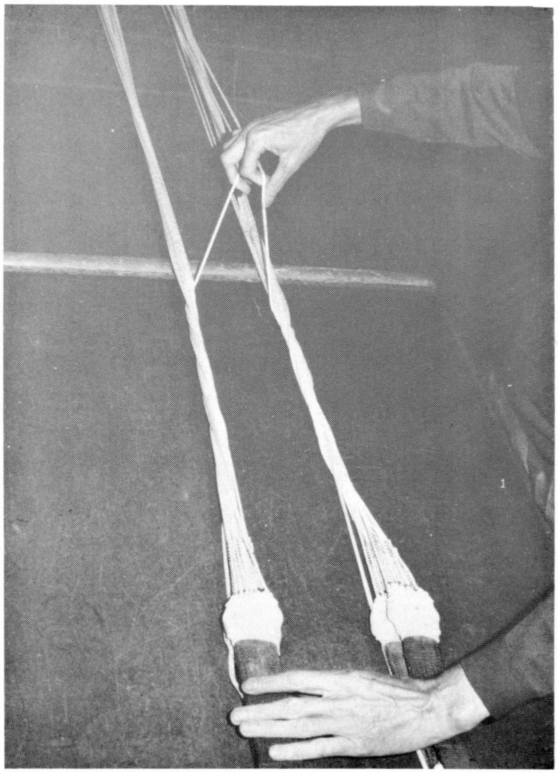

Verdrehungen der Fangleinenbündel in sich.

Ein Fangleinenbündel hat sich durch das andere verirrt.

das Bahnenpaket nach links abgelegt ...

... und halbiert. Jede Bahn wird sorgfältig gelegt.

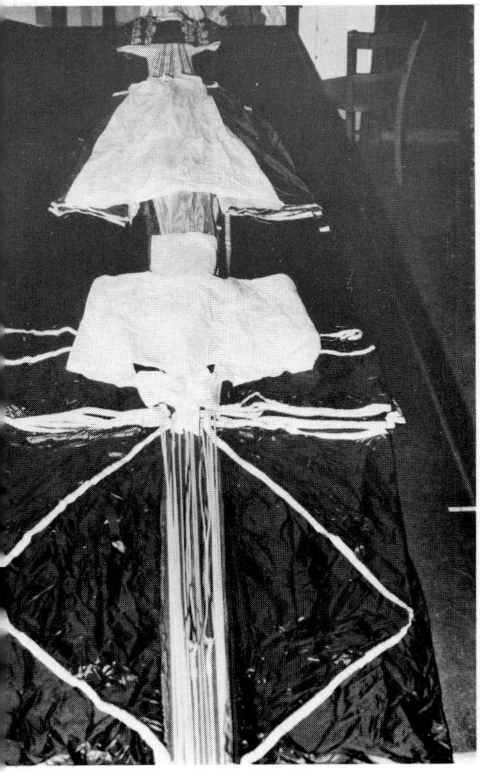

Ideal sieht es so aus, die oberste Bahn liegt mittig.

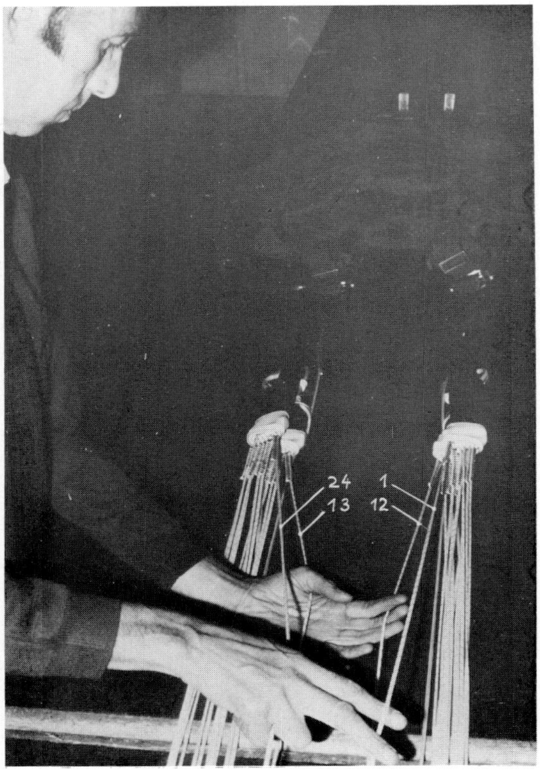

Fangleinenkontrolle. Fangleinen 1 und 24 sowie 12 und 13 müssen direkt . . .

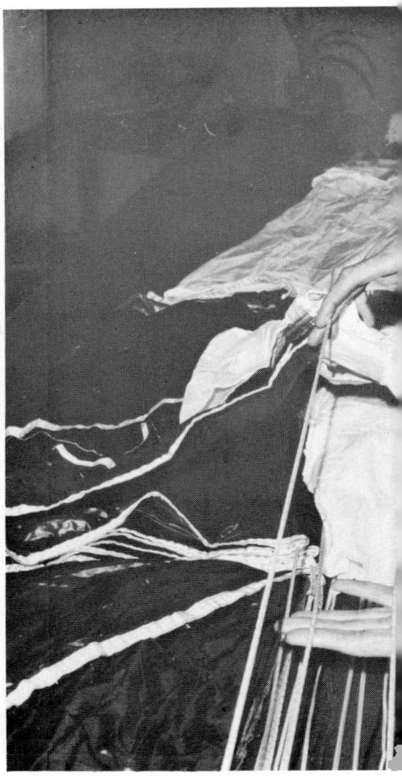

. . . zu den Bahnen 1 und 24 sowie 1

Der Packschlauch wird überzogen . . .

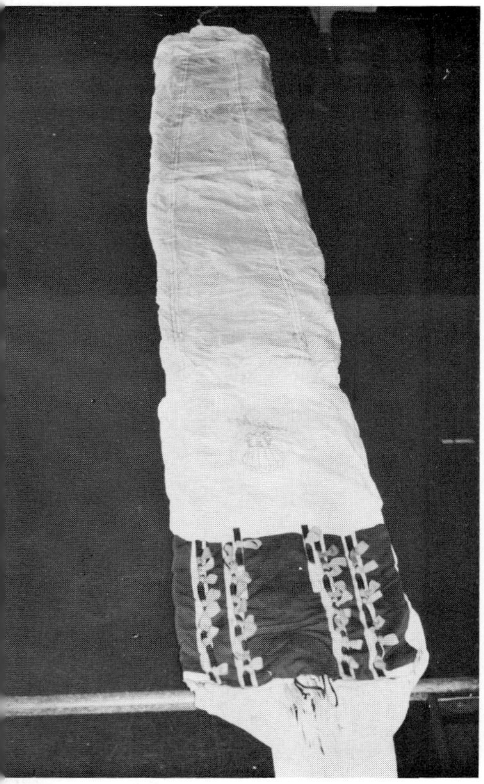

. . . und seine Klappe durch die ersten beiden Fangleinenschläge verschlossen (das Bild zeigt nur den ersten Schlag).

Die Fangleinen werden in die

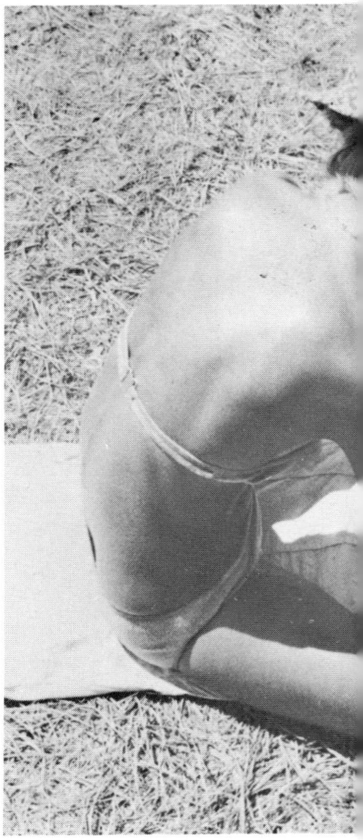

und 13 führen.

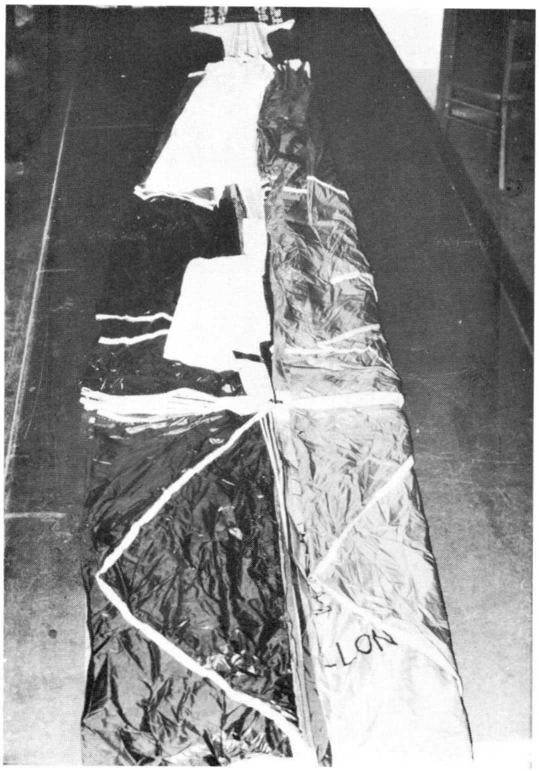

Die Kappe wird in Längsrichtung in den Drittelpunkten zusammengelegt.

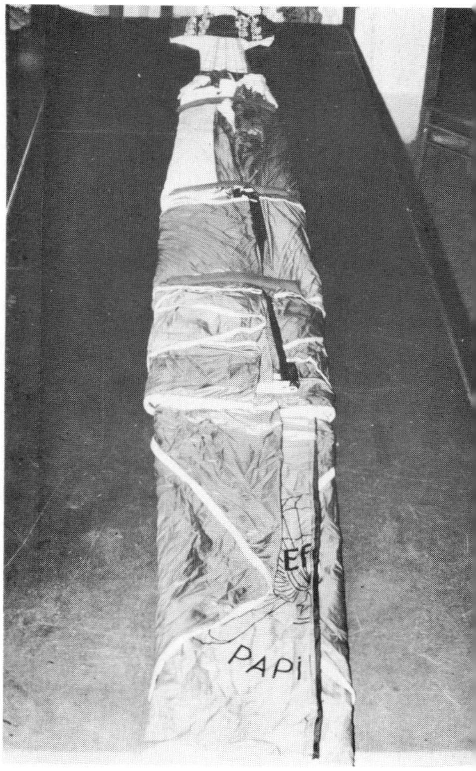

Bleibeutel halten sie in „Form".

Packgummis eingeschlauft.

Haupttragegurte und Kappe werden in die Packhülle gelegt.

Die gesamte Kappe ist in S-Schlägen zusammengelegt.

Die Verschlußklappen der Packhülle werden geschlossen.

Nicht immer geht es so schwer.

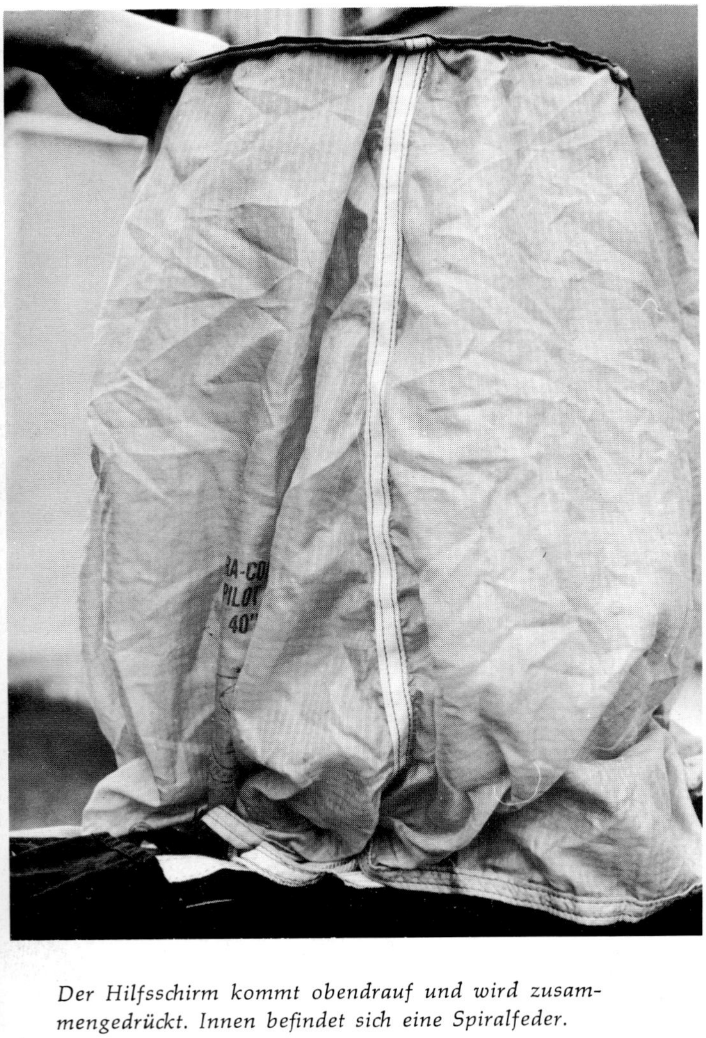

Der Hilfsschirm kommt obendrauf und wird zusammengedrückt. Innen befindet sich eine Spiralfeder.

zusammengelegt. Sie hat so die ungefähre Breite des Packschlauchs, der glatt vom Scheitel zur Basis über die Schirmkappe gezogen wird. Die Spannvorrichtung wird gelöst, mit dem ersten Fangleinenschlag der Packschlauch verschlossen und die restliche Fangleinenlänge s-förmig sorgfältig in die vorgesehenen Gummiringe eingeschlauft. Am Scheitel hält man die Verbindungsleine von Packschlauch und Kappe ebenfalls in einem Gummiring fest. Die Haupttragegurte legt man gleichmäßig in die äußere Packhülle und darüber die Schirmkappe im Packschlauch, über die gesamte Packhüllenlänge in S-Schlägen. Hilfsschirmverbindungsleine und Hilfsschirm werden obenauf gelegt, wobei man die Spiralfeder des Hilfsschirms zusammendrücken muß. Dann werden die Verschlußklappen der Packhülle mit den Stiften des Aufziehkabels verschlossen. Damit beim Öffnen die Packhüllenklappen dem Hilfsschirm sofort den Weg in den Luftstrom freigeben, werden sie mit Gummizügen zurückgezogen, die man erst vor einem Sprung bei einer letzten Kontrolle des gesamten Pakets einhakt.
Mit geringfügigen Änderungen werden fast alle Fallschirmtypen in gleicher Weise gepackt. Jeder Typ besitzt allerdings ein eigenes, zu beachtendes Handbuch mit genauen Packvorschriften. Die obige Beschreibung gilt für einen manuellen Fallschirm. Bei automatischen Fallschirmen kommt die Kappe nicht in den Packschlauch sondern in einen inneren Verpackungssack. Einen Hilfsschirm gibt es nicht; letzte Tätigkeit ist das Einschlaufen der Aufziehleine.

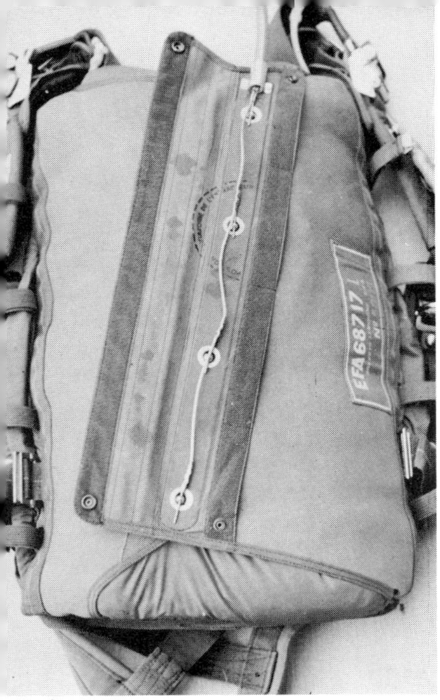

Alle Stifte stecken in den Verschlußkegeln (Papillon).

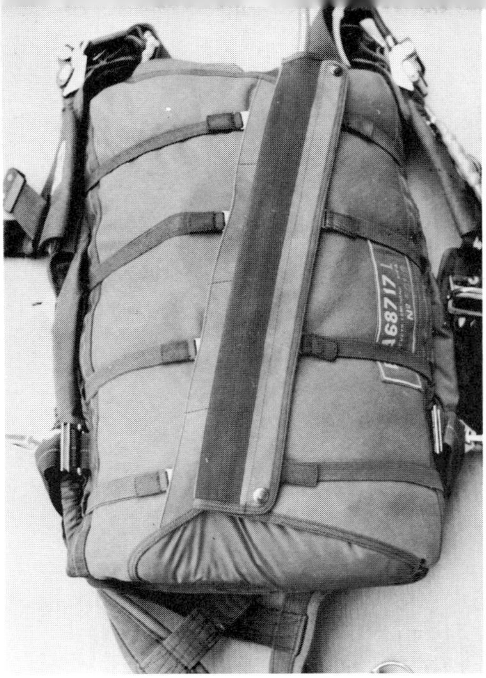

Die Gummizüge sind eingehängt, die Schutzklappe ist geschlossen (Papillon).

Die Verschlußart des Para Commander gleicht im Prinzip der des Papillon.

So sieht ein Packplatz am Wochenende aus.

. . . die Körperseite bildet . . . ①

Landung und Landefall

Die Rückkehr zur Erde per Fallschirm hat einen kritischen Punkt: der Moment der unmittelbaren Bodenberührung. Die meisten Rundkappen haben eine Sinkgeschwindigkeit (Vertikalgeschwindigkeit) von 4—5 m/s. Nur sehr selten jedoch ist die Sinkgeschwindigkeit auch gleich der Landegeschwindigkeit, dann nämlich, wenn kein Wind ist. Kommt eine horizontale Geschwindigkeitskomponente infolge Wind hinzu, ist die Landegeschwindigkeit die Resultierende aus beiden Komponenten und natürlich größer als sie. Schließlich haben auch die meisten Übungsfallschirme einen Eigen-Vortrieb, abgesehen von den seltenen Schirmen ohne Schlitz. Je nach Stellung des Schlitzes und somit Wirkung des Eigenvortriebs — gegen oder mit Wind — kommt auch diese Komponente noch hinzu.

Beispiel:

Sinkgeschwindigkeit 4 m/s, Windgeschwindigkeit 3 m/s, Eigenvortrieb 2 m/s.

(links oben) Der Körper „hängt" aufrecht im Gurtzeug.

(links mitte) Die Fußballen berühren den Boden zuerst, die Knie sind leicht angewinkelt.

(links unten) Bei Bodenberührung werden die Knie seitlich herausgedrückt . . .

Gesäß . . . ④

... einen Bogen ... ②

... auf dem der Springer abrollt. ③

Die Landegeschwindigkeit bei Schlitzstellung mit Wind

$$\sqrt{4^2 + (3 + 2)^2} = 6{,}4 \text{ m/s},$$

gegen den Wind

$$\sqrt{4^2 + (3 - 2)^2} = 4{,}1 \text{ m/s}.$$

Durch den Landefall soll die kinetische Energie beim Herabschweben möglichst elegant vernichtet werden. Daran beteiligen sich verschiedene Teile des Körpers.
Der Springer berührt den Boden mit den Fußballen zuerst, der Körper hängt aufrecht im Gurtzeug, die Beine sind leicht angewinkelt, Knie geschlossen, Arme angewinkelt. Im Moment der Berührung werden die Knie geschlossen zur Fallseite nach außen gedrückt und der Springer rollt über Unterschenkel, Oberschenkel, Gesäß, Schulterpartie ab und wirft dann die Beine um 180° zur gegenüberliegenden Seite. Dieser Landefall wird in vier Variationen geübt: rechts, links, vorwärts, rückwärts. Beim Landefall vorwärts und rückwärts kommt hinzu, daß der Oberkörper einschließlich Hüfte im Moment der ersten Bodenberührung blitzschnell um 90° (rechts oder links herum) nach vorn oder hinten gedreht wird. Wie schon erwähnt macht der Landefall rückwärts den meisten Springern Schwierigkeiten und artet oft in eine Dreipunkt-Landung (Füße-Hinterteil-Kopf) aus. Gerade diesen Landefall aber benötigt man selbst noch bei Hochleistungsfallschirmen. Bei sehr starkem Wind wird auch dieser rückwärts getrieben. Eine leichte Drehung der Kappe zur Seite vereinfacht jedoch den Landefall.

Am Anfang der Ausbildung werden die verschiedenen Landefälle am Boden geübt, später dann realistischer durch Abspringen von einer erhöhten Plattform.

Nach dem Landefall muß der Springer — besonders bei stärkerem Wind — blitzschnell aufstehen und die Kappe umlaufen, die dann zusammenfällt. Geschieht das Aufstehen nicht schnell genug, bläht der Wind die Kappe sofort wieder auf, und er treibt die Kappe samt Springer mehr oder weniger schnell über den Boden. Das Aufstehen während des „Schleifens“ ist natürlich nicht mehr ganz so einfach, jedoch durch eine Schulterrolle möglich. Bei starkem Wind kann das Schleifen über den Boden sehr gefährlich werden! Schafft man das Aufstehen nicht, gibt es mehrere Möglichkeiten, die Kappe zum Zusammenfallen zu bringen: entweder öffnet man ein Kappentrennschloß (deswegen wurden sie übrigens erfunden), man zieht an einer Fangleine die Kappe aus dem Wind (nur mit Handschuhen!) oder man zieht kräftig eine Steuerleine durch.

... Schulterpartie ... ⑤

... und Herumwerfen der Beine. Der Kopf bleibt stets dem Boden fern! ⑥

Die Bewegungsenergie ist vernichtet.

Jetzt heißt es: Schnell aufstehen!

Die falsche und gefährliche Dreipunkt-Landung: Füße

Die gröbsten Fehler:

Landung auf den Hacken, der Körper ist völlig steif.

Die Füße sind nicht zusammen und in unterschiedlicher Höhe. Ein Fuß wird zu stark belastet, Bruchgefahr!

. . . Gesäß . . .

. . . und Kopf.

Knie zu stark nach vorn gedrückt und . . .

. . . Abstützen mit dem Ellenbogen können ebenfalls Ursache für gefährliche Verletzungen sein.

Wer bei starkem Wind nach dem Landefall nicht schnell genug aufsteht, riskiert daß ihn die Kappe über den Boden schleift.

Hoppla, was ist denn das?

(ganz rechts) Es ist zum Verzweifeln — ich lern' es nie!

Automatischer Absprung. Die Aufziehleine hat bereits den inneren Verpackungssack aus dem äußeren gezogen, die Fangleinen werden ausgeschlauft.

Der automatische Absprung

Dann ist es soweit: Schirm anlegen zum ersten automatischen Absprung!
Wohl jeder, der vor dem ersten Sprung steht, hegt irgendwelche besonderen Empfindungen, ob man sie nun mit Angst, Beklommenheit, Neugierde oder wohl am zutreffendsten als Mischung aus diesen Faktoren bezeichnet. Schließlich ist der Sprung aus einem Flugzeug kein Aussteigen aus einer Straßenbahn, sondern eine Sache, die einem Menschen instinktiv eigentlich widerstrebt. Dieses Widerstreben zu unterdrücken, oder drastischer ausgedrückt, „den inneren Schweinehund zu bekämpfen", ist sicher einer der vielen Gründe, weswegen Menschen aus Flugzeugen springen.
Zu tun hat der Springer beim ersten Sprung wenig. Der Sprunglehrer hat die Aufziehleine im Flugzeug eingehakt oder angebunden und begleitet ihn auch, um ihn an der richtigen Stelle abzusetzen. Hat das Flugzeug die Absetzhöhe von 600 m erreicht, gibt er dem Schüler rechtzeitig ein Zeichen zum Fertigmachen, der Pilot nimmt das Gas etwas weg, um die Geschwindigkeit zu reduzieren. Der Schüler klettert aus der Maschine und stellt sich auf Trittbrett und Rad des Fahrwerks. Mit beiden Händen hält er sich an der Tragflächenstrebe fest. Er blickt in Flugrichtung. Der Sprunglehrer paßt auf, daß die Aufziehleine frei vom Fallschirm ins Flugzeug verläuft und nicht etwa vom Schüler aus Versehen „liebevoll" unter den Arm genommen wird, das kann sehr schmerzhaft sein. Der Absetzpunkt ist erreicht, ein letztes Zeichen des Lehrers und der Schüler stößt sich nach hinten ins Leere. Die Arme sind seitlich und die Beine schräg nach hinten gestreckt, der Springer nimmt den Kopf in den Nacken und macht ein Hohlkreuz. Diese Absprunghaltung gilt z. B. für den PTCH-C. Bei anderen Fallschirmtypen, z. B. beim Kohnke-Dreieckfallschirm sieht die Haltung leider fast umgekehrt aus, also: Absprung nach hinten

(Rücken zur Flugrichtung), Körper eingeknickt, Kopf auf der Brust, Beine zusammen, Hände vor dem Reservegerät, Ellbogen am Körper. Diese Haltung erfordert später beim Übergang zum manuellen Springen eine totale Umstellung des Springers auf die Haltung, die zuerst beschrieben wurde. Ein Absprung in einer anderen Haltung als für den Schirm vorgesehen würde aber Beschädigungen des Gerätes mit sich bringen.
Durch den Fall des Körpers wird die Aufziehleine ausgeschlauft und gestreckt. Sie zieht die äußere Packhülle auf und die innere Packhülle mit der Kappe heraus. Die Fangleinen werden ausgeschlauft und gestreckt, und schließlich wird auch die Kappe gestreckt. Erst jetzt, wenn Springer, Fangleinen, Kappe und Aufziehleine gestreckt am Flugzeug hängen, reißt das Sollbruchband zwischen Aufziehleine und Kappenscheitel. Die Aufziehleine mit der inneren Packhülle bleibt am Flugzeug hängen und wird vom Lehrer eingezogen, die Luft füllt den Schirm. Die Füllung erfolgt von oben nach unten. In der gestreckten Kappe wirkt der Hohlraum in der Mitte als Luftkanal. Die Luft strömt bis zum Scheitel und fängt dort an die Kappe auseinander zu drükken, sie hat zunächst ein birnenförmiges Aussehen. Bevor der Schirm seine endgültige Halbkugel- oder Dreiecksform erreicht, geht die Basis noch mehrmals zusammen und auseinander, sie „atmet".
Dann atmet der Springer auf. Die Spannung ist von ihm abgefallen, das Motorgedröhn verstummt, lautlose Stille ringsumher und über ihm die weiße oder bunte Kappe des Fallschirms, die er sofort auf eventuelle Störungen überprüft. Kein Springer vergißt diesen Moment, in dem er zum erstenmal am Schirm hängt.

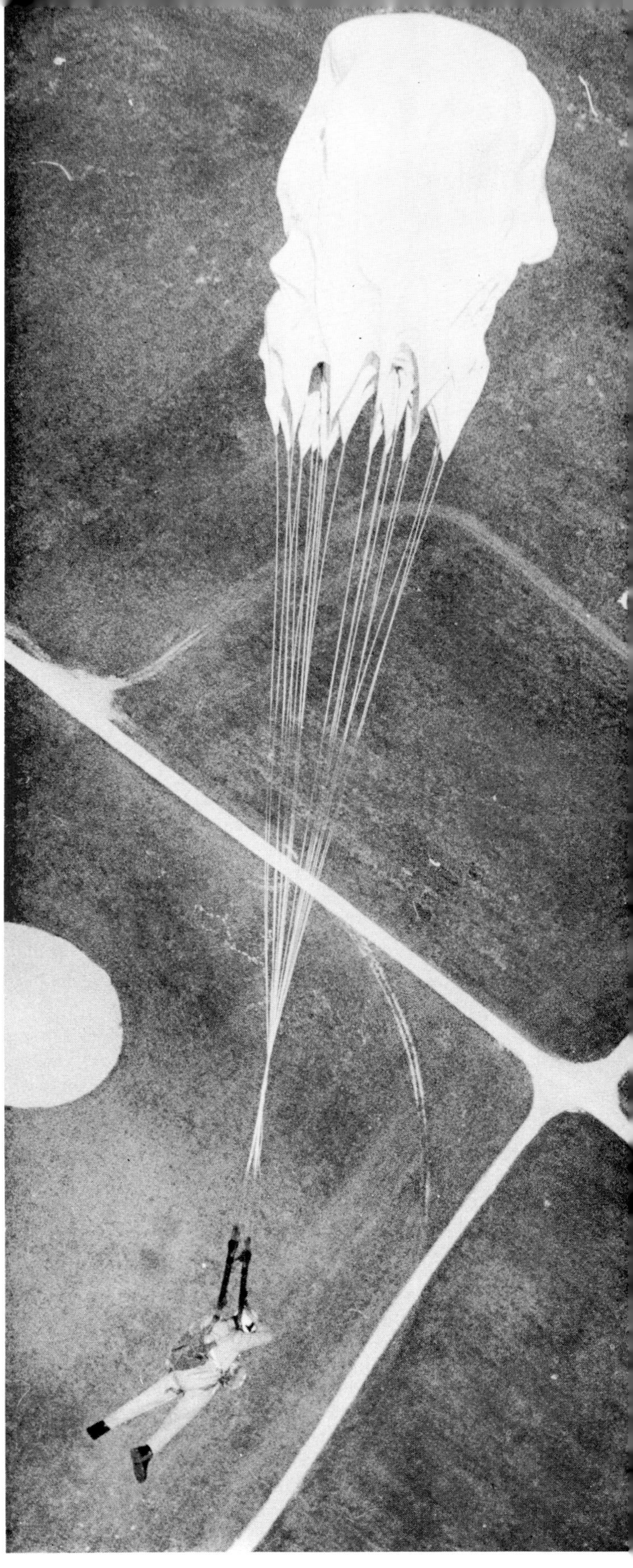

Die Kappe beginnt sich zu füllen. Das Sollbruchband ist bereits gerissen, Aufziehleine und innerer Verpackungssack bleiben am Flugzeug hängen.

Das Steuern des Fallschirms

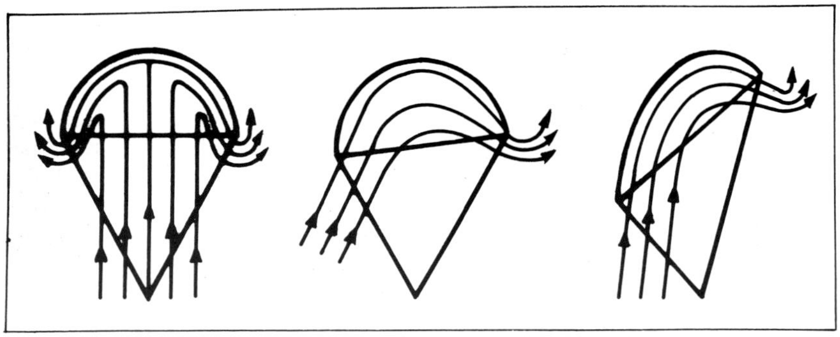

Die aerodynamische Strömung an der runden, nicht steuerbaren Fallschirmkappe im normalen Zustand beim Gleiten und Slippen

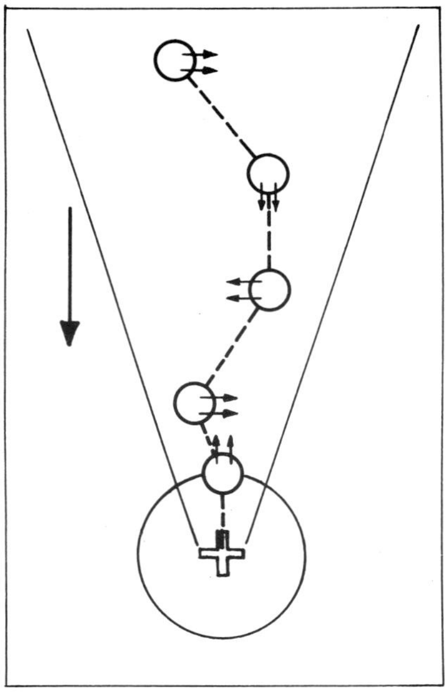

Rechts: Zielannäherung mit einer nicht steuerbaren Rundkappe

Auch eine völlig geschlossene Rundkappe ohne Steuer- oder Vortriebsschlitze hat heute noch ihre Bedeutung, weil es noch viele solcher Reservekappen gibt. Die Bahn dieser Fallschirme wird fast ausschließlich von Wind- und Sinkgeschwindigkeit bestimmt. Wechselnde Windgeschwindigkeiten lassen die Flugbahn steiler oder flacher werden. Durch Herunterziehen von einem oder zwei oberen Haupttragegurten („Slippen") wird eine Neigung der Kappe verursacht und damit ändert sich die aerodynamische Umströmung. Die Luft entweicht auf der gegenüberliegenden Seite der Kappe und bewirkt dabei auf der heruntergezogenen Seite eine Reaktionskraft, die eine horizontal wirkende Schubkraft erzeugt. 1,5 bis 2 m/s Horizontalgeschwindigkeit lassen sich so erzielen, mit einem nicht unerheblichen Kraftaufwand übrigens.

Normalerweise kann man aber davon ausgehen, daß Anfänger mit einem Schirm springen, der Steuerschlitze hat.

Sie befinden sich stets im Rücken des Springers. Er fährt mit seinem Schirm also immer in die Richtung, in die er auch blickt. Will er diese Richtung ändern, muß er die Kappe drehen; rechtsherum durch Ziehen der rechten Steuerleine, linksherum durch Ziehen der linken Steuerleine.

Die Steuerschlitze erlauben ein recht passables Steuern und geben dem Schirm auch einen gewissen Eigenvortrieb.

Man muß aber wissen, daß man ihn so gut wie nicht abbremsen kann. Das zwingt dem Springer eine ganz bestimmte Zielsprungtaktik auf.

Der Absetzpunkt liegt auf der Windachse grundsätzlich hinter dem Ziel (gegen die Windrichtung gesehen), so daß der Wind den Fallschirm ins Ziel trägt. Glaubt der Springer sich zu nahe am Ziel, stellt er den Schirm gegen den Wind. Der Vortrieb des Schirms wirkt der Windgeschwindigkeit entgegen und die Relativ-Geschwindigkeit zum Boden nimmt entsprechend ab. Nachteil dieser extremen Stellung ist jedoch, daß man das Ziel nicht mehr sieht, es liegt im Rücken.

Besser ist daher, einen Zickzackkurs im Anflugsektor zu fahren, so daß man stets den Zielkreis seitlich beobachten kann. Hierbei muß man aufpassen, daß man sich nicht zu weit von der Windachse entfernt und eventuell im entscheidenden Moment den Weg zurück nicht mehr schafft. Schließlich liegt die Windachse auch nicht festgenagelt da, sie schwankt mehr oder weniger. Außerdem kann die Windgeschwindigkeit in den einzelnen Höhen sehr unterschiedlich sein. Man muß also ständig den Boden und insbesondere den Zielkreis beobachten, Schirmgeschwindigkeit und Entfernung zum Ziel abschätzen, um so eine genaue Ziellandung zu machen.

Bei wenig Wind kann man in langen Schlägen anfliegen, bei stärkerem Wind ist der Anflugsektor jedoch schmaler und man muß einen Zickzackkurs mit kurzen Wegen steuern. Die Grobannäherung sollte etwa am 100 m-Kreis abgeschlossen sein. Die anschließende Feinannäherung beginnt man am besten am Rand des Anflugsektors und fährt dann im Bogen zum Ziel, durch wechselseitiges Betätigen der Steuerleinen korrigiert man die Richtung und gleicht außerdem überschüssige Höhe aus.

Der Anfänger sollte im allgemeinen in 100 m Höhe seinen Schirm gegen den Wind stellen und diese Position bis zur Landung beibehalten, insbesondere bei starkem Wind. Landet er mit Wind, ist die Landegeschwindigkeit sehr groß und eine Verletzungsgefahr bei der relativen Unerfahrenheit ebenso groß. Bei weniger Wind oder mit schon größerer Erfahrung kann auch er mit Wind landen, aber besser nur, wenn er den weichen Zielkreis erreicht. Außerhalb des Zielkreises landet ein guter Springer immer gegen den Wind, es kommt dann ja auch nicht auf den Zentimeter an. Bei der Landung gegen den Wind kann es vorkommen, daß Windgeschwindigkeit und Schirmvortrieb sich aufheben, die Landegeschwindigkeit ist also gleich der Sinkgeschwindigkeit. Fortgeschrittene Springer machen in solchen oder ähnlichen Situationen eine „stehende Landung", sie ersparen sich den Landefall. Der Anfänger sollte sie aber nicht mit Gewalt anstreben, er kann sich dabei schnell verletzen. Eines Tages ergibt sie sich von selbst.

Rechts: Ständig den Boden und insbesondere den Zielkreis zu beobachten sind die Voraussetzungen für eine genaue Ziellandung.

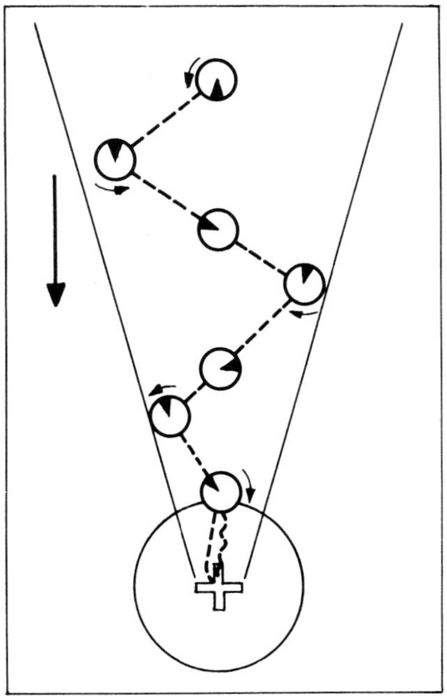

Zielannäherung mit einfachem steuerbarem Rundkappenschirm.

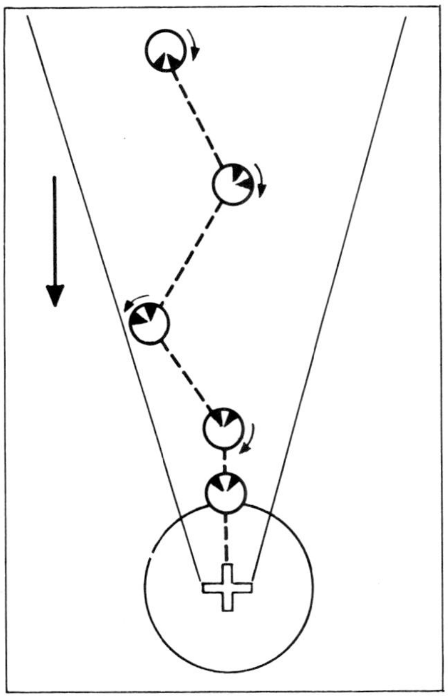

Zielannäherung mit bremsbarer Hochleistungs-Rundkappe.

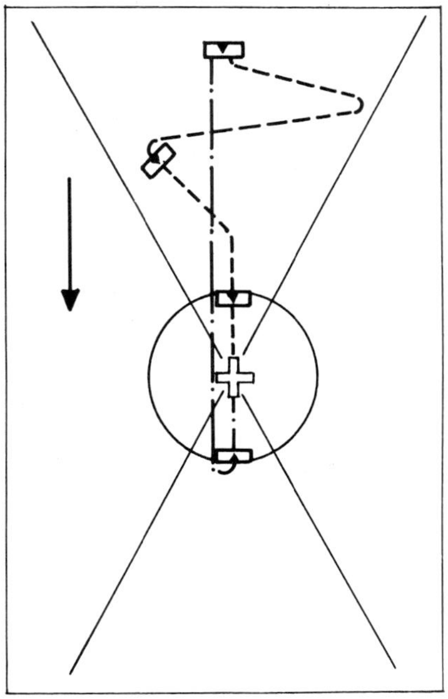

Zielannäherung mit Rechteckgleiter bei schwachem und starkem Wind (mit bzw. gegen den Wind).

Verhalten in besonderen Fällen

Ob das noch gut geht? Eine Landung in einem alten, knorrigen Baum ist zumindest äußerst unangenehm.

Eigentlich gehört dieses Kapitel vor das Kapitel, das den ersten Sprung behandelt, denn natürlich kann der Springer dabei bereits in eine kritische Situation kommen. Da er jedoch immer von einem Lehrer abgesetzt wird, sind zumindest Schwierigkeiten durch einen gefährlichen Landeplatz sehr selten. Später, wenn der Springer die Lizenz erworben

Diese Baumlandung verlief offenbar recht glimpflich.

hat, aber immer noch relativ unerfahren ist, kann es jedoch passieren, daß er durch falsches Absetzen nicht da hinkommt, wo er eigentlich hin will, trotz des steuerbaren Fallschirms. Im übrigen können bei Notabsprüngen alle Situationen auch auf einen erfahrenen Springer zukommen.

Eine Baumlandung sieht meist gefährlicher aus als sie in Wirklichkeit ist. In einer hohen, alten und knorrigen Eiche kann sie jedoch sehr unangenehm sein. Läßt sich die Landung in einem Baum jedoch nicht vermeiden, müssen unbedingt die Füße fest zusammengepreßt werden, damit man sich nicht unversehens rittlings und mit großen Schmerzen auf einem dicken Ast wiederfindet. Die Ellenbogen werden vor dem Körper fest zusammengepreßt und die Hände zum Schutz vor das Gesicht gehalten. Das Anpressen der Ellenbogen ist sehr wichtig, da sonst die Gefahr von Verrenkungen und Brüchen der Arme besteht. Während des Durchfallens durch die Äste sollte man nicht versuchen, irgendwelche Äste oder Zweige zu greifen und sich daran festzuhalten, das schafft man doch nicht. Besser ist es abzuwarten, bis man leicht pendelnd zum Stopp kommt. Falls es möglich ist, vorsichtig aus dem Gurtzeug befreien und am Baum herunterklettern, eventuell auch an dem geöffneten Reservegerät. Im Zweifelsfall jedoch lieber auf die sicher feixenden, mit einer Leiter bewaffneten Kameraden oder — wenn's sein muß — auch auf die Feuerwehr warten. Das Bergen des Schirms ist sehr mühselig, kann Stunden dauern und ist nicht ganz ungefährlich. Es ist passiert, daß der Springer die Baumlandung zwar unbeschadet überstanden hatte, aber beim Schirmbergen vom Baum fiel und sich einen Knochen brach!

Weit gefährlicher als eine Baumlandung ist die Landung in einer Hochspannungsleitung. Zum Glück ist sie bei uns sehr selten, in Amerika kommt sie merkwürdigerweise häufiger vor.
Das vorhergesehene Zielgebiet sollte mindestens einen Kilometer von einer Hochspannungsleitung entfernt sein, sonst ist es besser, auf den Sprung zu verzichten. Hängt man schon am Schirm und sieht die Gefahr, muß man sofort wegsteuern, und zwar konsequent: entweder zu einer Seite oder aber zur anderen, nicht jedoch einmal so, dann wieder zweifeln und zurück usw., das hat mit großer Wahrscheinlichkeit zur Folge, daß man genau in die Mitte trifft! Das konsequente Wegsteuern gilt natürlich auch für alle anderen Hindernisse.
Kommt man trotz aller Versuche, in die Hochspannungsleitung, so sollte man versuchen, nur ein Kabel zu berühren, also Arme möglichst eng zusammen nach oben oder unten gestreckt. Hat man aber gleichzeitig Kontakt zu einem zweiten Kabel, fließt der Strom wegen der herrschenden Spannungunterschiede, um sie auszugleichen. Der Springer zieht sich dabei schwere Verbrennungen zu, die meist tödlich sind. Auch eine Erdberührung hat einen Stromfluß zur Folge und das gleiche Ergebnis.
Ein Sprung ins Wasser an einem heißen Sommertag kann etwas Herrliches sein, auch oder besonders mit einem Fallschirm. Ist der Sprung richtig vorbereitet und sind die erforderlichen Sicherheitsmaßnahmen getroffen, wird das Vergnügen völlig ungefährlich sein. Sehr gefährlich kann jedoch

(oben) Woher kommt denn die Beule?

(rechts) Bei einer Wasserung — ob gewollt oder ungewollt — das Gurtzeug rechtzeitig öffnen und ...

ein ungewollter Wassersprung werden. In der BRD allein sind dabei bereits drei Springer ertrunken, ganz zu schweigen von der schon erwähnten Katastrophe am Erie-See, bei der 17 Springer auf einmal ertranken.

Nichtschwimmer sollten in Wassernähe grundsätzlich überhaupt nicht springen, wenn die Gefahr einer Wasserlandung besteht (ungünstige Windrichtung und starker Wind). Schwimmer sollten eine Schwimmweste o. ä. zur Sicherheit benutzen. Stellt man fest, daß man den Weg zum Ufer nicht mehr ganz schafft, muß die Wasserlandung vorbereitet werden, unabhängig davon sollte man jedoch den Schirm während der ganzen Zeit so dicht wie möglich ans Ufer steuern. Wichtig ist es, erst einmal das Reservegerät soweit zu lösen, daß es nur noch auf einer Seite im D-Verbindungsstück festhängt. Danach wird der Brustgurt geöffnet. Gelingt es, den Sattel weit über das Gesäß zu

(unten) ... im Moment der Wasserberührung aussteigen.

(oben) Ein „Brötchen". Das Reservegerät hat sich um den Springer gewickelt.

(links) Eine „Fahne". Eine Fangleine hat sich um die Basis des Schirms geschlagen und vereitelt ein Öffnen der Kappe. Der Springer hat bereits das Reservegerät geöffnet, die Gefahr ist groß, daß es sich um die Hauptkappe wickelt.

ziehen — dies ist leider nicht bei allen Gurtzeugtypen möglich — werden die Beingurte geöffnet, sonst unmittelbar bei Wasserberührung, nicht vorher! Gerade über Wasser kann man sich leicht in der Höhe verschätzen! Sind die Beingurte gelöst, reicht ein vordrücken der Hüfte — die Arme werden dabei nach oben gestreckt — und man gleitet aus dem Gurtzeug und taucht dann stets gegen den Wind — bei fließenden Gewässern auch gegen die Wasserströmung — unter dem Gurtzeug weg. Taucht man nicht gegen den Wind, besteht die Gefahr, daß man in die Fangleinen oder gar Kappe gerät.

Ist man vom Schirm befreit und das Ufer weiter entfernt, sollte man seine Kräfte nicht damit vergeuden, ans Ufer zu

(unten) Ein Springer landet gleichzeitig am Haupt- und Reservefallschirm. Er hatte ein „Brötchen", das durch das Öffnen des Reservegeräts beseitigt wurde (Abrutschen der Fangleine).

Öffnen des Reservegeräts. Die linke Hand faßt drunter und hält die Kappe, die dann mit beiden Händen in den Wind geworfen wird. Beim Ausschlaufen der Fangleinen wird per Hand nachgeholfen.

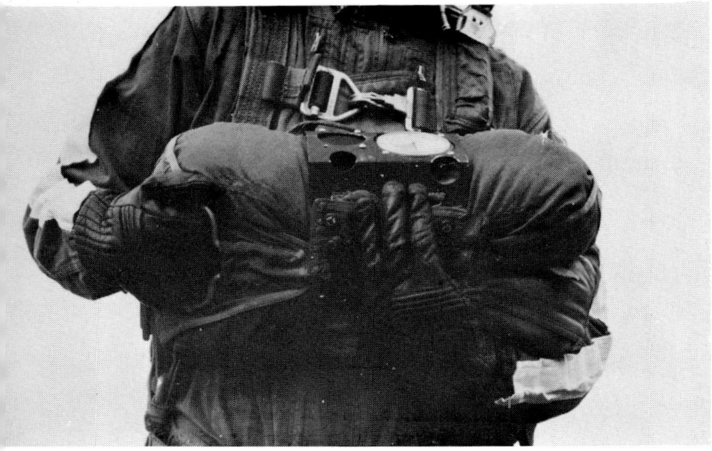

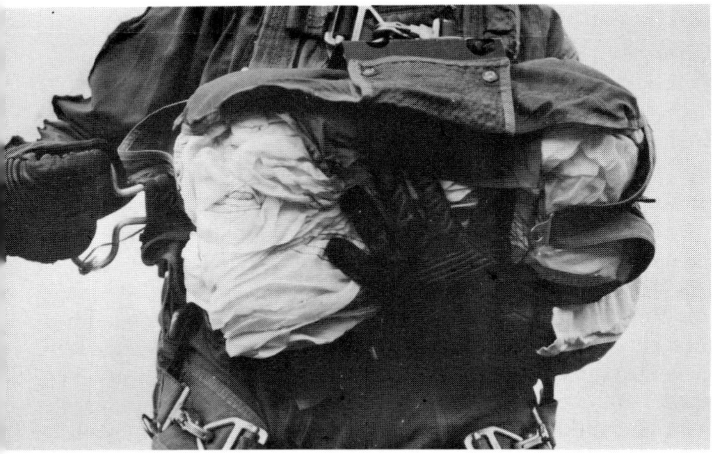

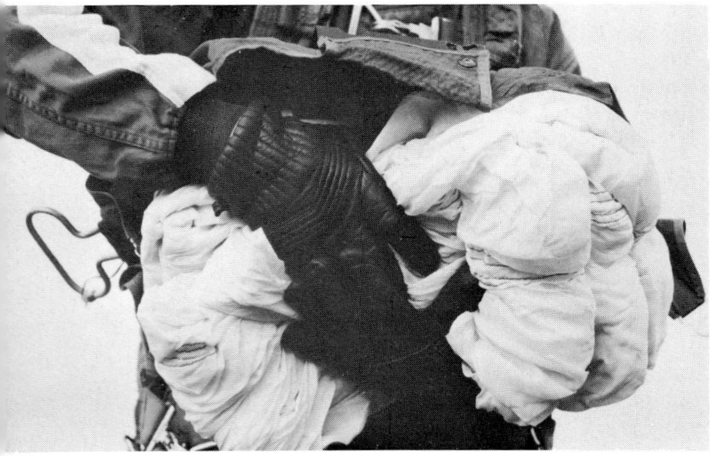

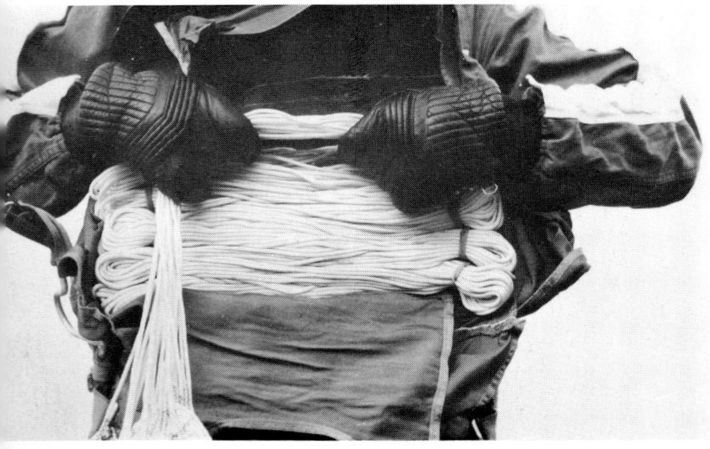

kommen, sondern sich zunächst darauf konzentrieren, sich von der schweren Ausrüstung zu befreien. Stiefel und Kombination sofort ausziehen, Helm abnehmen und ihn als Schwimmer benutzen, erst dann versuchen, ans Ufer zu kommen.

Außer diesen kritischen Situationen bei der Landung kann der Springer auch bereits in der Luft Situationen erleben, die er durch ruhiges, überlegtes Handeln meistern muß.

Bleibt ein Springer mit seinem automatischen Schirm am Flugzeug hängen, sollte er, zum Zeichen dafür, daß er bei Bewußtsein ist, eine Hand auf den Helm legen, zweckmäßigerweise die linke, um die rechte zum Ziehen des Reservegeräts sofort zur Verfügung zu haben. Andere Springer in der Maschine oder der Pilot können dann versuchen, ihn abzuschneiden. Dieser Fall hört sich sehr theoretisch an, ist aber in der Praxis nicht ausgeschlossen.

Auch sehr theoretisch ist ein totaler Versager, d. h. der Schirm öffnet sich überhaupt nicht. Beim automatischen Sprung könnte es sein, daß die Aufziehleine nicht eingehakt ist, beim manuellen Sprung könnten die Klappen der Packhülle durch die falsch eingehakten Spannbänder verschlossen bleiben. Fest steht ohne Zweifel, daß ein Schirm nicht von sich aus versagt, sondern nur wegen falscher Handhabung. Beim Versager gibt es nur eine Gegenmaßnahme: das Öffnen des Reservegeräts. Manuellen Springern sei jedoch empfohlen, nicht sofort das Reservegerät zu ziehen, wenn der Hauptschirm nicht kommt. Es kann nämlich sein, daß die Klappen einwandfrei den Hilfsschirm freigegeben haben, dieser jedoch nicht sofort von der Luftströmung erfaßt wird.

Durch eine Veränderung der Freifall-Lage, durch Schütteln des Oberkörpers oder durch Herausziehen eines Haupttragegurtes kann jedoch die Strömung unter den Hilfsschirm gebracht und der Entfaltungsvorgang eingeleitet werden. Zieht man ohne abzuwarten das Reservegerät, kann durch diese Bewegung die Öffnung des Hauptschirms verursacht werden. Öffnen sich beide Schirme gleichzeitig, besteht die Gefahr, daß sie sich ineinander verschlingen oder verdrehen und der Springer im Extremfall an einer „Fahne" nach unten kommt, die Überlebenschance ist dann gering.

Eine „Fahne" ist auch eine Art der möglichen Fehlöffnungen. Bei einer Fehlöffnung ist der Schirm aus irgendwelchen Gründen nur teilweise geöffnet oder es sind andere mehr oder weniger schwerwiegende Komplikationen aufgetreten. Eine „Fahne" kann entstehen, wenn der Packschlauch aufgrund eines Packfehlers nicht abgezogen wird, einzige Gegenmaßnahme ist das Öffnen des Reservegeräts.

Eine weitere — weitaus ungefährlichere — Fehlöffnung ist das sogenannte „Brötchen". Eine oder mehr Fangleinen haben sich beim Entfalten der Kappe über sie gelegt, verursacht meist durch schlechte Haltung beim Öffnen. Ein Heruntergleitenlassen durch Slippen ist manchmal möglich, wenn die Fangleinen mehr zum Rand als zur Mitte liegen,

Fehlöffnung bei einem Hochleistungsfallschirm. Da bleibt meist nur eine Lösung . . .

aber dadurch entstehen mit Sicherheit Verbrennungen am Kappengewebe. Man könnte die Fangleinen einfach abschneiden, eine bessere Möglichkeit ist das Öffnen des Reservegeräts. Hierzu ist es **nicht** erforderlich, die Hauptkappe mittels der Kappentrennschlösser abzuwerfen. Da aber die Vertikalgeschwindigkeit bei geöffneter Kappe relativ gering ist und die Luftströmung nicht ausreicht, die Reservekappe zu öffnen, muß der Springer nachhelfen. Er faßt mit der linken Hand unter das Reservegerät und zieht mit der rechten den Aufziehgriff. Dann „füttert" er die Kappe *in* die vertikale und horizontale Luftströmung (nicht dagegen!), d. h. er zieht die Kappe aus der Hülle und wirft sie ausgebreitet hoch, zusätzlich schlauft er auch die Fangleinen noch aus. Auf diese Weise kann selbst eine schwache Luftströmung die Kappe öffnen. Dreht sich der Hauptschirm infolge des Brötchens, wird die Kappe *in* die Drehrichtung geworfen.

Bei Hochleistungsschirmen kann es — meist durch kopflastige Lage beim Öffnen — zu Fehlöffnungen kommen, bei denen der vordere Kappenteil nach innen schlägt. Durch beidseitiges, kräftiges Ziehen der Steuerleinen erhöht man in diesem Fall den Luftdruck unter der Kappe und als Folge wird der vordere Teil auch aufgebläht. Gelingt es nicht, solche oder auch kompliziertere Störungen, die meist auch mit immer schneller werdenden Drehungen verbunden sind, zu beseitigen, muß die Kappe durch Öffnen der Kappentrennschlösser abgeworfen werden, da sich sonst die Kappe des Reservegeräts um den Hauptschirm wickeln würde.
Entweder öffnet man beide Trennschlösser gleichzeitig oder zunächst nur das rechte, mit der linken Hand, hält mit der rechten Hand den Haupttragegurt fest und öffnet dann mit der linken Hand auch das linke Kappentrennschloß. So hat man die Gewähr, daß die Kappe nicht umschlägt wenn das eine Kappentrennschloß nicht zu öffnen ist und man hat wenigstens etwas, das trägt. In umgekehrter Reihenfolge kann man die Schlösser natürlich auch öffnen. Erfahrene Springer pflegen ihre Trennschlösser mit Vaseline und prüfen sie regelmäßig auf Funktionstüchtigkeit.

Als letztes sei schließlich noch eine relativ harmlose Störung nach dem Öffnungsvorgang erwähnt. Die Fangleinen sind zusammengedreht. Dies wird durch unsauberes Packen, einen schlechten Absprung beim automatischen Sprung oder eine entsprechende Haltung beim manuellen Sprung verursacht. Meist ist die eingedrehte Länge unter einem Meter und der Springer dreht sich ohne eigenes Zutun automatisch aus.

Es sei noch einmal ausdrücklich hervorgehoben, daß alle geschilderten Fälle auftreten können, aber sehr selten sind. Trotzdem muß der Sprungschüler intensiv darin geschult werden, damit er ruhig und besonnen die erforderlichen Gegenmaßnahmen ergreift und nicht in Panik gerät, die für ihn tödlich sein kann.

. . . die Kappe wird durch Öffnen der Kappentrennschlösser abgetrennt und das Reservegerät geöffnet.

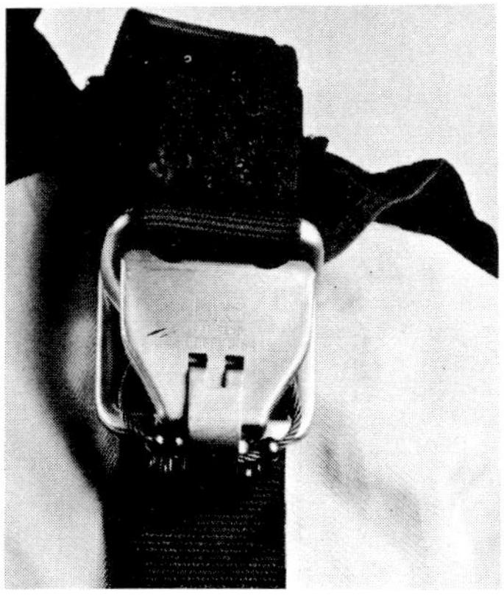

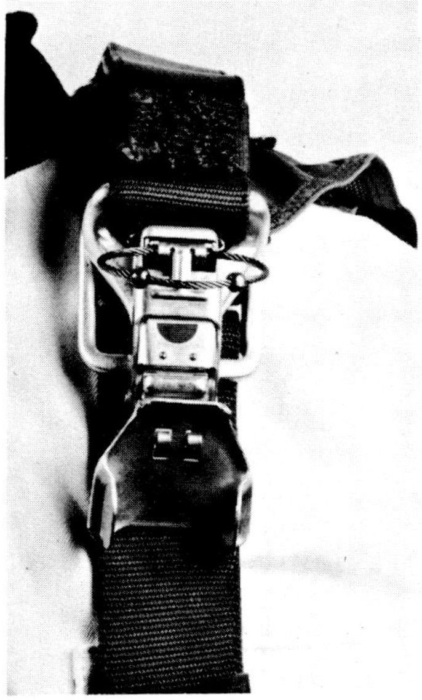

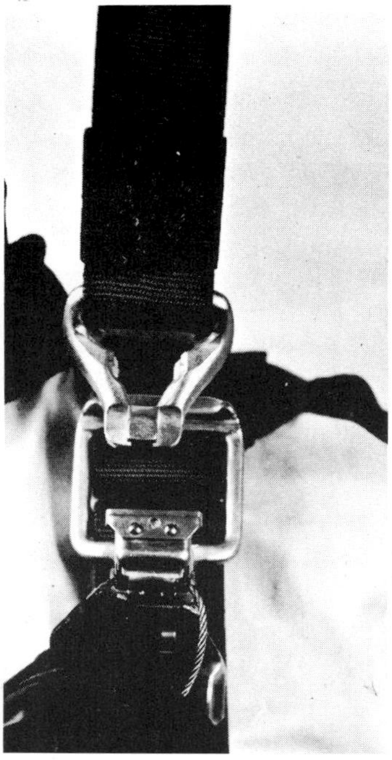

Öffnen eines Kappentrennschlosses. Nach dem Herunterklappen des Schutzdeckels wird durch Ziehen an dem Drahtring der Haupttragegurt freigegeben.

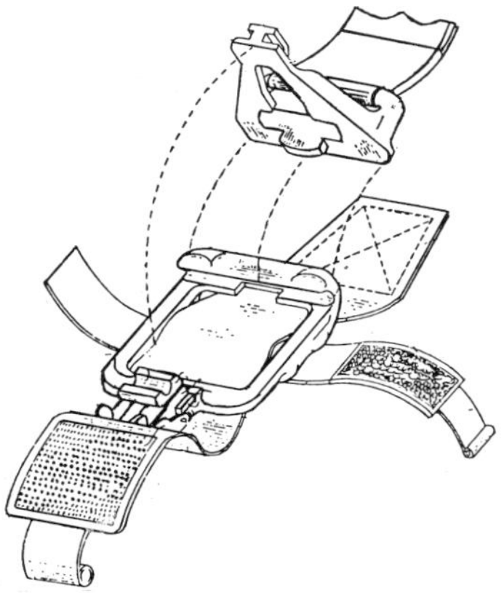

Das R-2- und R-3-Trennschloß benutzt nur noch Nut- und Federteil des herkömmlichen Trennschlosses. Sicherungsdeckel, Kabelring und Verriegelungsmechanik wurden durch Velcro-Band ersetzt.

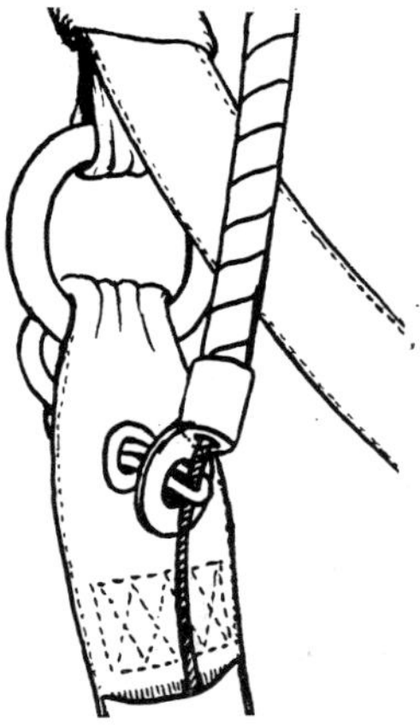

Das 3-Ring-System. Die Nylonschlaufe wird durch eine Öse am Ende des Kabelschutzschlauches geführt und dann durch das mit Teflon beschichtete Kabel gehalten. Der „Abzuggriff" mit den beiden Abzugkabeln wird durch Velcro-Band gehalten.

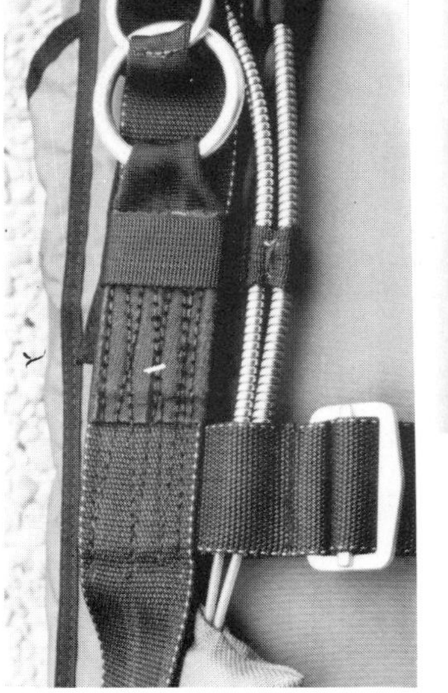

Um die bei herkömmlichen Systemen aufgetretenen Öffnungskomplikationen auszuschalten, wurde 1976 in den USA ein neues Öffnungssystem entwickelt. Der Springer zieht den Hilfsschirm direkt aus einer kleinen Tasche auf dem Bauchgurt oder am Container und wirft ihn in den Luftstrom. Die Öffnung erfolgt unmittelbar darauf, sie ist insgesamt schneller als bei Systemen mit Aufziehgriffen.

Empfehlungen für die Reaktion bei Funktionsstörungen von Fallschirmen

1 ALLGEMEINE EMPFEHLUNGEN

1. Entscheidungsgrundlage
Jeder Fallschirmspringer kann in die Situation kommen, daß sich an seinem Fallschirm eine Funktionsstörung ergibt. Ist diese Situation da, muß er in der Lage sein, sie ruhig aber schnell zu beurteilen und sofort richtig zu reagieren. Grundlage dafür sollen diese Empfehlungen sein.

2. Sprungschüler
Sprungschüler dürfen grundsätzlich vor Betätigung des Reservefallschirms keine Kappentrennung durchführen, sie ist für sie auch **nicht** erforderlich!

3. Hilfsschirm
Am Reservefallschirm für Schüler sollte sich kein Hilfsschirm befinden! Erfahrene Springer müssen bei konventionellen Systemen (Brust-Reserve) selbst entscheiden, ob sie einen Hilfsschirm brauchen. Er hat den Vorteil einer schnelleren Öffnung aber den Nachteil der Gefahr einer Verwicklung mit Springer („Hufeisen"-Öffnung) oder Hauptkappe, falls sie nicht abgetrennt wurde.

4. Piggyback-Systeme
Bei Piggyback-Systemen befinden sich Haupt- und Reserveschirm beide auf dem Rücken, der Reserveschirm hat grundsätzlich einen Hilfsschirm. Vor einer Betätigung des Reserveschirms muß daher grundsätzlich die Kappe abgetrennt werden.

5. Funktionsprüfung
Die einwandfreie Funktionstüchtigkeit des Kappentrennsystems muß regelmäßig überprüft werden, insbesondere nach längerer Lagerung des Fallschirms.

6. Bodentraining
Die Technik der Kappentrennung sollte jeder Springer (nicht Sprungschüler!) mit dem von ihm gesprungenen System am Boden üben, er sollte dabei im Gurtzeug hängen.

7. Mindestöffnungshöhe
Manuelle Springer müssen eine Mindestöffnungshöhe von 700 m über Grund einhalten. Dies gewährleistet im Falle einer Funktionsstörung genügend Zeit für die notwendige Reaktion.

8. Luftraumkontrolle
Vor einer Kappentrennung muß der Springer kontrollieren, ob der Luftraum unter ihm frei von anderen Fallschirmkappen ist.

9. Mindestkappentrennhöhe
Die Mindestkappentrennhöhe sollte 400 m über Grund nicht unterschreiten.

10. Reserve-Geräte
Überalterte Reserveschirme sollten nicht mehr benutzt werden. Das Mitführen von **steuerbaren** Reserveschirmen sollte angestrebt werden.

2 Empfehlungen für: Sprungschüler

Art der Funktionsstörung	Tragfähigkeit der Kappe	Sinken	Reaktion
1 Leicht • Verdrehungen	nicht eingeschränkt	normal	Haupttragegurte auseinanderziehen
• Steuerleinenriß o. ä. • Leichte Beschädigungen (z. B. Löcher bis Feldgr.) • Kappenumkehrung			**Alle 5 Fälle: Keine Reserveschirmöffnung erforderlich!**
2 Mittel • Kappendurchschlag („Brötchen") gut tragend • Mittl. Beschädigungen (z. B. mehrere gr. Löcher, Bahnen zerfetzt)	etwas verringert	etwas schneller	**Reserveschirm zusätzlich öffnen und „Füttern".** **Bei Drehungen der Hauptkappe, Res.-Kappe kräftig in Drehrichtung und weg vom Körper werfen.**
3 Schwer • Schwere Beschädigungen (z. B. Kappe nahezu völlig zerfetzt) • Kappendurchschlag („Brötchen"), gering tragend • Kappe gestreckt, aber nicht entfaltet („Fahne")	stark verringert	sehr schnell	**Sofort Reserveschirm zusätzlich ziehen!**
4 Versager • Äußere Packhülle öffnet sich nicht.	null, da noch verpackt	Freier Fall	**Schirm mit Zwangsauslösung: Sofort Reserveschirm zusätzlich ziehen! Manueller Schirm: Kurzes Körperschütteln um evtl. Öffnungsverzögerung zu beenden, falls erfolglos: Sofort Reserveschirm zusätzlich ziehen!**

DEUTSCHER AERO CLUB E. V. – FACHGRUPPE FALLSCHIRMSPORT
Empfehlungen für die Reaktion bei Funktionsstörungen von Fallschirmen

3 Empfehlungen für erfahrene Springer

Schirmtyp: Rundkappe oder Hochleistungsrundkappe

Art der Funktionsstörung	Tragfähigkeit der Kappe	Sinken	Reaktion
1 Leicht • Verdrehungen • Steuerleinenriß o. ä. • Leichte Beschädigungen • Mittelleinenriß • Steuerunfähigkeit über gefährlichem Gelände	nicht eingeschränkt	normal	Haupttragegurte auseinanderziehen **Alle 5 Fälle: Keine Reserveschirmöffnung erforderlich!** Nur bei steuerbarem Reserveschirm: „Füttern" anschließend Hauptkappe abtrennen.
2 Mittel • Kappendurchschlag („Brötchen") gut tragend, evtl. mit schwachen Drehungen • Mittl. Beschädigungen (z. B. mehrere gr. Löcher, Bahnen zerfetzt)	etwas verringert	etwas schneller	**Reserveschirm zusätzlich öffnen, und „Füttern".** Bei Drehungen der Hauptkappe, Res.-Kappe kräftig in Drehrichtung und weg vom Körper werfen.
3 Schwer • Schwere Beschädigungen (z. B. Kappe nahezu völlig zerfetzt) • Kappendurchschlag („Brötchen"), gering tragend • starke, schnelle Drehungen • Kappe gestreckt, aber nicht entfaltet („Fahne")	stark verringert	sehr schnell	**Sofort Kappentrennung, danach Reserveschirm öffnen!**
4 Versager • Äußere Packhülle öffnet sich nicht	null, da noch verpackt	Freier Fall	Kurzes Körperschütteln um evtl. Öffnungsverzögerung zu beenden, falls erfolglos, Kappentrennsystem öffnen, dann: **Sofort Reserveschirm ziehen!**

DEUTSCHER AERO CLUB E. V. – FACHGRUPPE FALLSCHIRMSPORT
Empfehlungen für die Reaktion bei Funktionsstörungen von Fallschirmen

4 Empfehlungen für: sehr erfahrene Springer

Schirmtyp: Gleitfallschirm

Art der Funktionsstörung	Tragfähigkeit der Kappe	Sinken	Reaktion
1 Leicht • Steuerleinenriß • Eine nicht gefüllte Seitenzelle • Leichte Beschädigungen (z. B. kleine Löcher)	nicht eingeschränkt	normal	Zweite Steuerleine freigeben, steuern mit hinteren Haupttragegurten „Pumpen" mit den Steuerleinen **Alle 3 Fälle: Keine Reserveschirmöffnung erforderlich!**
2 Mittel • Mehrere nicht gefüllte Seitenzellen (z. B. 3 Zellen auf einer Seite), eine Steuerleine gerissen o. gelöst • dito, Steuerleinen in Ordnung	etwas verringert	etwas schneller	**Zweite Steuerleine freigeben, hintere Haupttragegurte nach unten ziehen und dort halten, bis sich die Zellen füllen.** „Pumpen" mit den Steuerleinen (mehrmals bis zum Stallpunkt durchziehen).
3 Schwer • Wie unter 2 beschrieben, Zellenöffnung gelingt nicht und/oder Kappe fängt an zu drehen. • Schwere Beschädigungen (z. B. Kappe nahezu völlig zerfetzt) • Verknäuelung der Kappe o. ä., meist stark drehend	stark verringert	sehr schnell	**Sofort Kappentrennung, danach Reserveschirm öffnen!**
4 Versager • Äußere Packhülle öffnet sich nicht	null, da noch verpackt	Freier Fall	Kurzes Körperschütteln um evtl. Öffnungsverzögerung zu beenden, falls erfolglos, Kappentrennsystem öffnen, dann: **Sofort Reserveschirm ziehen!**

Der Springer beobachtet den Drifter und legt seinen Absetzpunkt fest.

Das Absetzen

Nach den ersten Sprüngen, bei denen der Sprunglehrer das Absetzen übernimmt, wird der Schüler langsam selbständiger und bestimmt auch selbst den Absetzpunkt. Eine wertvolle Hilfe ist ihm dabei der „Winddrifter", ein Kreppapierstreifen, unten mit einem Rundstahl beschwert, der genau die gleiche Sinkgeschwindigkeit hat wie der geöffnete Fallschirm. Der Drifter wird in Öffnungshöhe über dem Ziel geworfen und sein Sinken und Landen beobachtet. Die Richtung Zielkreismittelpunkt-Winddrifterlandepunkt ist die Windachse. Hat die Maschine die Absetzhöhe erreicht und nimmt Richtung auf das Ziel, bringt der Springer den Piloten durch Zeichen auf die Achse in Gegenwindrichtung. Ein guter Pilot macht das selbst. Richtungskorrekturen werden meist um 5° durchgeführt, das hat sich bewährt. Natürlich könnte man auch eine andere Gradzahl vor dem Start absprechen. Bei einmaligem Tippen auf eine Schulterseite des Piloten korrigiert dieser seinen Kurs um 5° in diese Richtung. Also rechte Schulter nach rechts und umgekehrt. Ein Tippen in den Nacken bedeutet weiter geradeaus. Kann man den Piloten nicht erreichen, wird die Korrektur mit dem Daumen gegeben. Während dieses Anflugs beobachtet der Springer ständig das Ziel und die Achse. Er schaut senkrecht am Luftfahrzeug herunter und achtet auch darauf, daß das Luftfahrzeug horizontal liegt, sonst können grobe Schätzfehler auftreten. Als Absetzpunkt wählt der Springer den Punkt, der auf der Windachse die gleiche Entfernung vom Ziel hat wie der Landepunkt des Drifters, jedoch in Gegenwindrichtung. Dabei berücksichtigt er, daß sein Körper aufgrund des Trägheitsgesetzes nach dem Absprung noch eine gewisse Strecke in Flugrichtung „mitgenommen" wird, auch wenn keine Verbindung zum Luftfahrzeug besteht. Diese Strecke ist von der Fluggeschwindigkeit abhängig und beträgt bei 100 km/h etwa 50 Meter. Kurz vor dem Absetzpunkt nimmt der Springer die Absprungposition ein, gibt dem Piloten ein verabredetes Zeichen, damit dieser das Gas etwas wegnimmt und springt ab.

Besitzt man keinen Winddrifter, kann man sich den Absetzpunkt leicht mit folgender Formel ausrechnen

$$a = \frac{(h - s) \cdot v_W}{v_S} - T$$

Hierin bedeuten:

a	=	Abdrift [m]
h	=	Absprunghöhe [m]
s	=	Freifallstrecke [m]
v_S	=	Sinkgeschwindigkeit [m/s]
v_W	=	Windgeschwindigkeit [m/s]
T	=	Horizontalmitnahme infolge des Trägheitseinflusses [m] (in der Regel 50 m)

Ein Beispiel:

Bei einer Absprunghöhe von 1000 m, einem Freifall von 200 m, einer Sinkgeschwindigkeit von 5 m/s und einer Windgeschwindigkeit von 4 m/s ergibt sich folgende Abdrift:

$$a = \frac{(1000 - 200) \cdot 4}{5} - 50$$

$$a = 640 - 50 = 590 \text{ m}$$

Fliegt das Luftfahrzeug mit 100 km/h (das sind 100/3,6, ca. 28 m/s) muß man also vom Zielkreis noch 590/28, ca. 21 Sekunden in der Maschine bleiben und dann abspringen.
Bei dieser ganzen Rechnerei ist der Eigenvortrieb des Schirms noch nicht berücksichtigt. Mit der obigen Entfernung liegt man auf der sicheren Seite, nämlich genau in der Mitte der Strecke, von der man das Ziel noch erreichen kann. Die Endpunkte dieser Strecke, also den dichtesten und weitesten Absetzpunkt von dem man das Ziel noch erreicht, kann man sich auch ausrechnen. Man bestimmt die Sinkdauer, indem man die Sinkstrecke durch die Sinkgeschwindigkeit dividiert und dann die Vortriebsstrecke, indem man die Sinkdauer mit der Vortriebsgeschwindigkeit multipliziert. Die Vortriebstrecke trägt man auf der Achse zu beiden Seiten des ideellen Absetzpunktes an und hat so die Extrempunkte.
Der Anflug muß nicht unbedingt auf der Windachse und in Gegenwindrichtung erfolgen, er wird jedoch kompliziert, wenn man es anders macht. Insbesondere wenn mehrere Springer bei einem Anflug abspringen wollen, ist die Gefahr, daß einer oder mehrere das Ziel nicht erreichen, sehr viel größer, als bei der oben geschilderten Methode. Es sei erwähnt, daß bei Stil- und Relativwettbewerben die Springer meistens durch Schiedsrichter abgesetzt werden können (über Funk) und daß der Anflug auch mit Wind erfolgen kann. In diesem Falle haben die optimalen Beobachtungsmöglichkeiten für die Schiedsrichter Vorrang. Probleme ergeben sich für die Springer nicht, dank der hohen Manövrierfähigkeit der Gleitfallschirme.

In der Endphase des Anflugs schaut der Springer senkrecht am Flugzeug herunter.

Der Absetzpunkt ist da — raus!

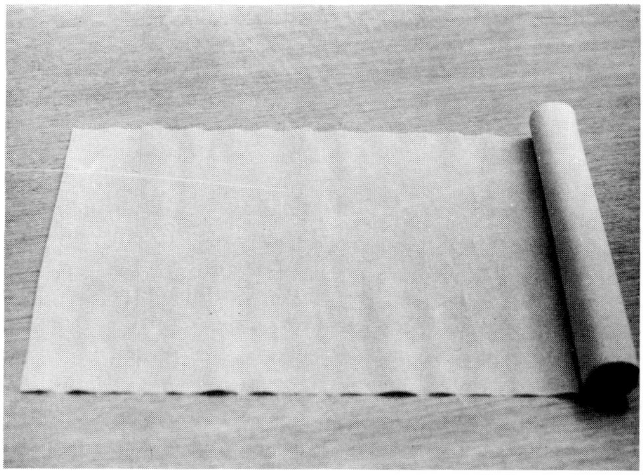

Den Winddrifter kann man sich aus Kreppapier leicht selbst herstellen. Als Rolle wird er aus der Absetzmaschine geworfen. Er entrollt sich dann sofort. Ein bestimmtes Gewicht am Ende des Streifens sorgt für genau die gleiche Sinkgeschwindigkeit wie sie eine geöffnete Kappe hat.

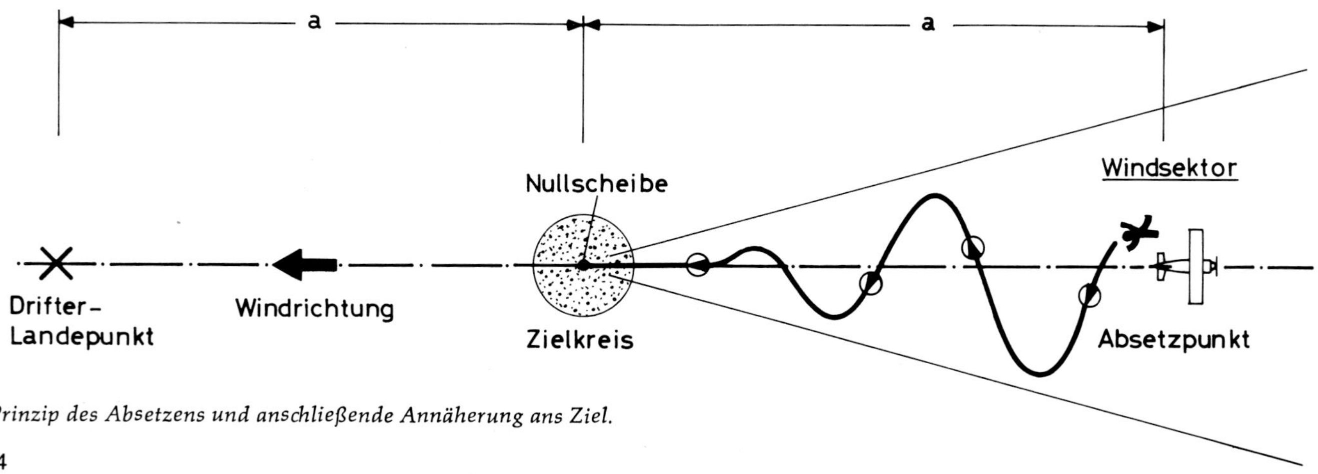

Prinzip des Absetzens und anschließende Annäherung ans Ziel.

Der manuelle Absprung

Wie bereits erwähnt, ist der Übergang vom automatischen zum manuellen Sprung kaum problematisch, wenn der automatische Sprung auch schon in manueller Haltung gesprungen wurde; also: Arme in Verlängerung der Schultern gestreckt, Kopf im Nacken, Hohlkreuz, Beine gestreckt und bis Schulterbreite geöffnet, Fußspitzen gestreckt. Schon während der letzten automatischen Sprünge wird der erste manuelle Sprung vorbereitet. Am Boden übt der Springer mit angelegtem Gurtzeug zunächst unter Aufsicht des Lehrers das Aufziehen eines Attrappengriffs (ein Griff, der keine Funktion hat, jedoch an der Stelle des echten Girffs montiert ist). Die Bewegung wird so oft geübt, bis daraus ein Reflex wird. Dabei darf der Springer nicht vergessen, den Kopf zu heben und das Hohlkreuz während der Bewegung noch zu verstärken, damit die Lage stabil bleibt. Auch die freie Hand wird gleichzeitig mit der anderen vor den Körper genommen, da sonst der Springer infolge der asymmetrischen Körperhaltung zu einer Seite abkippt. Bei den letzten zwei bis drei automatischen Sprüngen wird der Attrappengriff benutzt. Klappt das Ziehen einwandfrei, kann der erste manuelle Sprung erfolgen, nach Möglichkeit noch am gleichen Tag.

Die Absprunghöhe beträgt 1000 m. Zur Sicherheit erhält der Fallschirm eine Öffnungsautomatik, die auf eine bestimmte Zeit eingestellt werden kann. Zieht der Springer den Aufziehgriff nach einer bestimmten Zeit nicht (in der Regel werden 3 Sekunden verlangt), besorgt es die Automatik für ihn. Es kann eine Zeit zwischen 2 und 5 Sekunden eingestellt werden. Bei Sprüngen mit längerem Freifall wird die Automatik auf eine bestimmte Höhe eingestellt, sie arbeitet dann nach einer Barometrik.

Nach jedem Sprung korrigiert der Sprunglehrer die Lage des Schülers und sagt ihm die Zeit, die er gestoppt hat. Liegt die Toleranz bei ± 1 Sekunde und ist die Haltung sauber, wird die Freifallzeit über 5 und 8 auf 10 Sekunden gesteigert. Die Absetzhöhe bleibt 1000 m. Nach 10 Sekunden hat der Springer übrigens die Endfallgeschwindigkeit erreicht. Danach wird die Zeit auf 12 Sekunden und die Absprunghöhe auf 1200 m festgesetzt. Wenn ein Sprung unstabil ist, werden Zeit und Höhe wieder reduziert. Außerdem muß der Springer seinen Körper in Flugachse halten können.

Bei Höhen über 1000 m führt der Springer einen Höhenmesser mit und lernt, durch eine Kopfbewegung die Höhe abzulesen, ohne dabei unstabil zu werden. Geht er zu sehr aus dem Hohlkreuz, kann es ihm passieren, daß er sich in Rückenlage wiederfindet. Bei 1200 m beträgt die maximale Freifallzeit 15 Sekunden.

Der Schüler benötigt etwa 10 Sprünge, um mit dem Freifall etwas vertraut zu werden, erst dann wird wiederum Höhe und Zeit auf 1500 m bzw. 20 Sekunden gesteigert.

Die kostbare Freifallzeit wird aber bald nicht mehr nur mit dem stabilen Fallen „vergeudet“, sondern der Springer fängt langsam an zu „arbeiten“, er führt bestimmte Figuren im Freifall aus. Wenn er soweit ist, gehört er schon dem Kreis der Fortgeschrittenen an.

Manueller Sprung in T-Haltung.

Fallgeschwindigkeit und -strecke in Abhängigkeit von der Fallzeit.

Freifallzeit (sec)	Fallgeschwindigkeit (m/sec)	gesamte Freifallstrecke (m)
1	10	5
2	17	20
3	25	40
4	32	70
5	38	105
6	43	150
7	46	190
8	49	240
9	51	290
10	53	340

Nach 10 Sekunden Freifallzeit bleibt die Fallgeschwindigkeit annähernd konstant. Man kann als grobe Faustregel 50 Meter Fall pro Sekunde ansetzen.

Betätigung des Aufziehgriffs. Wichtig ist, daß beide Arme gleichzeitig an den Körper gebracht und wieder gestreckt werden.

„Luftfahrerschein für Fallschirmspringer"

Was dem Autofahrer sein Führerschein, ist dem Fallschirmsportler sein „Luftfahrerschein für Fallschirmspringer". Wie dem Wort leicht zu entnehmen ist, eine behördliche Erlaubnis. Sie berechtigt zu Fallschirmsprüngen mit automatischer und manueller Auslösung, wenn die Ausbildung nur Sprünge mit automatischer Auslösung umfaßt hat, wird die Erlaubnis auf diese beschränkt.

Frühestens nach 10 automatischen Sprüngen kann man die eingeschränkte Erlaubnis erwerben, die Sprünge müssen innerhalb der letzten 18 Monate vor der Prüfung gemacht worden sein. Der Schüler muß in einer theoretischen und praktischen Prüfung nachweisen, daß er die an einen Fallschirmspringer gestellten Anforderungen erfüllt. Er muß auch zwei Prüfungssprünge absolvieren. Die Landung muß innerhalb eines Zielkreises mit 100 m Radius liegen.

Besteht der Kandidat sowohl den praktischen als auch theoretischen Teil der Prüfung (s. Prüfungsfragen-Katalog), erhält er den Luftfahrerschein. Er darf jetzt mit automatischen Schirmen springen, ohne daß ein Lehrer die Aufsicht führt. Natürlich darf er nicht überall springen, sondern nur auf dafür zugelassenen Plätzen.

Laut Gesetz benötigt er 10 weitere manuelle Sprünge, dann kann er wieder eine Prüfung machen und besitzt dann einen unbeschränkten Luftfahrerschein für Fallschirmspringer. Diese Prüfung besteht aus zwei manuellen Sprüngen aus 1.000 bis 1.500 m Höhe, mit einer Freifallzeit von 5 — 15 Sekunden und Ziellandung wie oben.

Erwirbt der Springer später mit ausreichend Erfahrung aus 100 Sprüngen oder mehr in einem besonderen Lehrgang die Berechtigung zur Ausbildung von Fallschirmspringern, wird auch diese in seinem Luftfahrerschein eingetragen.

Und so sieht's von oben aus.

Adieu Flugzeug.

6. Die Ausbildung für Fortgeschrittene

Zielspringen mit Hochleistungs-Rundkappen

Beherrscht der Springer seinen Körper sicher im freien Fall und steuert er einen TU- oder LL-Rundkappenfallschirm bereits mit etwas Routine, kann er auf eine Hochleistungsrundkappe umsteigen. Es gibt keine starre Grenze für diesen Zeitpunkt. Wenn aber ein Springer wirklich die obigen Voraussetzungen erfüllt, sollte er bald wechseln, denn er wird einige Sprünge benötigen, bis er den neuen, empfindlicheren Schirm gut beherrscht. Ein sofortiges Umsteigen auf einen Gleitfallschirm zu diesem Zeitpunkt wäre falsch und gefährlich. Es ist immer zu empfehlen, sich zu diesem Zeitpunkt einen eigenen Schirm zu kaufen, es sei denn, man bekommt einen vom Verein mit ausschließlichem Gebrauchsrecht gestellt – und das können sich leider nur wenige Vereine leisten.

Ein erfolgreicher Sprung mit einer Hochleistungsrundkappe fängt schon am Boden an. Neben dem Gurtzeug müssen vor allem die Steuerleinen richtig eingestellt werden. Der Schirm wird zwischen Scheitel und Beingurten gespannt, und die Steuerleinen sollten dann gestreckt sein. Sind sie es nicht, müssen die Steuerknebel verstellt werden. Der geöffnete Schirm darf sich bei losgelassenen Steuerleinen nicht drehen, tut er es, muß eine Seite gespannt oder die andere entspannt werden. Die Spannung der Steuerleinen kann man auch mit einer Federwaage überprüfen.

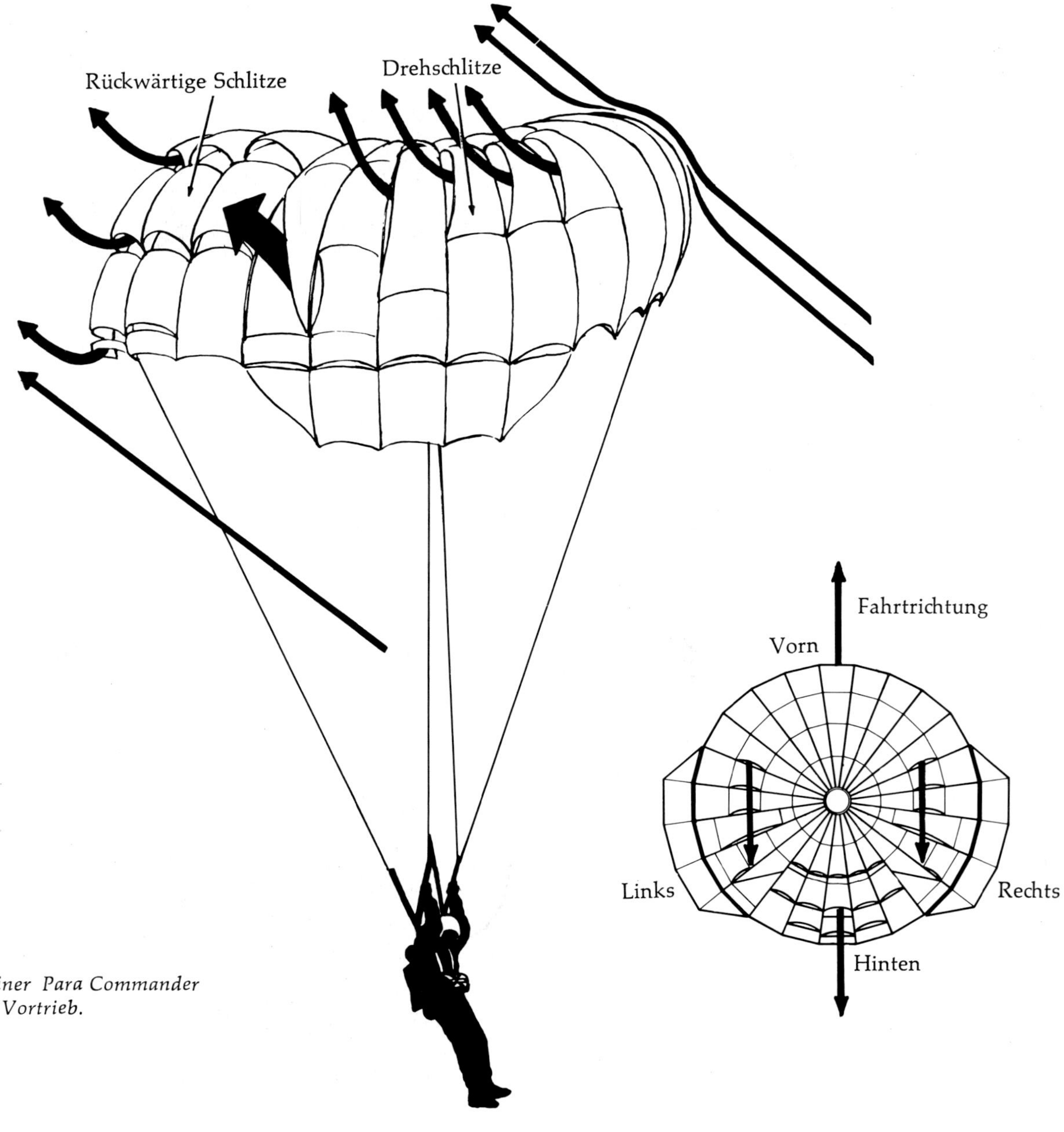

Luftaustritt aus einer Para Commander Kappe bei vollem Vortrieb.

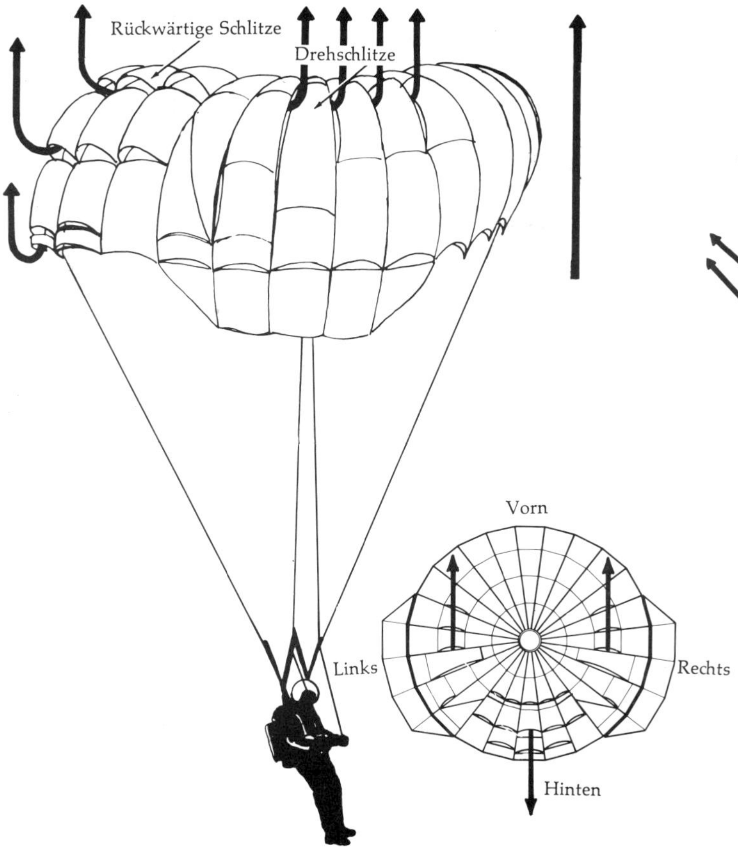

Luftaustritt bei Vollbremsung.

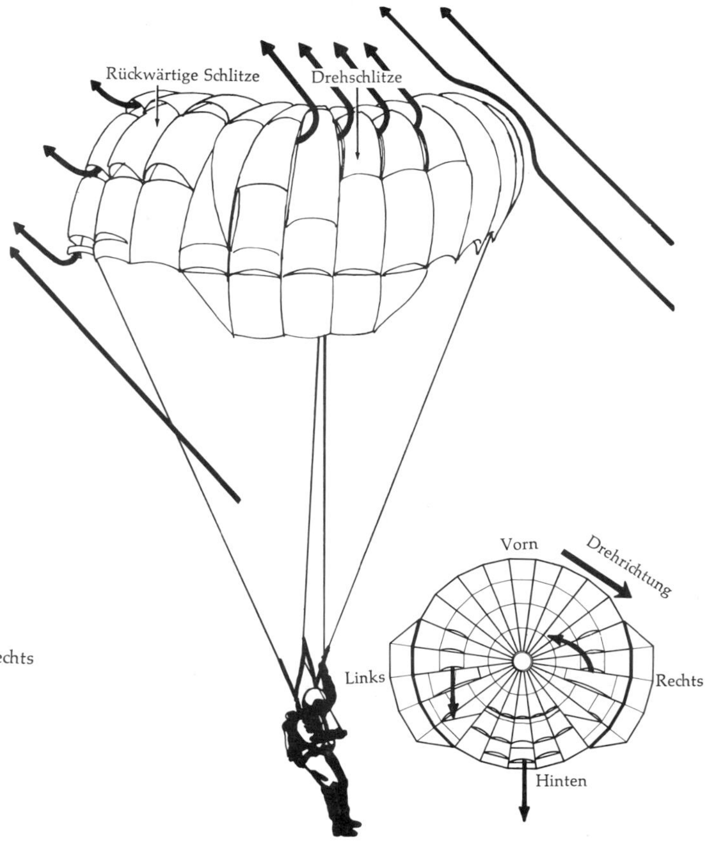

Luftaustritt bei einer Rechtsdrehung.

Auch die Länge der Fangleinen spielt eine Rolle. Vor einiger Zeit war es noch üblich, daß sich die Springer die Fangleinen je nach Gewicht kürzten, um die Steuereigenschaften zu verbessern. Bei den heutigen Typen und dem vorgesehenen Zweck ist es aber nicht mehr erforderlich.

Hochleistungsrundkappen wie z.B. alle Para Commander Typen, PTCH 7 und 8, Olympic und Papillon, zeichnen sich gegenüber den normalen Rundkappenfallschirmen mit einfachen Schlitzen durch besseren Vortrieb, geringere Sinkgeschwindigkeit, bessere Steuerbarkeit und vor allem durch die vorhandene Bremsmöglichkeit aus. Bremsen bedeutet bei diesem Schirmtyp, den Eigenvortrieb zu verringern. Darin steckt auch ein wesentlicher Teil des Geheimnisses im Umgang mit diesen Schirmen!

„Double-Clutching" Technik. Die Steuerleinen werden bis etwa Hüfthöhe heruntergezogen, wieder bis zur Schulterhöhe hochgelassen und anschließend wieder bis zur Vollbremsung angezogen.

„Stall"-Zustand an einer PTCH-7 Kappe.

Meisterlich und hochkonzentriert: „Lay-out" nach vorn.

Die entscheidenden Strecken bei einer Zielannäherung

fährt der Springer mit „halber Bremse". Er hat so ausreichend Reserven in beiden Richtungen; er kann weiter abbremsen und die Horizontalstrecke weiter verkürzen oder er kann den Vortrieb durch Wegnehmen der Bremse erhöhen. Eine volle Bremsung wird durch gleichmäßiges Herunterziehen beider Steuerleinen erreicht, so daß die Hände ungefähr in Höhe der Taille sind (Oberarm und Unterarm bilden einen rechten Winkel), bei einer halben Bremsung befinden sich die Hände etwa in Schulterhöhe. Drehungen werden am schnellsten und stabilsten mit einer nahezu vollen Bremse durchgeführt. Zieht man nur eine Steuerleine, fährt der Schirm eine weite Kurve und schwingt je nach Heftigkeit, mit der man an der Steuerleine zieht, mehr oder weniger stark aus (Kettenkarussell-Effekt).
Zieht man die Steuerleinen tiefer als bis zur Taille, tritt der sogenannte „Stall-Effekt" (to stall (engl.) = überziehen, durchsacken) auf. In der voll gebremsten Stellung gleitet der Schirm nur mit einem minimalen Vortrieb. Die Luftmenge, die durch die 8 Drehschlitze nach oben entweicht, ist nahezu gleich der, die durch die Vortriebsschlitze nach hinten entweicht. Werden die Steuerleinen unter Hüftniveau herabgezogen, entweicht mehr Luft nach oben als nach hinten. Ohne eine ausreichende Antriebskraft reagiert der Schirm wie ein Flugzeug, er wird unstabil. Die Piloten sprechen von „Strömungsabriß" und genau das Gleiche spielt sich auch an der Kappe ab. Sie hört auf zu gleiten, schüttelt sich und schaukelt rückwärts, der Springer gleitet aufgrund seiner Trägheit noch weiter, pendelt nach vorn und schließlich wieder zurück. Die Sinkgeschwindigkeit im „Stall"-Zustand beträgt etwa 10 m/s! In Bodennähe kann ein Strömungsabriß also katastrophale Folgen haben. Und doch braucht man einen kontrollierten „Stall", um schnell an Höhe zu verlieren ohne zu drehen, gegen den Wind zu halten oder zu kreuzen. Man kann mit dem Schirm auf der Windachse bleiben und die Augen auf dem Ziel lassen. Ein absichtlicher, einseitiger „Stall" bewirkt eine Drehung der Kappe ohne Drift über Grund. Man kann so um 180° auf der Stelle drehen, ein wichtiges Manöver beim Wenden innerhalb des Windsektors. Wichtig ist das geschickte Beenden des „Stalls". Man läßt die Steuerleinen schnell voll nach oben (weniger als 1 Sekunde), die Kappe richtet sich wieder auf, muß dann jedoch sofort durch eine volle Bremsung daran gehindert werden zu beschleunigen, da dann der Springer nach vorn schwingt. Diese Technik wird als „Double Clutching"-Technik bezeichnet. Sie ist ebenfalls dazu geeignet, einen einseitigen „Stall" zu beenden, dabei bleibt der

(oben) Zu hoch! Schnell einen Fuß nach hinten!

(oben links) Hier muß seitlich ausgeglichen werden.

(links unten) Hacke oder Spitze . . .

andere Steuerknebel etwa in Hüfthöhe. Der „Stall"-Punkt für nur eine Seite liegt tiefer als für beide Seiten.

Man sollte sich bei den ersten Sprüngen mit einem PC-Typ-Fallschirm ausreichend Zeit nehmen, diese Techniken einzuüben, am besten während des gesamten Sinkvorgangs. Erst wenn man den Schirm hierbei sicher beherrscht, sollte man den ersten richtigen Zielsprung machen. Bereits vor dem Sprung muß das taktische Konzept festgelegt werden. Man muß sich über Windachse und Absetzpunkt völlig klar sein. Dazu beobachtet man den Winddrifter, den Windsack und andere Springer sehr intensiv. In Gedanken legt man sich zwei Grenzen beidseitig der Achse fest, die den Windsektor bilden, den man nicht verläßt. Meist wird man sich zwischen der Achse und einer Grenze aufhalten, insbesondere wenn der Höhenwind aus einer anderen Richtung kommt als der Bodenwind oder wenn der Wind die Tendenz hat, von der Hauptachse nach einer Seite wegzudrehen (diese Seite wird die „hohe Seite" genannt), beides ist meist mehr oder weniger stark der Fall.

Bei richtig gewähltem Absetzpunkt erfolgt die Annäherung ans Ziel durch Kreuzen im Windsektor oder eben in einer Hälfte mit ständigem Blick zum Ziel und zum Windsack, an dessen Verhalten man Windgeschwindigkeit, -richtung und Drehtendenz beurteilt. Etwa in 200—300 m Entfernung vom Ziel wird der Schirm halb abgebremst. An dieser Stelle muß der Springer sich höher als nötig befinden, um so einer zu kurzen Landung vorzubeugen. Beim weiteren Kreuzen verliert der Springer an Höhe, hat aber jederzeit die Möglichkeit, bei sich änderndem Wind auf das Ziel einzudrehen.

Der Ausgangspunkt für die Endannährung ist nie konstant, sondern hauptsächlich von der Windstärke abhängig, er liegt etwa zwischen 30 und 60 m von der Zielscheibe entfernt. Die Höhe ist dann noch so groß, daß man sowohl vor als auch hinter der Nullscheibe landen kann, der jetzt die ganze Aufmerksamkeit gilt. Bei mittelstarkem bis schwachem Wind erfolgt die Endannäherung auf der Windachse, bei starkem Wind kann es vorteilhafter sein, mit fast voll abgebremsten Schirm seitlich auf das Ziel zu gehen und erst in geringer Höhe (etwa 10—15 m) direkt auf das Ziel zu steuern.

Unter ständiger Kontrolle des Anflugwinkels und Ausgleich der Höhe durch Wegnehmen oder Verstärken der Bremse wird der Schirm bis zum letzten Augenblick gesteuert. Stellt man kurz vor der Landung fest, daß man die Nullscheibe nicht genau trifft, können die fehlenden Zentimeter durch entsprechenden Körpereinsatz herausgeholt werden. Kommt man zu kurz, werden die Beine weit vorgeworfen („Layout"), schießt man über's Ziel hinweg, werden die Beine nach hinten gestreckt, bei einem seitlichen Versatz entsprechend. Grundsätzlich erfolgt die Landung nicht mit beiden Füßen, sondern stets nur mit einem, der andere Fuß wird hochgehoben! Das spricht zwar dem normalen Übungslandefall Hohn, aber dafür ist der Zielkreis ja auch sehr weich und selbst bei hoher Endannäherungsgeschwindgkeit ist eine Verletzungsgefahr sehr gering. Um wirklich eine eindeutige Landung zu machen, sollte man entweder mit dem Hacken oder der Fußspitze die Scheibe berühren. Hält man den Fuß horizontal mitten über die Scheibe, kann es sein, daß man ungewollt doch mit dem Hacken oder der Spitze zuerst den Boden berührt — jedoch außerhalb der Scheibe!

Die Sicht auf die Scheibe wird sehr erleichtert, wenn man das Reservegerät auf einer Seite ausgehakt hat und nicht mehr darüberwegsehen muß. Das Aushaken erfolgt gleich nach der vollen Öffnung des Fallschirms.

Gesteuert wird bis zum letzten Moment.

... die Entscheidung muß rechtzeitig fallen. Hier wäre die Fußspitze besser gewesen.

Möglichst nicht beide Füße benutzen. Der erste Berührungspunkt kann dann leicht außerhalb der Scheibe liegen.

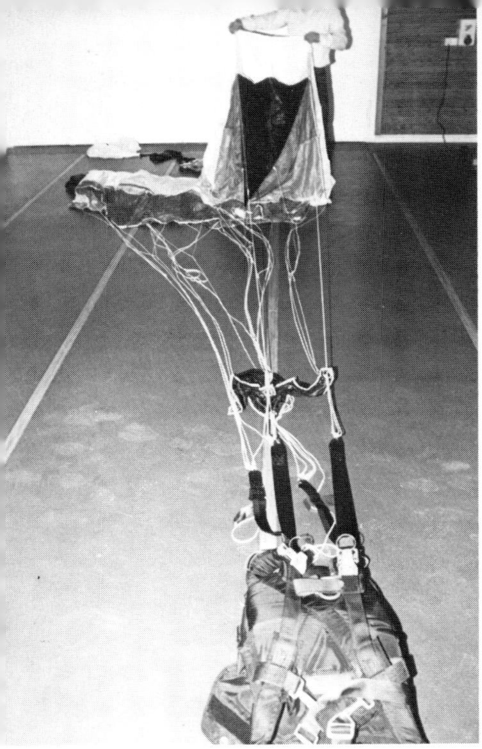

Kontrolle nach dem Ein- bzw. Umhängen der Kappe. Die beiden mittleren Fangleinen müssen an die vorderen Haupttragegurte (Innenseite Verbindungsstücke) verlaufen. Das Gurtzeug liegt hierbei mit offener Packhülle (Container) zum Boden.

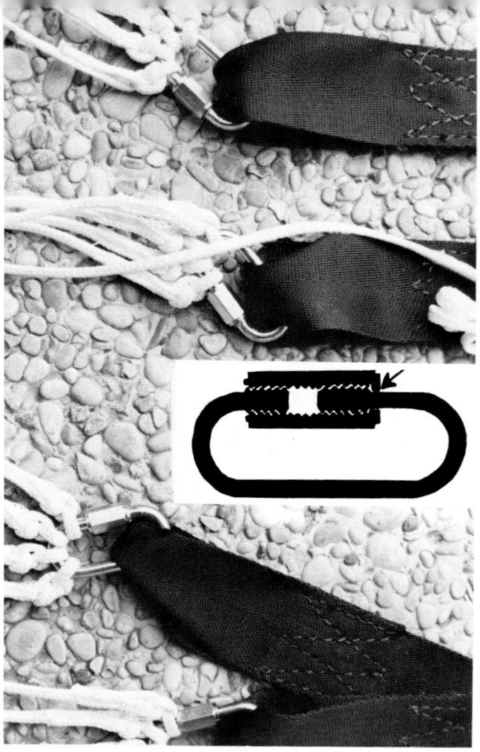

Die Kontrolle der Fangleinenverbindungsstücke sollte häufiger gemacht werden. Die Muttern müssen fest bis zum Anschlag (Pfeil) geschraubt werden.

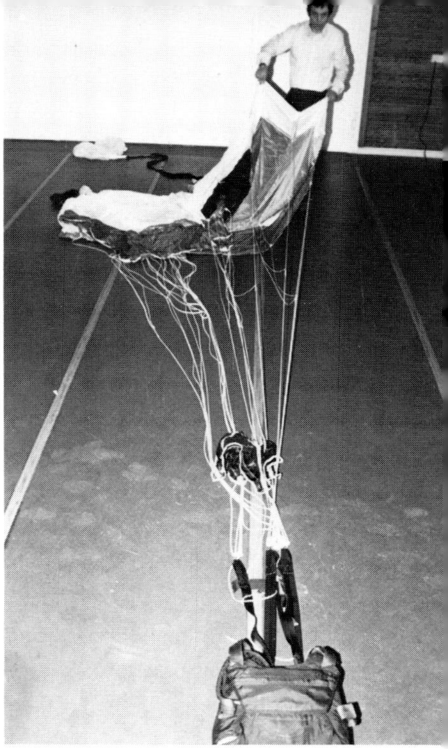

Aufnehmen der Kappe. Begonnen wird mit der linken oberen Vorderkante der linken Zelle, dann folgt eine Zellenwandoberkante nach der anderen. Das Gurtzeug liegt jetzt und beim weiteren Packen stets mit der offenen Packhülle (Container) nach oben.

Das Packen von Gleitfallschirmen

In zwei weiteren S-Schlägen wird die Kappe so gelegt, daß auch die dritte und dann die hintere Fangleinengruppe über den ersten beiden liegt.

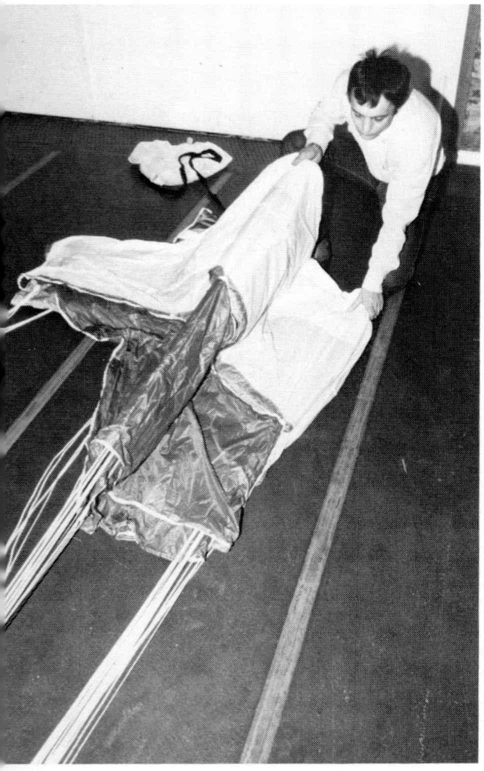

Die seitlichen Stabilisierungsflächen werden gelegt. Es dürfen keine Fangleinen herumgewickelt sein. Auf jeder Seite gibt es drei Stabilisierungsflächen.

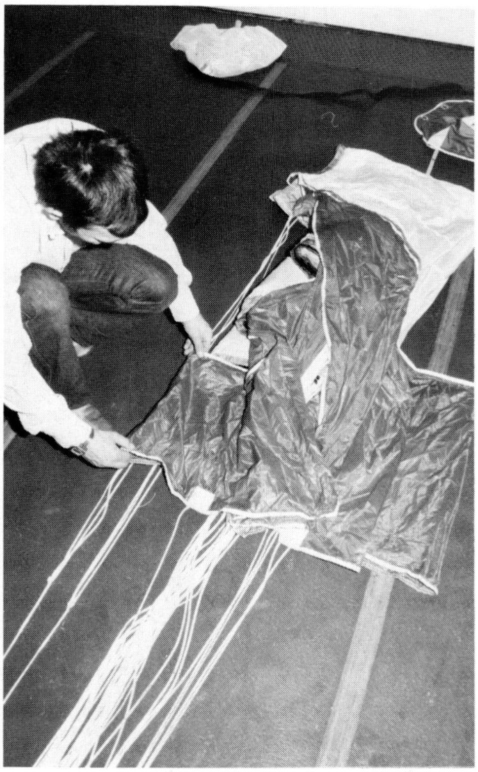

Das Festlegen der Brems- bzw. Steuerleinen ist je nach Fallschirmtyp unterschiedlich, es darf jedoch keinesfalls vergessen werden, da so der Vorschub bei der Entfaltung reduziert und diese dadurch sicherer wird.

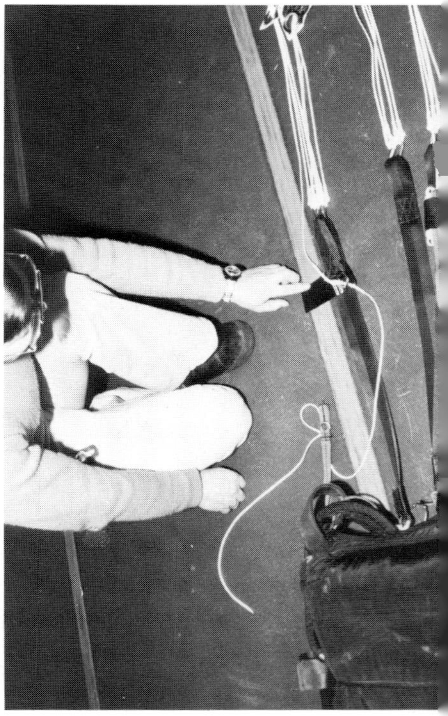

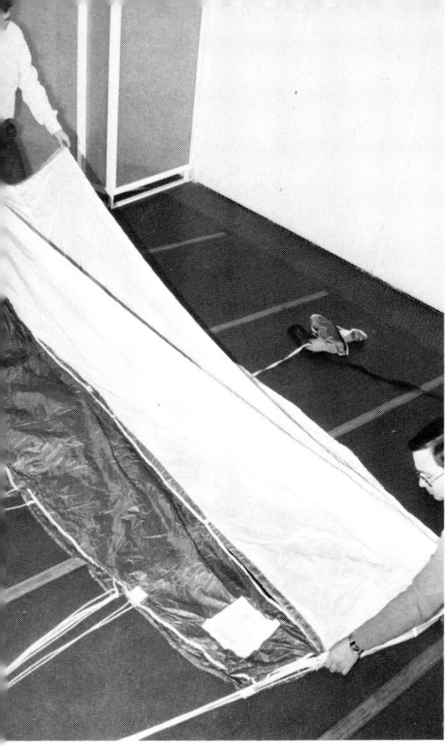

Legen der Kappe. Am einfachsten ist es zu zweit. Zelle für Zelle von oben nach unten (rechts nach links) wird gefaltet. Ist man alleine, wird die Kappe abgelegt und die oberen Zellen in Richtung Gurtzeug geworfen. Bei der unteren Zelle fängt man mit dem Legen an, dann folgen alle weiteren.

Die Kappe ist fertig gelegt. Es erfolgt die Fangleinenkontrolle. Die rechte Hälfte aller vorderen Fangleinen (im Bild ganz rechts) muß an den rechten vorderen Haupttragegurt gehen, die linke Hälfte an den linken. Entsprechend ist es mit den hinteren Fangleinen. Die rechte obere Fangleine muß nach außen zum rechten vorderen Fangleinenverbindungsstück verlaufen.

Die Vorderkante der Kappe wird dreieckförmig eingeschlagen (oben breiter), dann wird die Kappe in S-Schlägen so gefaltet, daß zunächst die zweiten Fangleinengruppe über der ersten (vorderen) liegt.

Alle Beschreibungen „links, rechts, vorn" und „hinten" sind stets in Flugrichtung gesehen!

Jetzt werden die Steuerleinen jeder Seite stramm gezogen und auf die Fangleinen gelegt. Hierbei ist darauf zu achten, daß die Steuerflächen nicht verdreht werden. Nicht gestraffte Steuer- und auch Fangleinen müssen immer zur Kappe hin gestrafft werden.

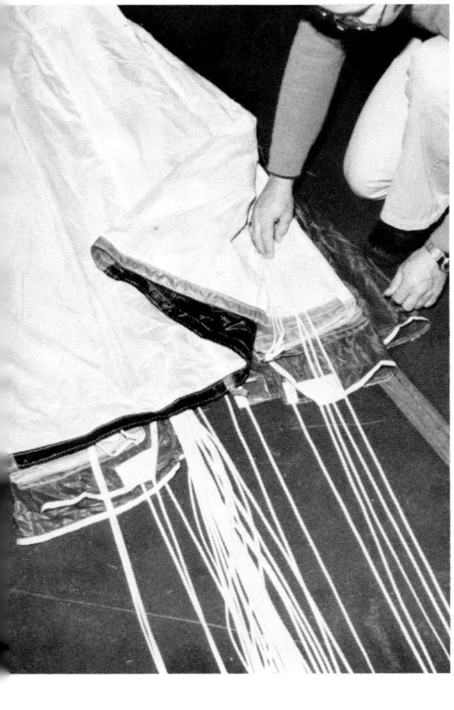

Die beiden mittleren Flächen der Brems- und Steuerfläche werden über Fangleinen und Kappe ausgebreitet, ohne die Steuer- und Fangleinen durcheinander zu bringen.

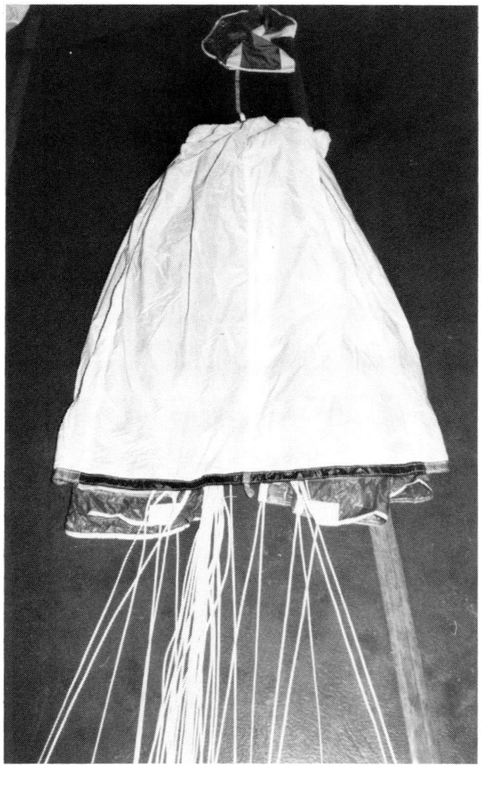

Die Außenkanten der Brems- und Steuerfläche werden seitlich unter die Kappe gefaltet, so daß diese die Breite des Packsacks hat, dann wird der Entfaltungsregeler (Slider) nach oben gezogen.

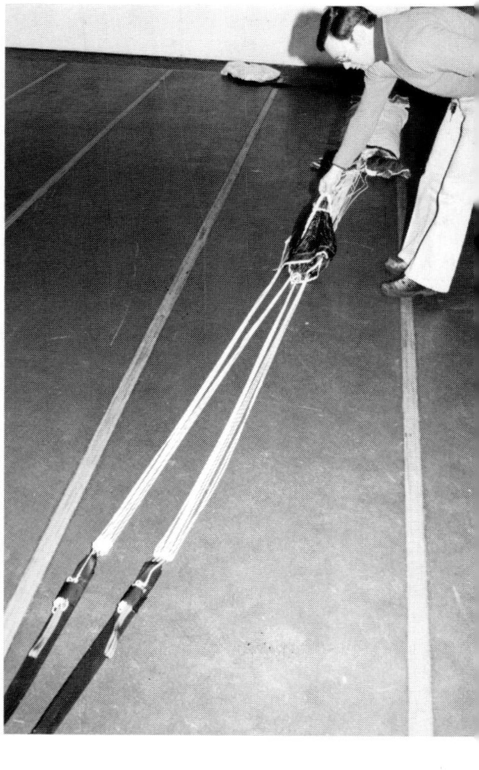

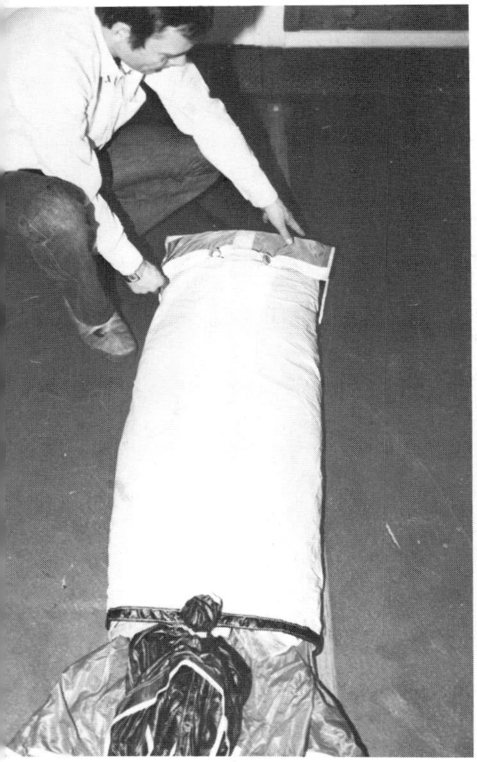

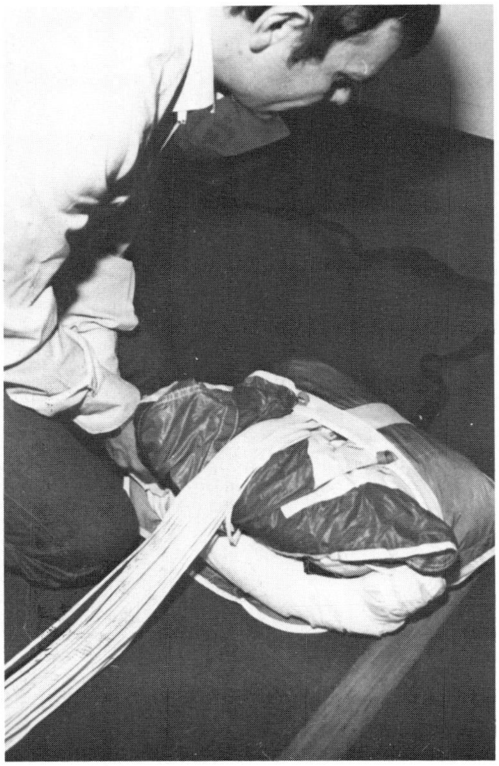

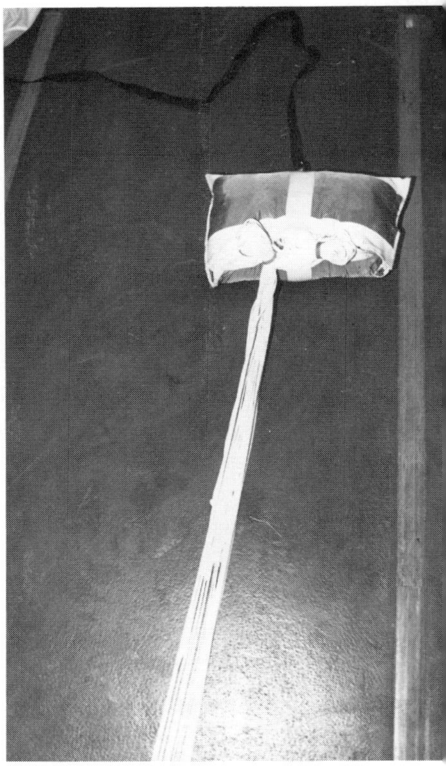

Die Mitte des Entfaltungsregeler wird an einem Gummi befestigt. Der Packsack wird am oberen Teil der Kappe übergezogen.

Die Kappe wird in kurzen S-Schlägen in den Packsack (Bag) gepackt. Für Leichtgewebe-Kappen wird die Verwendung eines Packsacks von den Herstellern dringend empfohlen. Ausnahme: Foils

Die Verschlußklappe des Packsacks wird mit zwei Fangleinenschlägen verschlossen.

Alternative Packmöglichkeit für Nicht-Leichtgewebekappen

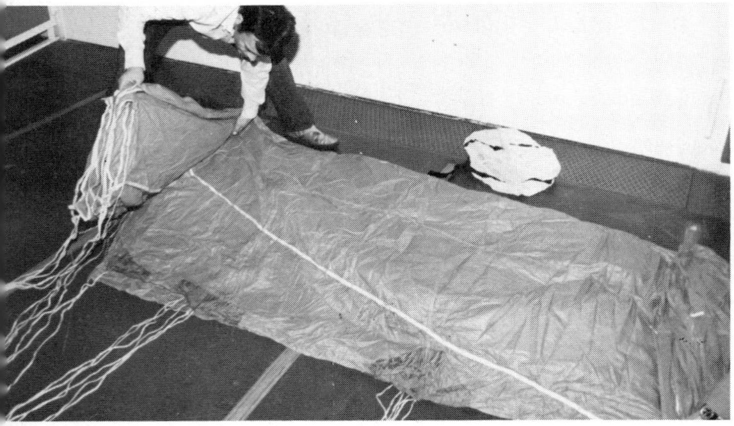

Legen der Kappe und Einschlagen der Brems- und Steuerflächen.

Die Rolle vom hinteren Kappenende wird über die vordere gelegt und der untere Teil der Kappe gefaltet.

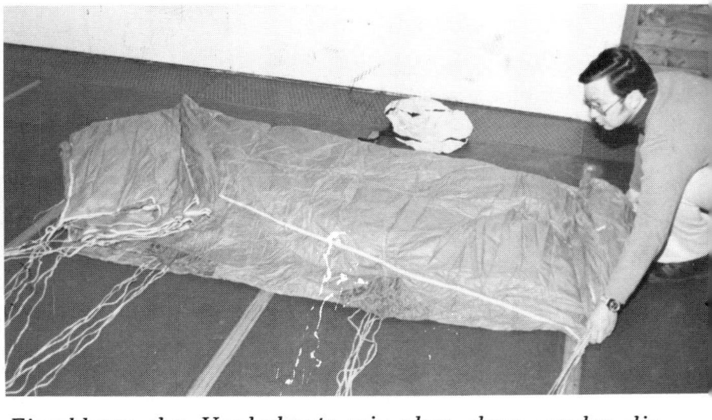

Einschlagen der Vorderkante wie oben, dann werden die Brems- bzw. Steuerleinen festgelegt.

Das an der Kappe an einem Punkt angenähte Packband (Streamerband) wird um den gefalteten unteren Teil herumgezogen . . .

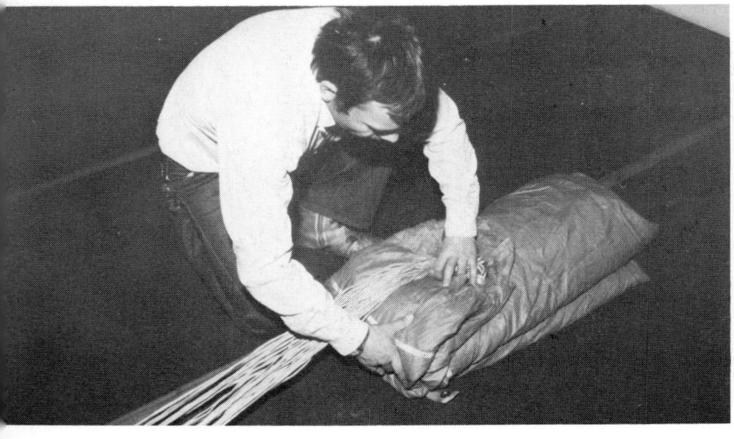

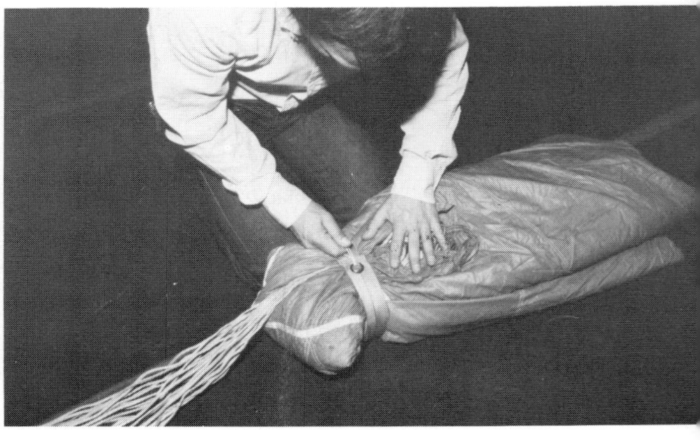

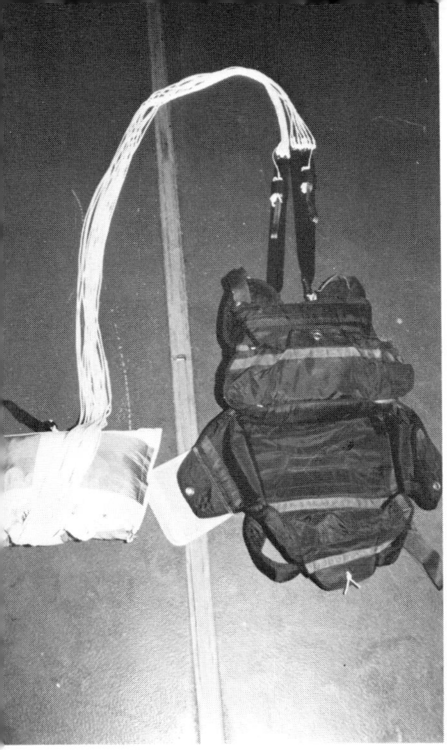

Der Packsack wird neben die Packhülle (Container) gelegt.

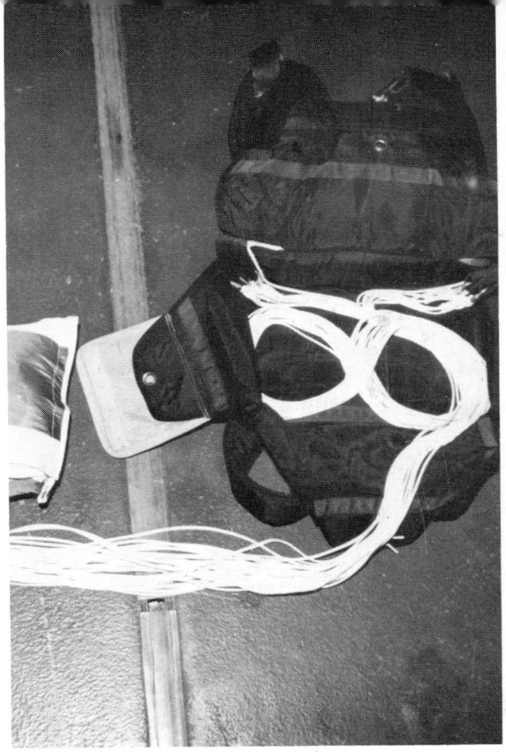

Die Haupttragegurte werden mit den Fangleinenverbindungsstücken in die Packhülle (Container) gelegt, danach die Fangleinen im sauberen Achter-Schlag.

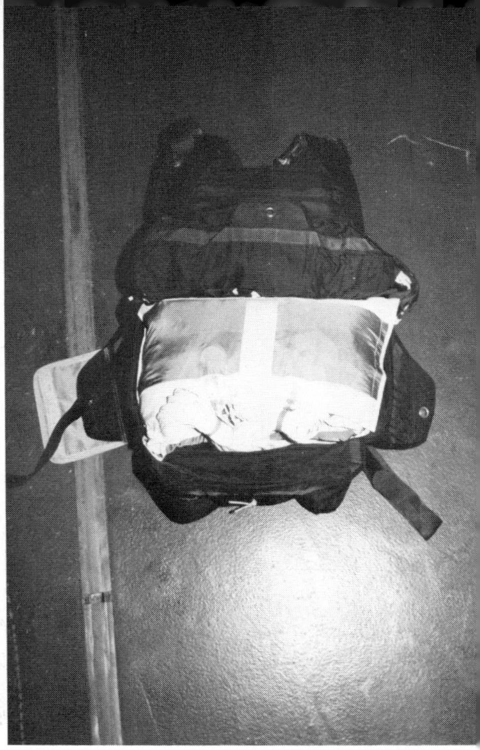

Der Packsack wird auf die Fangleinen gelegt, die Packhülle wird verschlossen.

Gezeigt werden nur die von der ersten Methode abweichenden Tätigkeiten, die restlichen sind übertragbar

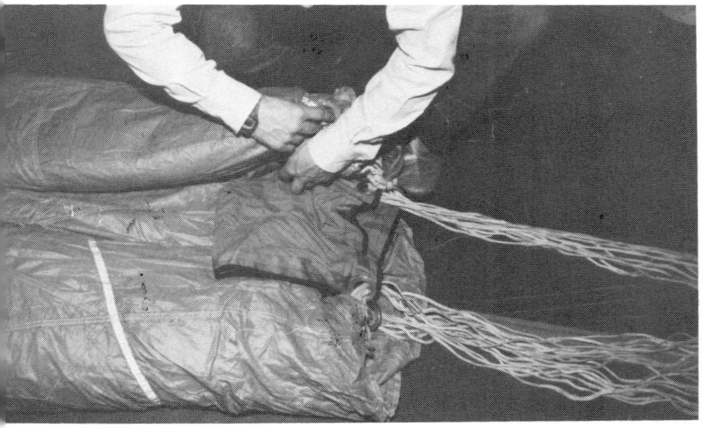

Die Kappe wird von beiden Seiten bis zur Mitte eingerollt oder in kurzen Schlägen gefaltet.

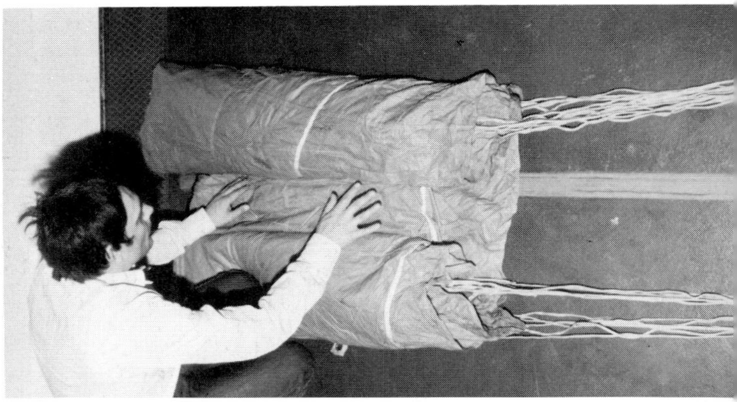

Der Entfaltungsregler (Slider) wird hochgezogen und in der Mitte zwischen den beiden Rollen ausgebreitet.

. . . und durch zwei Fangleinenschläge verschlossen.

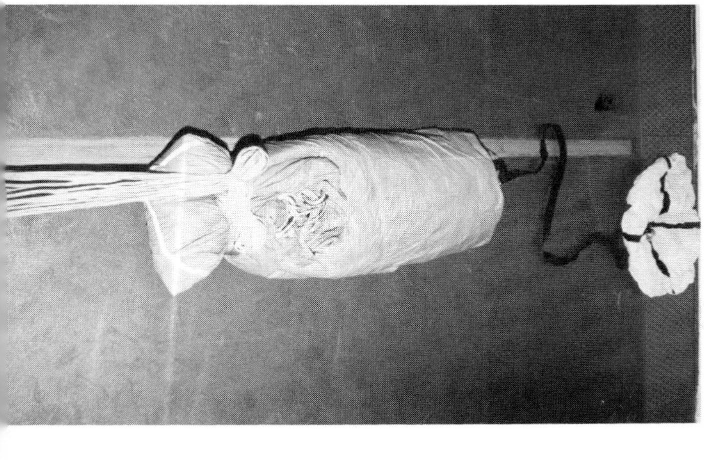

Die Kappe wird direkt auf die Achter-Schläge der Fangleinen gelegt und in S-Schlägen in die Packhülle gepackt, dann wird sie verschlossen.

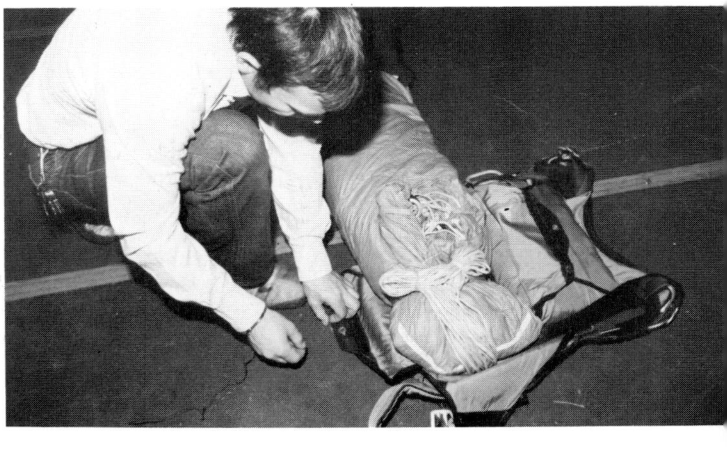

Das Fliegen von Gleitfallschirmen

Wenn ein Springer eine Hochleistungsrundkappe beherrscht, kann er auf einen Gleiter umsteigen. Er sollte sich aber vorher unbedingt mit den theoretischen Grundlagen (siehe auch Kapitel Aerodynamik) sorgfältig vertraut machen!
Die durch Stauluft gefüllten Tragflügelprofil-Fallschirme sind Höchstleistungs-Gleitfallschirme mit einzigartigen Flug- und Bedienungseigenschaften. Ein gründliches Verständnis dieser Eigenschaften ist für einen sicheren und erfolgreichen Flug unerläßlich. In den Händen eines unerfahrenen und unvorbereiteten Springers können Gleitfallschirme äußerst gefährlich werden!
Die ersten Gleitsprünge sollte man aus 1200 bis 1500 m Höhe durchführen. Diese verlängerte Flugzeit unter der Kappe bietet dem Springer eine gute Gelegenheit, sich mit dem Schirm vertraut zu machen und ein Gefühl für ihn zu bekommen. Nach dem Öffnen die Entfaltungsbremsen nicht sofort freigeben, das sofortige Umschauhalten nach anderen Springern sollte noch mehr zur Routine werden als bei Hochleistungsrundkappen. Falls erforderlich kann man die Kappe in diesem Zustand mit den hinteren Tragegurten steuern; dies gilt übrigens auch wenn die Steuerleinen infolge Riß o. ä. nicht zur Verfügung stehen. Auch nach dem Freigeben der Bremsen müssen andere in der Luft befindliche Springer ständig beobachtet werden. Insbesondere nach Formationssprüngen mit vielen Springern sind Kappenkollisionen eine immer mögliche Gefahr!

Ist der engere Luftraum frei, beginnt das Übungsprogramm.

Voller Gleitflug

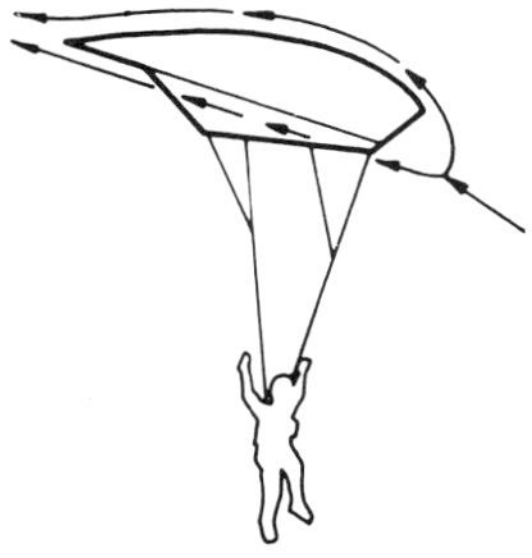

Mit oben befindlichen Steuer-Knebel gleitet der Flächengleiter mit etwa 9-13 m/s und mit einer Sinkgeschwindigkeit von annähernd 4-5 m/s. Die Flugbahn ist gerade und stabil. Eine erhöhte Vorwärtsgeschwindigkeit läßt sich durch Herunterziehen der vorderen Haupttragegurte von 10-15 cm erreichen. Da die Sinkgeschwindigkeit proportional zunimmt, ist es nicht ratsam, in diesem „Schnellgang“ zu landen.

Halbe Bremse

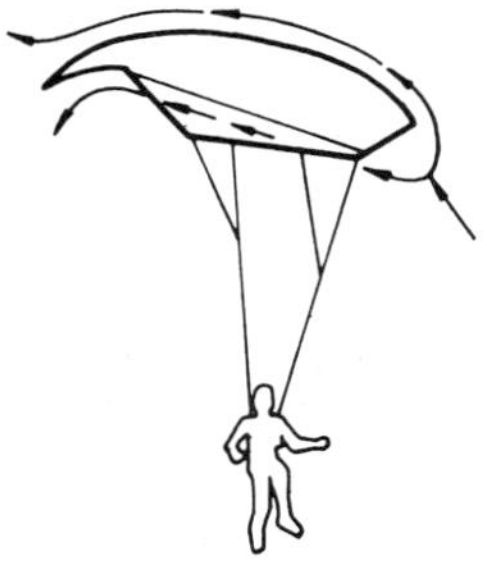

Das Bremsen erfolgt durch Veränderung der Luftströmung entlang der Flügelunterseite. Dies wird erreicht, indem man die Hinterkante herunterzieht, also sehr ähnlich dem Ausfahren der Landeklappen an einem Flugzeug.
Aus dem vollen Gleitflug werden beide Knebel langsam bis auf etwa Brusthöhe oder leicht tiefer heruntergezogen. An diesem Punkt beträgt die Vorwärtsgeschwindigkeit etwa 4-5,5 m/s und die entsprechende Sinkgeschwindigkeit 3-4,3 m/s.
Der Knebeldruck vermittelt dem Springer das beste „Gefühl“ für die Reaktion der Kappe.

Volle Bremse

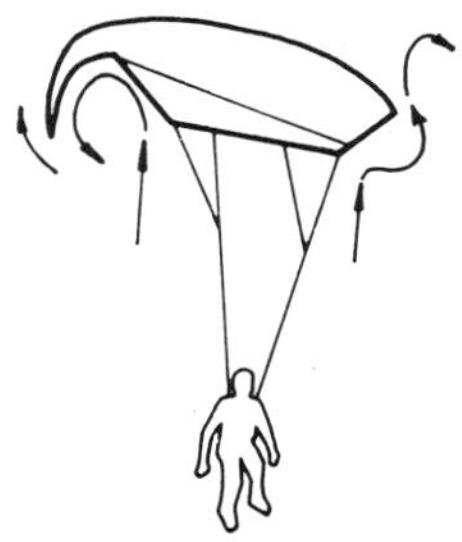

Unter normalen Flugbedingungen wird die voll gebremste Fluglage erreicht, indem man beide Knebel langsam herunterzieht, bis die Vorwärtsgeschwindigkeit nahezu völlig reduziert ist. So ergibt sich eine fast senkrechte Bewegungsrichtung.
Die Vorwärtsgeschwindigkeit liegt um etwa 2,2 m/s oder darunter, die Sinkgeschwindigkeit bei etwa 4,3-6,1 m/s. Die Richtungsstabilität kann in 75-100 % gebremster Lage noch aufrechterhalten werden. Ein weiteres Bremsen führt zu starkem Sinken bzw. einem weichen Flugzustand, der an der Grenze eines Strömungsabrisses liegt.
Eine große praktische Erfahrung mit dem stark gebremsten Fliegen ist äußerst wichtig für einen erfolgreichen Umgang mit einem Flächengleiter.

Drehung aus vollem Gleitflug

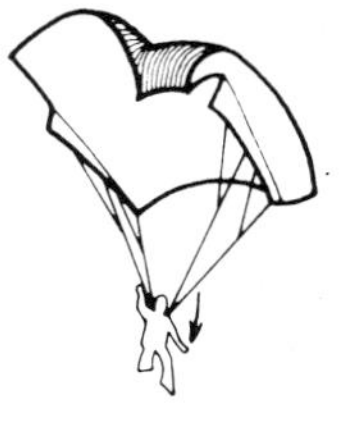

Drehungen aus dem vollen, ungebremsten Gleitflug heraus sprechen sehr gut an. Wegen der hohen Vorwärtsgeschwindigkeit beschreiben sie jedoch einen weiten Bogen. Diese Drehungen werden ausgeführt, indem man einen der beiden Knebel herunterdrückt, während man den anderen oben beläßt. Bei dieser Art von Drehung nimmt der Fallschirm eine Querneigung ein; je weiter der Knebel heruntergedrückt wird, desto steiler wird sie.

Spiraldrehungen

Spiraldrehungen gleichen im wesentlichen den Drehungen aus dem vollen Gleitflug, sie werden jedoch über mehr als 360 Grad beibehalten. Der Fallschirm beginnt in einer Steilspirale zu stürzen. Die erste Drehung ist noch ziemlich langsam. Die Sinkgeschwindigkeit wächst jedoch rasch an, falls die Spirale beibehalten wird.
Ein Erhöhen der Drehgeschwindigkeit führt zu einer übermäßig hohen Sturzgeschwindigkeit mit einem raschen Höhenverlust und ist daher unter 150 m über Grund zu vermeiden.

Drehungen mit 50 %iger Bremsstellung

Drehungen aus der 50 %igen Bremsstellung werden geflogen, indem man einen der beiden Knebel weiter herunterdrückt. Das Ansprechen der Kappe erfolgt bei dieser Drehungsart viel rascher und mit minimaler Querneigung. Das führt zu fast flachen Kurven, wie sie bei einer Zielannäherung erwünscht sind.

Drehungen mit 75 – 100 %iger Bremsstellung

Dies ist der optimale Steuerbereich der Kappe, in dem sie außerordentlich schnell anspricht. Beim Fliegen in diesem Zustand muß sich der Springer ständig darüber klar sein, daß er sich sehr nahe am Strömungsabriß-Bereich befindet.

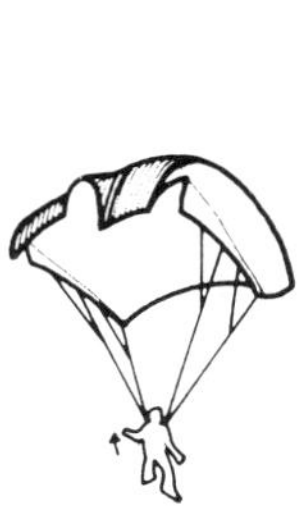

Diese Drehungen werden am besten mit einer „über Kreuz" Kontrolle ausgeführt; der gegenüberliegende Knebel wird leicht angehoben, um einen Strömungsabriß an der Kappe zu verhindern. Es kommt zu wenig oder gar keiner Querneigung und die erzielten Kursänderungen sind rasch und flach.

Drehungen mit Strömungsabriß

Fliegt der Gleitschirm mit 90- bis 100 %iger Bremsstellung und wird dabei einer der beiden Knebel noch weiter heruntergedrückt, so entsteht eine Kurve mit Strömungsabriß. Kurven mit Strömungsabriß erzeugen eine sehr schnelle Drehbewegung, wobei die vom Strömungsabriß betroffene Seite der Kappe rückwärts fliegt.
Da die Seite mit Strömungsabriß sehr wenig Auftrieb erzeugt, erhöht sich die Sinkgeschwindigkeit.
Kurven mit Strömungsabriß sollten nur mit extremer Vorsicht ausgeführt werden.

Strömungsabriß – allmählich

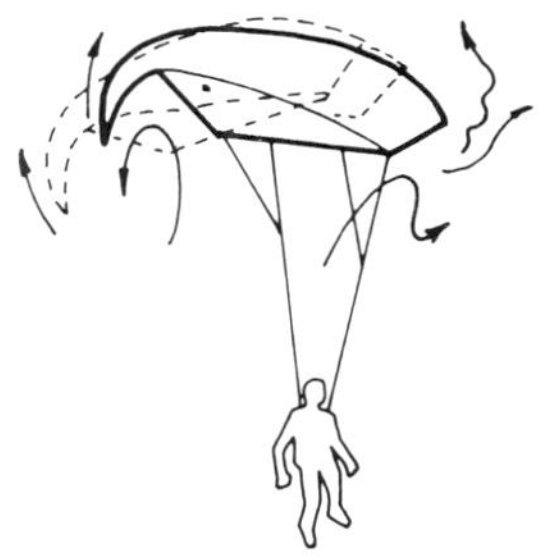

Ein Strömungsabriß bei gleichmäßiger Anströmung kann herbeigeführt werden, indem man die Knebel langsam bis auf die voll gebremste Stellung herunterdrückt, dann die Handgelenke dreht und die Knebel noch weitere 8-10 cm unter die volle Bremsstellung herunterzieht. In dieser Fluglage verliert das Tragflügelprofil seine Wirksamkeit als auftriebserzeugender Körper. Die Vorwärtsgeschwindigkeit geht auf Null zurück, während die Kappe sinkt und dann sanft nach rückwärts schaukelt.
Ein Abfangen aus dieser Art von Strömungsabriß wird dadurch erreicht, daß man die Knebel einfach langsam 15-20 cm auf die 75-80 %ige Bremsstellung anhebt. Der Gleiter beschleunigt dann langsam, bis er aus dem Abrißbereich heraus ist.

WARNUNG: Niemals die Knebel vollständig loslassen oder sie abrupt nach oben bringen. Werden die Knebel so losgelassen, stößt die Kappe nach vorn.
Man sollte Strömungsabriß („Stall") und die Wiedergewinnung der Kappenstabilität insbesondere in der ersten Zeit nach dem Umsteigen auf einen Gleiter bei jedem Sprung in ausreichender Höhe üben !

Strömungsabriß – dynamisch

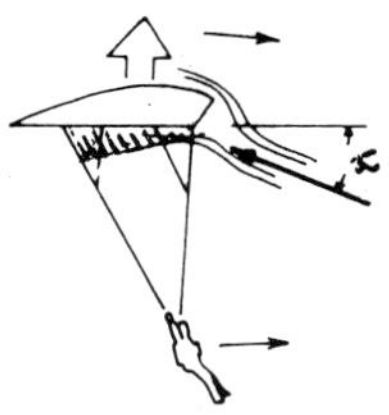

Normaler Flugzustand

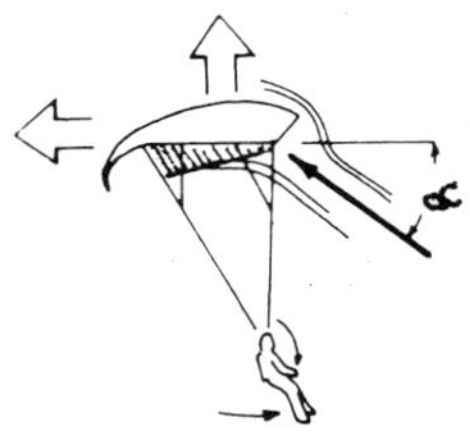

Springer zieht abrupt die Steuerleinen nach unten; zusätzlicher Widerstand bremst die Kappe; Springer schwingt nach vorn; Anstellwinkel α wird größer.

Der dynamische Strömungsabriß wird dadurch ausgelöst, daß man die Knebel abrupt nach unten zieht, was einen zusätzlichen Widerstand der Kappe bewirkt. Sie verliert rasch an Fahrt, während der Körper des Springers aufgrund seiner Massenträgheit viel langsamer reagiert und dadurch nach vorn vor die Kappe schwingt.
Dadurch verursacht er eine künstliche Vergrößerung des Anstellwinkels. Dieser neue Anstellwinkel bietet für sehr kurze Zeit einen hohen Auftrieb, gefolgt von einem abrupten Auftriebsverlust bzw. Strömungsabriß der Kappe infolge des Verlustes der Vorwärtsfluggeschwindigkeit. Da die Hinterkante stark nach unten gebogen wurde – und damit eine Strömungsumkehr eintrat – versucht die Kappe nun rückwärts zu fliegen, bis man Korrekturmaßnahmen ergreift.

Stall infolge des sehr großen Anstellwinkels: durch die stark nach unten gebogene Hinterkante tritt eine Strömungsumkehr ein; die Kappe versucht rückwärts zu fliegen.

Das Abfangen aus dem dynamischen Strömungsabriß wird einwandfrei durchgeführt, indem man die Knebel langsam auf die 75 bis 80 %ige Bremsstellung hochnimmt.
Man darf die Knebel nicht über Brusthöhe hinaus hochlassen, da andernfalls die Kappe nach vorn stößt. Hier herrschen die umgekehrten Bedingungen wie zu Beginn des Strömungsabrisses, d. h. die Kappe beschleunigt viel schneller als der Körper des Springers. Obwohl moderne Flächengleiter gutmütige Fallschirme sind, wird dennoch empfohlen, dynamische Strömungsabrisse unter einer Höhe von etwa 150 m über Grund zu vermeiden.

Landungen mit Abfangen

Die Landung mit Abfangen stellt im wesentlichen einen sorgfältig geregelten dynamischen Strömungsabriß dar, der zeitlich so gesteuert ist, daß der Springer genau in dem Moment aufsetzt, in dem der durch künstliche Anstellwinkelveränderung verursachte hohe Auftrieb vorhanden ist. Dieser Zeitpunkt liegt nur einen knappen Moment vor dem Strömungsabriß und der Springer sollte sehr vorsichtig sein, nicht zu hoch abzufangen.
Landungen mit Abfangen werden gegen den Wind durchgeführt und sollten in einer Höhe von 3 bis 6 m beginnen, wobei nach vorn reichlich Platz vorhanden sein muß.
Beide Knebel werden langsam ganz nach oben gelassen, so daß die Fluggeschwindigkeit sich erhöhen kann. Ohne ausreichende Fluggeschwindigkeit kann eine Landung mit Abfangen nicht durchgeführt werden.
In etwa 3 m Höhe über dem Boden werden beide Knebel langsam heruntergedrückt. Hierbei müssen die Bewegungen zeitlich so geregelt werden, daß die 100 %ige Bremsstellung mit dem Aufsetzen auf den Boden zusammenfällt.
Bei richtiger Ausführung werden durch eine Landung mit Abfangen für kurze Zeit sowohl die Horizontal- als auch die Vertikalgeschwindigkeit praktisch aufgehoben.
Falls bei einem falsch kalkulierten Versuch einer Landung mit Abfangen am Fallschirm ein dynamischer Strömungsabriß eintritt, muß das Verfahren zum Abfangen aus dem dynamischen Strömungsabriß angewendet werden.
Es ist nicht empfehlenswert, wenn der Springer bei seinen ersten Sprüngen gleich Landungen mit Abfangen versucht. Eine einwandfrei ausgeführte Landung mit Abfangen erfordert nicht nur ein gutes Abschätzen der Höhe und eine gute Zeiteinteilung, sondern auch ein Gefühl für die Kappe, das man nur durch Erfahrung erwirbt.

Landen

Gleiter können auch ohne Abfangen sicher gelandet werden. Im Endanflug wird die Kappe einfach mit 50- bis 75 %iger Bremsstellung geflogen, wobei unmittelbar vor der Landung das Bremsen noch verschärft wird.
Dies ist ähnlich einer Landung mit konventionellen Fallschirmen, wobei die Geschwindigkeit über Grund von der Windgeschwindigkeit abhängt, jedoch nicht unangenehm hoch ist.

Zielanflüge

Der für Gleitfallschirme empfohlene Landeanflug ähnelt demjenigen, wie er normalerweise für Flugzeuge üblich ist. Es ist ein einfaches Verfahren, das aus einem Rückenwindteil (Vorbeiflug mit Wind), einem Basisteil (Queranflug) und dem Endanflug gegen Wind auf das Ziel besteht. Es ist gewöhnlich schwierig, Änderungen der Flughöhe mit dem Auge genau zu erfassen, daher wird die Mitnahme eines zuverlässigen Höhenmessers beim Sprung empfohlen.

Rückenwindteil:

Der Rückenwindteil wird entlang der Windlinie geflogen, wobei man in einer Höhe zwischen ca. 300 bis 450 m und mit einem Abstand von etwa 120 m seitlich am Ziel vorbeifliegt.
Springer, die durch die herkömmlichen Fallschirme an Anflüge mit Rückenwind gewöhnt sind, finden sich meist nur sehr zögernd bereit, das Ziel in einer Höhe von 300 m zu überfliegen. Dieses anfängliche Unbehagen schwindet jedoch bald, obwohl es noch eine beträchtliche Übung erfordert, dieses erste „Fenster" — einen Punkt zwischen ca. 300 bis 450 m über und ca. 90 bis 120 m seitlich vom Ziel zu treffen. Auf dem Rückenwindteil fliegt man bis zu einem Punkt in einer Entfernung von etwa 90 bis 120 m — mit Wind gesehen — hinter das Ziel.

Basisteil:

An diesem Punkt beginnt man eine sachte 90°-Drehung, um den Basisteil quer zur Windlinie zu fliegen. Dieser Teil wird — je nach den Windbedingungen — gewöhnlich mit 30- bis 60 %iger Bremsstellung geflogen. Der Basisteil kann zum Erreichen der richtigen Höhe zum Eindrehen auf den Endanflug entweder verkürzt oder verlängert werden.

Bei geringem Wind wird der Basisteil bis zu einem Eindrehpunkt geflogen, der — mit Wind gesehen — etwa 120 m direkt hinter dem Ziel und in einer Höhe von etwas über 150 m liegt.

Endanflug:

Bei geringem Wind (ca. 0 — 2 m/s) wird das Eindrehen auf das Ziel an diesem Punkt mit einer gebremsten Drehung durchgeführt.
Das Eindrehen zum Endanflug muß in einer Höhe nicht unter 150 m abgeschlossen sein.
Im Endanflug werden Sinkgeschwindigkeit und Gleitwinkel durch eine einwandfreie Bremstechnik so geregelt, daß der Springer im vorgesehenen Ziel herunterkommt.
Nachdem das Eindrehen zum Endanflug abgeschlossen ist, muß der Anflugwinkel abgeschwächt und alle größeren Steuerkorrekturen sofort durchgeführt werden, solange noch genügend Höhe und Entfernung zum Ziel vorhanden sind.
Überschüssige Höhe kann durch flache S-Kurven (bis zu einer queranflugähnlichen Position) „abgekurvt" werden. Falls andererseits eine höhere Vorwärtsgeschwindigkeit erforderlich ist, so läßt sich diese durch Herunterziehen der vorderen Haupttragegurte ca. 10 bis 15 cm und dadurch bewirkte Veränderung des Anstellwinkels der Gleiterkappe erreichen. Jedoch nicht mit heruntergezogenen Haupttragegurten landen, da die Sinkgeschwindigkeit proportional zur erhöhten Vorwärtsgeschwindigkeit anwächst.

WARNUNG: Im Endanflug keine scharfen Kurven oder „Hakenkurven" fliegen und keine 360°-„Gewaltkurve" versuchen, Gleitfallschirme verlieren in scharfen Kurven schnell an Höhe.

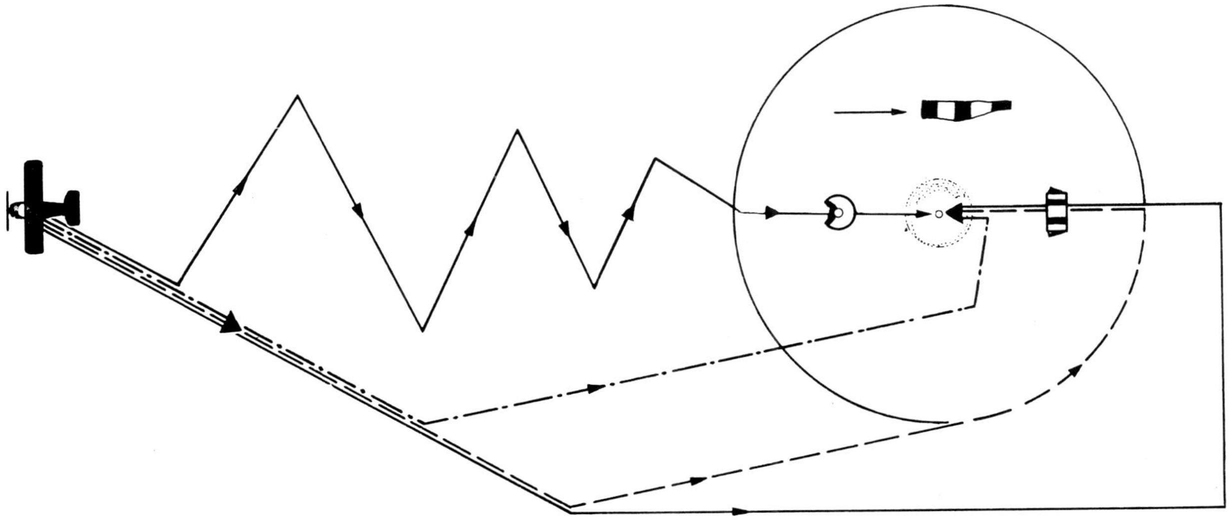

Zielanflug mit Rundkappenfallschirm und Gleitfallschirm. Während der Anflug am herkömmlichen Fallschirm grundsätzlich mit Wind erfolgt, fliegt der Springer am Gleitfallschirm je nach Windgeschwindigkeit mit einem kleinen oder größeren Bogen gegen den Wind an. Im Rückenwindteil fliegt er zunächst mit Abstand in ca. 300 — 400 m Höhe seitlich am Ziel vorbei, schwenkt dann um 90° in den Basisteil quer zum Wind und an der Windachse nochmals um 90° zum Endanflug gegen den Wind ein.

Figuren im Freifall

Das Faszinierendste am ganzen Fallschirmsport ist ohne Zweifel der Freifall. Dieses Wort ist im physikalischen Sinne nicht korrekt, es soll nur ausdrücken, daß der Springer keinerlei Verbindung zum Flugzeug hat und der Schirm noch völlig geschlossen in der Packhülle liegt. In diesem Sinne ist der Fall wirklich frei. Aber bald beschränkt man sich nicht darauf, einfach wie ein Stein zur Erde zu fallen, sondern fängt an, sich zu bewegen — nicht wie ein Vogel natürlich, das wäre etwas übertrieben, da ja die Vertikalkomponente stets erheblich stärker bleibt. Trotzdem — die Vielfalt der Figuren ist gerade für Laien kaum glaublich und oft nur durch Bilder zu beweisen.
Ausgehend von der bereits geschilderten X-ähnlichen Lage fängt der Springer an, seine Position zu reduzieren. Die Spannung in den gestreckten Armen und Beinen wird verringert, die Unterarme kommen unter die Schulterlinie und liegen fast parallel zum Körper, auch die Oberschenkel werden etwas angezogen und die Unterschenkel werden mehr oder weniger rechtwinklig angewinkelt. Diese Haltung wird mit „Froschlage" bezeichnet. Der Kopf wird immer beweglicher, und das erlaubt dem Springer, in alle Richtungen zu sehen. Stets aber bleibt das Hohlkreuz erhalten, sonst würde der Körperschwerpunkt höher rutschen als der ideelle Angriffspunkt des Luftwiderstandes, und das hätte zur Folge, daß der Springer auf den Rücken gehebelt wird. In dieser eingeknickten Rückenlage befindet sich der Schwerpunkt dann wieder unten. Um wieder die richtige Position (Gesicht zur Erde) zu erlangen, drückt man das Hohlkreuz durch. Im allgemeinen strebt man eine labile Haltung als Ausgangsposition für Drehungen an. Das bedeutet, der Schwerpunkt des Körpers und der ideelle Angriffspunkt des Luftwiderstandes fallen zusammen. Die kleinste aber richtig ausgeführte Bewegung verursacht die erwünschte Körperdrehung um die Vertikalachse. Ideal wäre es, wenn man den ganzen Körper in die Form einer Luftschraube bringen könnte. Besonders bei den Beinen ist es jedoch sehr schwierig, da man sie nicht sieht und kaum spürt. Daher blockiert man sie in einer Stellung, in der sie die Drehung am wenigsten behindern.
Die Armbewegungen sehen folgendermaßen aus: der innere Arm (Innenseite der Drehung) wird so ausgestreckt, daß er sowohl zur Schulterlinie als auch zur Luftanströmung einen 45° Winkel bildet. Der äußere Arm (Außenseite der Drehung) wird angewinkelt, die Hand liegt vor dem Gesicht, der Ellbogen muß angehoben werden. Auch der Kopf unterstützt die Drehung, er wird so gedreht, daß man in die Hand des inneren Armes sehen kann. Der gesamte Oberkörper und der Kopf bilden zusammen mit den Armen eine Fläche, die um 45° gegen die Luftanströmung geneigt ist, so entsteht die Propeller-Wirkung. Der gesamte Bewegungsablauf kann auch am Boden „trocken" geübt werden, entweder in einem aufgehängten Übungsgurtzeug oder einfach auf einem Tisch liegend, am besten vor einem Spiegel.

Eine fast ideale X-Lage.

Die Froschlage — Ausgangshaltung für jede Arbeit im freien Fall.

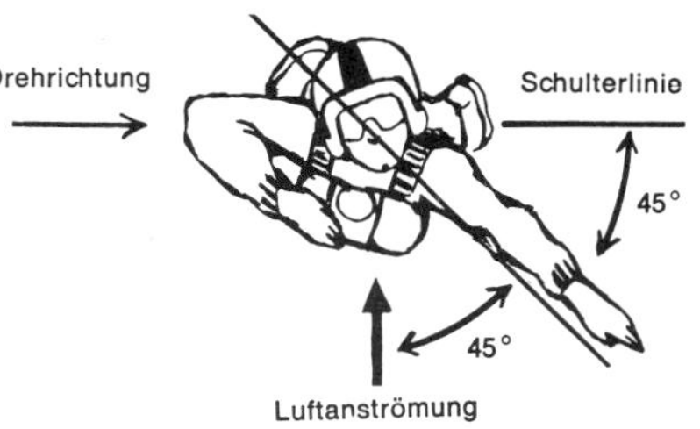

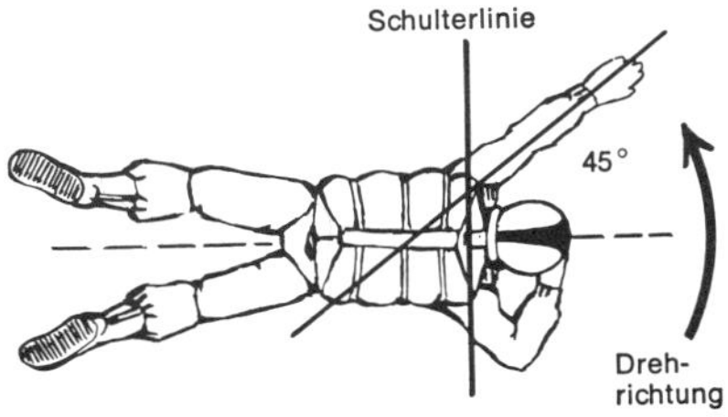

Armhaltung bei einer Linksdrehung.

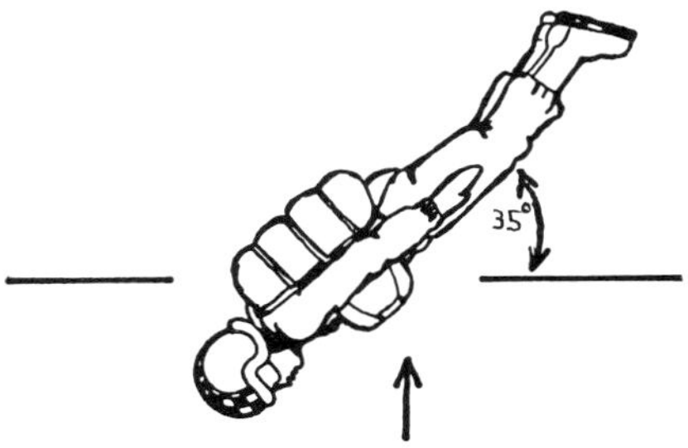

Ideale Flash-Haltung.

Flash beim Relativ-Einsatz.

Für den ersten Sprung, bei dem man die Drehung trainiert, reicht es, eine Rechtsdrehung einzuleiten, dann eine Linksdrehung, ohne daß dabei auf die Bezugsachse geachtet wird. Später werden die Drehungen abwechselnd ohne Zwischenstopp aber immer noch ohne Einhaltung einer Bezugsachse gesprungen. Wenn die Kontrolle über diese Bewegungen gut ist, kann man sich eine Bezugsachse auf dem Boden nehmen und halbe Drehungen (180°) absolvieren, eine nach links, eine nach rechts, usw.

Schafft man vier halbe Drehungen zwischen 8 und 10 Sekunden, fliegt man ganze Drehungen. Bei dieser Arbeit an den Drehungen ist es möglich, daß man in eine unkontrollierte Schraube gerät (Flachtrudeln). Dabei sollte man nicht den Schirm öffnen, weil er sich sicher eindreht. Man nimmt die T-Haltung ein (Hohlkreuz, Kopf in den Nacken, Arme seitlich gestreckt, Beine geschlossen nach hinten gestreckt), wartet 3 bis 5 Sekunden und das Flachtrudeln hört auf. Man muß jedoch dabei unbedingt die Höhe kontrollieren! Die T-Haltung ist übrigens geeignet, einen aus jeder unkontrollierten und unstabilen Lage problemlos zu befreien. Mit ihr im Zusammenhang sei auch die Bananen-Lage erwähnt, die früher die erste Haltung für Anfänger war, heute jedoch nicht mehr gelehrt wird. Sie ähnelt der T-Haltung vollkommen, nur werden die Arme über der Brust verschränkt, eine Hand kann schon am Aufziehgriff liegen.

Außer den Drehungen auf der Stelle ist der Springer noch in der Lage, sich horizontal zu verschieben. Stellt er z. B. bei einem Sprung aus 2000 m Höhe fest, daß der tatsächliche Absetzpunkt mit dem vorgesehenen nicht übereinstimmt – und das ist gerade beim Absetzen aus größeren Höhen leicht möglich – fällt er nicht senkrecht nach unten, sondern legt die Arme an den Körper mehr oder weniger stark an (je nach gewünschtem Fallwinkel), die Handflächen nach unten. Die Beine sind gestreckt und etwa schulterbreit geöffnet. Der ganze Körper ist leicht gebogen und hat etwa das Anström-Profil einer Tragfläche. Diese Haltung wird als „Flash" (Blitz) bezeichnet. Da der Springer so einen geringeren Luftwiderstand besitzt, ist seine Vertikalgeschwindigkeit natürlich größer. Sie kann im Extremfall knapp 300 km/h betragen.

Bei einem optimalen Flash – jeder Springer wird einige Zeit brauchen, bis er seinen gefunden hat – kann man sich etwa ein Drittel der Freifallstrecke horizontal verschieben. Bei 1000 m Freifall also immerhin gute 300 m!

Bevor man den Fallschirm öffnet, muß man rechtzeitig wieder die Normallage einnehmen, da eine Schirmöffnung im vollen Flash sehr brutal sein würde. Außerdem sind gerade Hochleistungsfallschirme sehr empfindlich gegen derartige Öffnungen, und es könnte zu Störungen kommen.

Bewegungsablauf beim Rückwärtssalto aus der Froschlage.

1. Neutrale Position

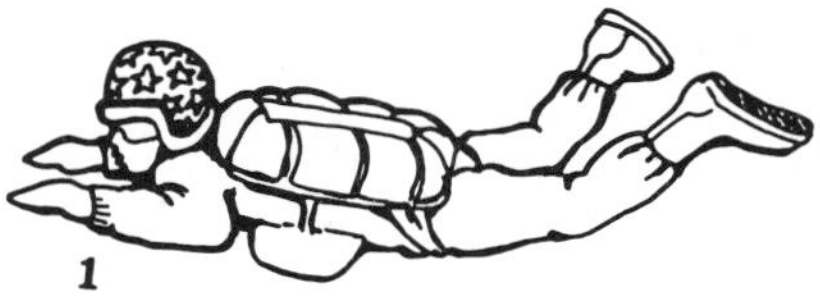

Bewegungsablauf beim Vorwärtssalto

1. Neutrale Position

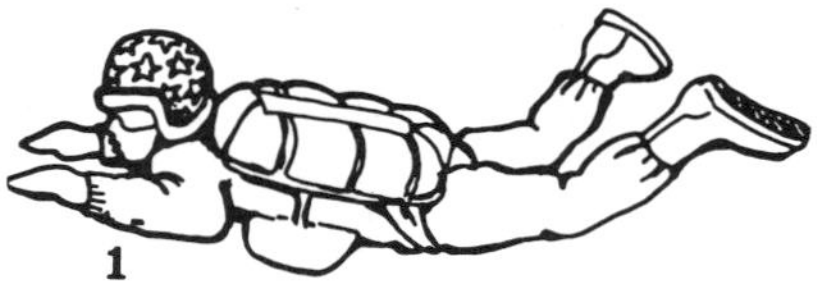

2. Anziehen der Knie

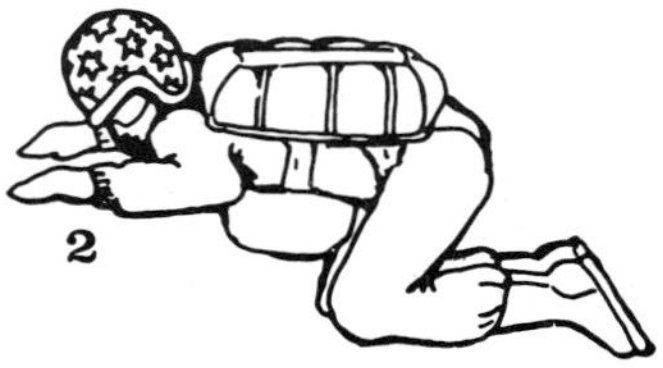

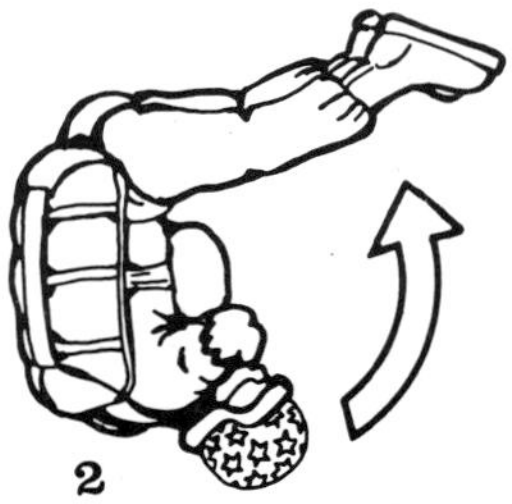

2. Einknicken in der Hüfte

3. Vertikalposition, Blick geht jetzt auf das Reservegerät

3. Anwinkeln der Unterschenkel

4. Kopf wieder zurück in den Nacken, Arme werden hinter die Schulterlinie zurückgenommen, zur seitlichen Stabilisierung etwas ausgebreitet

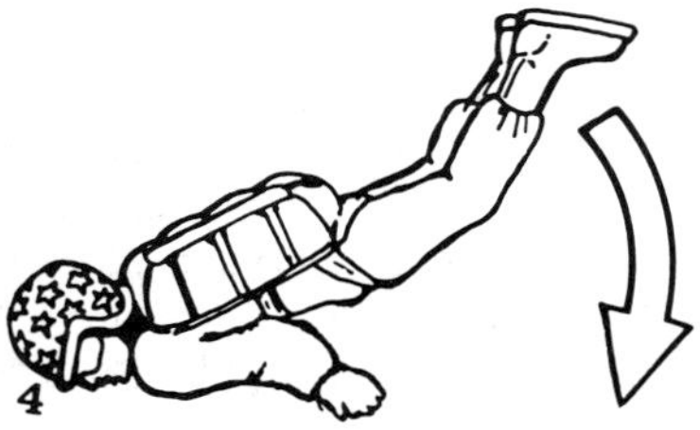

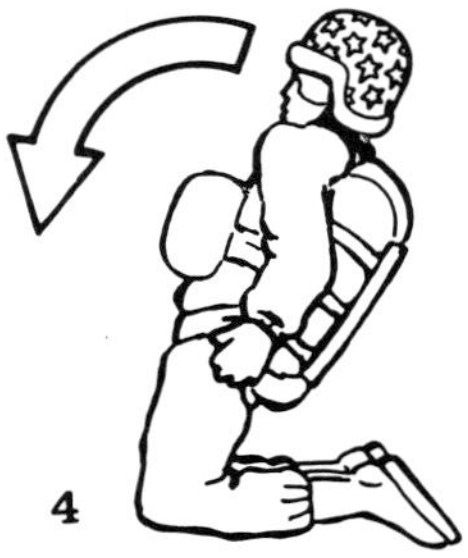

4. Vertikalposition, Arme in leichter Flash-Haltung

5. Neutrale Position

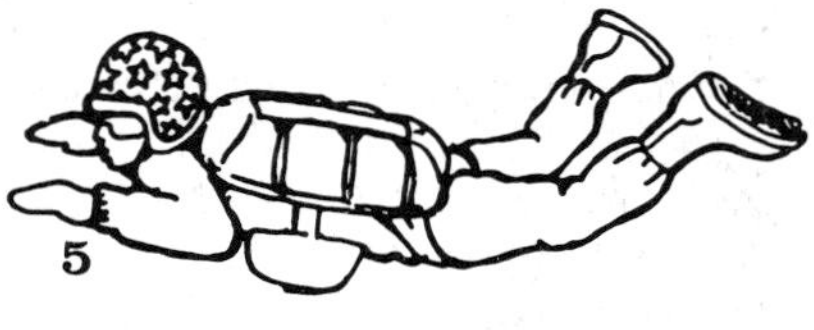

5. Neutrale Position

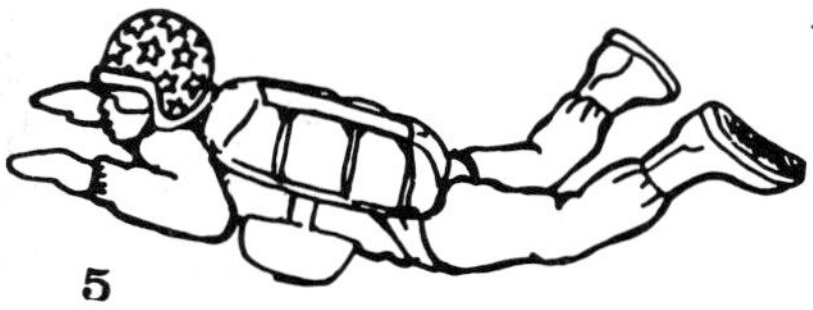

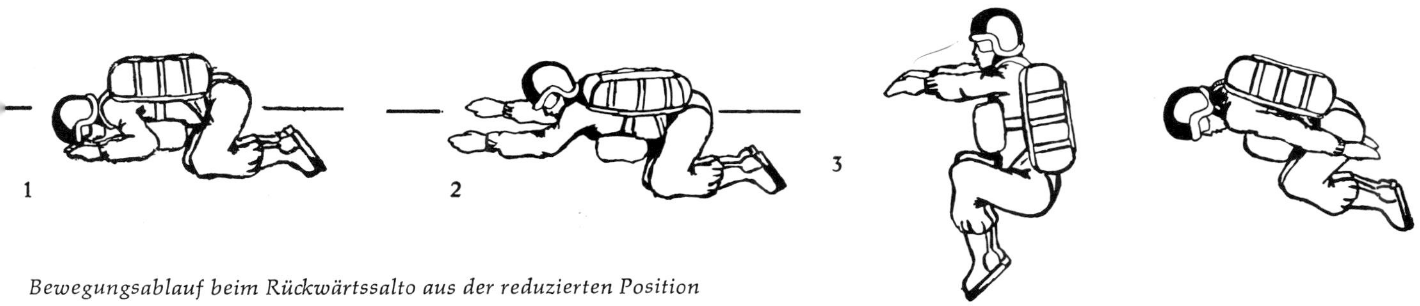

Bewegungsablauf beim Rückwärtssalto aus der reduzierten Position

1. Neutrale Phase, reduzierte Position *2. Vorstrecken der Arme* *3. Stehende Position, Arme wandern etwas seitlich und sichern seitliche Stabilität* *4. Kopf auf die Brust und Flash-Haltung der Arme*

Der Flash in seiner extremsten Form, also ein senkrechter Sturz nach unten, wird auch dazu benutzt, um beim „Stil"-Springen Fahrt aufzunehmen. Insbesondere in den osteuropäischen Staaten wird diese Technik heute noch praktiziert. Schließlich ist der Sturz wesentlicher Bestandteil des Relativ-Springens.

Der „Salto" ist eine weitere interessante und nicht ganz einfache Freifall-Figur, er kann vorwärts und rückwärts gesprungen werden. Der „Rückwärtssalto" ist einfacher, also fangen wir mit ihm an. Zunächst wird er aus der Froschlage geübt, die Beine sind jedoch ziemlich gestreckt und die Arme dafür etwas mehr vorgestreckt. Ohne Bewegung der Arme und des Kopfes werden die Knie schnell bis vor das Reservegerät angezogen. Der Körper richtet sich auf. Steht er, wird der Kopf auf die Brust genommen, der Körper knickt dadurch automatisch etwas ein. Man fällt auf den Rücken, und wenn der durch die Beinbewegung verursachte Schwung ausreichend war, weiter wieder über den Kopf in die Bauchlage. Zur Unterstützung wird der Kopf in den Nacken genommen, wenn der Körper mit dem Kopf senkrecht steht, die Beine werden dann wieder gestreckt und die Arme hinter die Schulterlinie zurückgenommen (halb gepfeilt), um den Salto abzubremsen.

Für das Stil-Springen ist es zweckmäßig, den Salto aus einer anderen Position zu üben, da wir ja weiter vorn festgestellt haben, daß die Beine in einer solchen Position gehalten werden, in der sich die Drehungen möglichst wenig behindern. Sie befinden sich also schon am Reservegerät. In dieser Position werden die Arme weit nach vorn gestoßen, gute Schulterbreite auseinander, um so die seitliche Stabilität zu gewährleisten. Die Arme bleiben vorn, bis die stehende Position erreicht ist, dann kommt der Kopf auf die Brust, der Körper knickt ein und die Arme werden in leicht gepfeilter Haltung am Körper mitgenommen.

Die Ausgangsposition für den „Vorwärtssalto" ist die gleiche wie die zuerst genannte für den Rückwärtssalto. Man läßt den Körper an der Hüfte nach vorn einknicken und unterstützt diese Bewegung, indem man das Kinn auf die Brust nimmt und die Arme eine kreisende Bewegung durchführen läßt. In Rückenlage werden die Füße ans Gesäß gezogen, der Springer bildet ein Hohlkreuz, und wenn der Körper wieder in die Bauchlage fällt, werden die Arme erneut nach vorn gedrückt, wie in der Ausgangsposition.

Eine „Rolle" um die Längsachse beginnt man am besten aus der T-Lage. Mit dem Arm, zu dessen Seite die Rolle erfolgen soll, taucht man unter den Körper, so als ob man den anderen Arm greifen wolle. Aufgrund der asymmetrischen Haltung wird der Körper auf den Rücken gedreht, dabei wird der gestreckte Arm auch an den Körper herangenommen. Im Weiterdrehen wird der erste Arm wieder gestreckt, damit man nicht gleich anschließend noch eine Rolle macht und danach der zweite Arm. Eine zweite Methode besteht darin, den Körper total zu strecken und die Rolle durch eine Oberkörperbewegung einzuleiten.

Ein Fall in „Rückenlage" ist sehr bequem und es gibt Springer, von denen behauptet wird, daß sie nur so fallen, ein kleines Nickerchen machen und sich lediglich zum Ziehen wieder umdrehen. Das ist natürlich übertrieben, aber man sollte sich einer leichten Gefahr bei der Rückenlage bewußt sein. Der Höhenmesser befindet sich auf der Leeseite, es entsteht ein Unterdruck, und das Gerät gibt eine größere Höhe an als tatsächlich vorhanden. Also lieber nach Stoppuhr springen und frühzeitig wieder umdrehen.

Die Fallgeschwindigkeit in Rückenlage ist etwa um 10 m/s größer als in Bauchlage. Wichtig ist, daß die Füße in Sicht sind. Läßt man den Kopf zu weit sinken, macht man in Rückenlage einen Flash und wundert sich beim Umdrehen, daß man ganz woanders ist als vorher. In die Rückenlage kommt man durch eine halbe Rolle, einen halben Rückwärts- oder Vorwärtssalto, durch jeweils die zweite Hälfte kommt man wieder in die Bauchlage.

Auch in Rückenlagen kann man Drehungen machen. Dazu wird ein Bein etwas gesenkt (das zu dessen Seite man drehen will), das andere Bein wird etwas angehoben, oder aber der innere Arm wird etwas an den Körper herangenommen und der äußere leicht ausgestreckt.

Nacht- und Wassersprünge

Nacht- und Wassersprünge gehören zum Erfahrungsschatz eines fortgeschrittenen Springers. Das schwierigste an ihnen ist leider der organisatorische Aufwand. Nicht auf jedem Flugplatz kann nachts geflogen werden, da die Start- und Landebahnen entsprechend „befeuert" sein müssen. Der Zielkreis muß beleuchtet werden, und zwar so, daß der Springer nicht geblendet wird, außerdem muß der Windsack beleuchtet sein, damit der Springer sich auch bei Nacht jederzeit über Bodenwindrichtung und -stärke orientieren kann. Zur Sicherheit muß der Springer eine Warnleuchte mit sich führen und zusätzlich eine Taschenlampe, mit der er seine Kappe nach der Öffnung zur Kontrolle ausleuchten kann. Der Höhenmesser und die Stoppuhr müssen blendfrei beleuchtet sein, Leuchtziffern reichen allerdings auch. Schließlich muß auch ein beleuchteter Winddrifter zur Verfügung stehen, damit der Springer seinen Absetzpunkt einwandfrei festlegen kann, an der Landestelle des Drifters sollte eine kleine Blinkleuchte stehen. Gerade bei Nacht kann man die Windgeschwindigkeit sehr schwer einschätzen. Während am Boden meist völlige Windstille herrscht, ist in einiger Höhe manchmal beträchtliche Luftströmung anzutreffen.
Als Zeitraum Nacht wurde in den internationalen Fallschirmsportregeln, dem Code Sportif, der Zeitraum zwischen einer Stunde nach Sonnenuntergang und einer Stunde vor Sonnenaufgang festgelegt.
Ein Zielsprung bei Nacht verläuft im Prinzip wie ein Tagessprung, allerdings fällt das Schätzen der richtigen Entfernung zum Ziel doch etwas schwerer. Wichtig ist, den Punkt für die Endannäherung unter Berücksichtigung der fehlenden Windgeschwindigkeit am Boden so dicht vor dem Zielkreis zu wählen, daß man nicht außerhalb des Kreises landet.
Auch Wassersprünge bieten gewisse organisatorische Schwierigkeiten. Es muß eine Zielboje verankert werden, und es sollte mindestens ein Boot in der Nähe sein, das den Springer nach der Wasserung aufnimmt. Bei einer größeren Wasserfläche sollte es unbedingt ein schnelles Motorboot sein, da es ja passieren kann, daß der Springer aufgrund einer Fehlöffnung relativ weit entfernt ins Wasser kommt. Bei kleineren Gewässern reicht ein Schlauchboot. Als Bekleidung genügt — je nach Wetter — eine Badehose. Besteht die Gefahr, daß man auf Land kommt, sollte man besser ein Paar leichte Springerstiefel anziehen und einen Helm aufsetzen.
Auch das Schätzen einer Entfernung ist wegen der mangelnden Erfahrung sehr schwierig. Die Technik der Wasserung ist bereits erklärt worden. Man sollte auf alle Fälle ein Überstreifen des Sitzgurtes über das Gesäß ermöglichen und die Beingurte rechtzeitig vor dem Berühren der Wasseroberfläche öffnen. Das spart wertvolle Sekunden auf dem Weg zur Boje. Hat das Gewässer eine Strömung, sollte man auf alle Fälle lieber zu kurz springen, so daß die Strömung das Anschwimmen der Boje unterstützt. Aber auch bei stehenden Gewässern ist ein zu knappes Aufkommen besser als ein Darüberhinwegschießen, da man durch den Vorwärtsschwung schneller ans Ziel kommt als wenn man erst wieder umdrehen muß. Zuviel des Guten ist wie stets auch hier von Übel. Wenn man so kurz kommt, daß Kappe und Fangleinen vor oder gar auf der Zielboje liegen, kommt man eventuell gar nicht heran.

Beim Wasserspringen dient eine Boje als Ziel. Die Zeit vom Eintauchen bis zum Anschlagen wird gestoppt.

Formationsspringen bei Nacht: oben ein Stern, unten ein Zehner-Keil.

Nachtsprünge haben ihren besonderen Reiz.

2-Mann-Basis. Nummer 3 nähert sich ...

... und fliegt seitlich ein.

Erst anfassen, dann trennen.

Ein großer Stern entsteht

7. Das Formationsspringen

Die zweitjüngste Disziplin im Fallschirmsport ist das Formations- oder auch Relativ-Springen, häufig auch ganz einfach Relativ genannt.

Es bedeutet die Zusammenarbeit von zwei oder mehreren Springern während des Freifalls, um bestimmte Formationen oder Folgen von Formationen (Sequenzen) zu bilden.

Der Stafettensprung

Es fing an mit einem Blick auf die Leichtathleten. Warum sollte man nicht auch im Freifall eine Stabübergabe durchführen können? Zum Beispiel verlassen vier Springer die Absetzmaschine, einer hinter dem anderen, und der letzte bringt dem vorletzten den Stab, dieser dem zweiten und der dem ersten. Umgekehrt kann man es auch machen, oder sogar beides, wenn Zeit genug ist. Der Phantasie sind keine Grenzen gesetzt. Es ist sicher auch dem Laien klar, daß es einfacher gesagt als getan ist. Auf alle Fälle müssen die Springer alle Dinge, die bisher beschrieben wurden beherrschen, sonst kann das Relativ-Springen sehr gefährlich werden, und es kommt auch nicht viel dabei heraus. Springer jedoch, die die erforderlichen Kenntnisse mitbringen, werden sicher mit einiger Übung ihr Ziel erreichen.

Kleine und große Sterne

Auch das Stafettenspringen war noch nicht das Richtige, man wollte ein echtes Gruppenerlebnis im Freifall, für alle gemeinsam. Die Sterne wurden geboren, manchmal auch respektlos „Ringelpietz mit Anfassen" genannt. Zwei Mann trafen sich, drei, dann vier und mittlerweile steht der offizielle FAI-Weltrekord bei einer 72-Personen-Formation. Zu anderen Formationen trafen sich schon mehr Springer, aber irgendwo fehlte immer ein Griff, Weltrekorde waren es alle nicht.

Auch die 72 Springer fingen an, wie alle, die wirklich gutes Relativ-Springen machen wollen: allein! Abgesehen von allen Freifallfiguren, muß man auch den Absprung aus der Maschine hundertprozentig beherrschen, und zwar in alle Richtungen, mit dem Gesicht zum Motor und zum Heck, im Flash und im extremen senkrechten Sturz nach unten. Erst jetzt beginnt das Training mit einem Partner.

Derjenige, der aufgrund seines Gewichts und seiner Fläche am schnellsten fällt, springt zuerst, er bildet die Basis. Seine Haltung soll die geringst mögliche Fallgeschwindigkeit gewährleisten: durch Strecken des gesamten Körpers bietet er die größte Oberfläche und damit die beste Widerstandsfläche. Der zweite Springer folgt ihm auf dem Fuße, jedoch in der kleinsten Position, die er gerade noch stabil fallen kann, und er versucht, möglichst schnell auf die Ebene des ersten zu kommen. Um nicht vorbeizufallen, muß er jedoch rechtzeitig bremsen. Der erste Mann reduziert seine Position auch etwas, wenn sein Kamerad in seine Nähe kommt, um sich dessen Fallgeschwindigkeit anzupassen. Im Idealfall liegen dann beide in mittlerer Position auf einer Ebene etwa 2—3 m horizontal voneinander entfernt. Sie neigen die Handflächen um 45° und fahren so langsam aufeinander zu. Ein Ausstrecken der Hände in diesem Moment wäre verkehrt, da der Körper dann sofort vorn angehoben wird und aufgrund der schrägen Lage zur Luftströmung nach hinten weggleiten würde. Das Gegenteil des gewünschten Effekts würde dadurch erreicht werden. Springen nun mehr als zwei Springer, um einen größeren Stern zu bilden, muß der dritte, vierte und jeder folgende Springer im Flash oder im senkrechten Sturz — je nach Abstand — hinter den beiden ersten hersausen, da eine reduzierte Position zum schnellen Ausgleichen großer Abstände nicht ausreichend ist. Der Sturz muß natürlich rechtzeitig gebremst werden, da sonst mit Sicherheit die bereits stehende Basis zertrümmert würde. Richtig sieht es etwa so aus: der Springer bremst so ab, daß er sich in etwa 10 bis 20 m Entfernung von der Basis auf deren Ebene befindet und gerade noch genug Vorschub hat, um in seine Lücke einzufahren. Beim 4-Mann-Stern sollte

Mit Stabübergaben fing die Relativ-Arbeit an.

Stop! Vor dem Einfliegen die Geschwindigkeit reduzieren.

Jetzt aber lang machen. Der Springer ist an einem Stern vorbeigefallen und versucht, wieder auf dessen Niveau zu kommen.

die 2-Mann-Basis etwa in Flugrichtung liegen und der 3. und 4. Mann aus entgegengesetzten Richtungen die Basis anfliegen. Beim Einfahren in die Lücke ist es sehr wichtig, auf einer Ebene mit der Basis zu arbeiten und nicht von oben draufzufallen oder sich im Vorbeifallen anzuhängen. Springer, die sicher sind, auch langsamer fallen zu können als die vor ihnen liegende Basis (bzw. Stern), fahren etwa 20—30 cm unterhalb der Ebene an, da man durch die Luftwirbel, die seitlich der Springer in der Basis auftreten, etwas angehoben wird. Man muß dabei allerdings sehr vorsichtig sein, damit man nicht unter die anderen Springer rutscht.
Nach dem Einfahren in einen Stern darf man den Griff der beiden Nachbarn erst trennen, wenn der eigene Griff fest und sicher ist. Schon viele Sterne sind aufgerissen, weil dies nicht beachtet wurde.
In 1200 m Höhe muß die Relativ-Arbeit aus Sicherheitsgründen beendet werden. Auf ein verabredetes Zeichen trennt man, alle Springer machen eine 180° Drehung und flashen auseinander wie eine explodierende Feuerwerksrakete.

Im Prinzip sieht das Bilden eines größeren Sterns genau so aus wie beim 4-Mann-Stern, nur werden die Schwierigkeiten mit jedem Springer mehr erheblich größer. Um die Dauer des Absprungverlaufs zu reduzieren, benutzt man zwei oder mehr Absetzflugzeuge. Es ist klar, daß nur eine eiserne Disziplin große Sterne ermöglicht, bei aller Lässigkeit am Boden, im Flugzeug und im Freifall gelten klare Absprachen, und wer die nicht einhält, der bleibt beim nächstenmal eben unten.

Eine natürliche Grenze für große Sterne bildet die Absprunghöhe. Über 5000 m werden Sauerstoffgeräte benötigt und der dafür erforderliche organisatorische Aufwand würde sicher den Spaß am Stern wieder zunichtemachen.

Auch das zu hohe Einfliegen endet stets ...

... im Chaos.

linke Seite:
Teddy-Stern

Akkordeon

Relativ am Abend

Stern aus Springer-Perspektive

27-Mann-Stern über Elsinore (Kalifornien)

Oben: Kanadisches T *Mitte: Diamant* *Unten: Murphy Flocke*

(oben) Raupe *(Mitte) Linie* *(unten) Schneeflocke*

Sequenz – Springen

Im Zusammenpuzzlen von Springerkörpern während des Freifalls sind der Phantasie keine Grenzen gesetzt, das auf den Seiten 133 bis 139 abgebildete Wettbewerbsprogramm beweist es. Die Entwicklung dieses Programms ist aber noch längst nicht abgeschlossen, insbesondere aus den USA kommen immer neue Varianten, dreidimensionale Formationen und Formationsfliegen ohne Körperkontakt (Griff) sind nur einige der aktuellsten davon. Beim Sequenz-Springen begnügt man sich nicht mit einer Formation pro Sprung, sondern wirbelt gleich eine ganze Folge davon — eben eine Sequenz — herunter. Damit es noch interessanter wird, springt man auch bestimmte Übergangsmanöver zwischen den Formationen.

Als Ausrüstung haben sich weitgehend Piggyback-Systeme (beide Fallschirme auf dem Rücken) durchgesetzt. Man spart Platz bei der Aufstellung in der Maschine, man ist beweglicher, kann besser bremsen und sich horizontal schneller bewegen. Außerdem erleichtert dieses System das Floaten und Höhehalten.

Die Kombinationen sollten bei allen Springern einer Mannschaft möglichst gleich sein. Unterschiede schaffen für einige Vor-, für die anderen jedoch Nachteile. Nach dem Trennen zur nächsten Formation fallen einige durch, andere „gehen in die Luft". Diese Unterschiede müssen vor der nächsten Formation erst beseitigt werden, Unruhe ist die Folge. Mannschaftliche Ausgeglichenheit auch in der Ausrüstung ist also ein erheblicher Vorteil.

Wichtig vor jedem Sprung ist ein intensives Bodentraining, es kann viele negative und kostenintensive Erfahrungen in der Luft vermeiden helfen. Mit voller Ausrüstung wird die Aufstellung in der Maschine geübt, solange bis jeder ganz genau seinen Platz und seine Haltung kennt.

Dann wird der Abgang mit Count-down geübt. Als Countdown eignet sich am besten eine Art „auf die Plätze — fertig los"-Kommando, besser als das häufig noch praktizierte „3-2-1-go" jedenfalls.

Für „auf die Plätze" reicht ein kurzer zweisilbiger Schlachtruf, der durch denjenigen ausgestoßen wird, den die meisten sehen oder hören können. Anschließend gehen alle mit dem „fertig" oder „ready" leicht in die Knie und dann beim „los" oder „go" mit Schwung zur Tür hinaus. Ein blitzartiger, geschlossener Abgang ist Voraussetzung für eine schnelle Ausgangsformation und ein präziser Count-down ist wiederum die Voraussetzung für einen gelungenen Abgang. „Gelinkte" Abgänge, also Abgänge bei denen die Springer schon beim Abgang durch Griffe verbunden sind, enden für ungeübte Springer meist im Chaos und bringen nichts ein. Für geübte Springer können sie bei bestimmten Ausgangspositionen im Wettbewerb vorteilhaft sein, sicher nicht bei allen.

Auch der weitere Sprung wird am Boden so lange durchgeübt, bis jeder seine Wege die er fliegen muß, seinen jeweiligen Platz in der Formation und die Art wie er greift, drillmäßig beherrscht. Der Erfolg oder Mißerfolg des Sprunges hängt hiervon in ganz entscheidendem Maße ab.

Dreier-Sequenz zu Viert aus Diamant, zusammengedrücktes Akkordeon und Ring.

Eine wichtige Rolle bei der Sequenz-Relativarbeit spielt die Koordination der Formationswechsel. Dies kann durch z. B. Schütteln oder Kopfnicken geschehen. Schütteln braucht Zeit, um durch eine Formation durchzukommen. Es kann auch falsch verstanden werden, als Nachgreifen eines Kameraden oder als ein hartes Andocken. Am besten eignet sich ein einmaliges, kurzes, fast ruckartiges Schütteln als Trennkommando. Nicken funktioniert nur, wenn sich die Springer gegenüberliegen oder seitlich sehen können, wenn sie sich umdrehen müssen besteht die Gefahr, daß sie sich aufstellen und rückwärts gleiten. Man kann auch Schütteln und Nicken kombinieren, um zu sicheren Ergebnissen zu kommen.
Eine andere Kommunikationsmöglichkeit ist, eine „Auslösehandlung“ abzusprechen, z. B. das Einfliegen des letzten Mannes. Dies müßte dann natürlich in einer Position sein, in der ihn alle sehen können.
Nach dem vereinbarten Zeichen trennen sich alle Springer, soll das Übergangsmanöver in Untergruppen geflogen werden, natürlich nur an den vorgesehenen Stellen. Danach wird zunächst die evtl. vorhandene Höhen- und Seitenstreuung ausgeglichen, dann erst wird die neue Formation aufgebaut.
Ein ganz wesentliches Element beim Sequenz-Springen ist das „momentenfreie“ Andocken. Es ist ein sauberes Geradeaus-Einfahren, das sich sowohl vorwärts wie rückwärts und seitwärts abspielen kann. Auf keinen Fall darf man die Formation benutzen, um ein eventuelles schräges Anfliegen abzufangen, weil man sie sonst zum Drehen bringt und das geplante Einfliegen der nachfolgenden Kameraden erschwert oder gar unmöglich macht. Erst muß man sauber in Position fliegen und dann „fingerspitzensanft“ andocken.
Formationen werden in beim Bodentraining (Briefing) genau festgelegter Reihenfolge aufgebaut, ein Wettrennen um die „besten Plätze“, wie bei Sternen manchmal üblich („Ich ging als 15. ab und war als 7. drin!“), findet nicht statt. Ohne freiwillige, aber hundertprozentige Disziplin ist Sequenz-Springen nicht möglich.

8. Kappen-Formationsspringen

Das Kappen-Formationsspringen kommt wie alles Neue im Fallschirmsport der letzten Jahre aus den USA. Ermöglicht wurde es erst durch die Entwicklung der Gleitfalllschirme.
Kenner behaupten, Kappen-Relativ zu lernen ist genauso, als wenn man Freifall-Relativ noch einmal lernt, nur in Zeitlupe. Genau die gleichen Elemente sind da: das Herabstossen von oben wie ein Raubvogel, das Fliegen ohne Kontakt, momentenfreies Anfahren, Vertikal- und Horizontalverschiebungen, Sequenzen und . . . Intensität.
Intensität — d. h. eine Möglichkeit, die Spannungskurve eines Fallschirmsprunges nach dem Freifall auf Höhe zu halten, einige Minuten mehr an „Adrenalin"-Zeit für's gleiche Geld zu haben.
Das Kappen-Relativspringen steht bei uns erst am Anfang, der Weg muß vorsichtig gegangen werden. Bevor man damit beginnt, sollte man unbedingt mit seinem Gleiter voll vertraut sein! Hat man zum Üben keinen schon im Kappen-Relativ erfahrenen Partner, kann man auch mit einem ungeübten Freund trainieren.
Obwohl das Kappen-Relativ normalerweise ein „Anhängsel" am Ende eines normalen Freifallsprunges ist, läßt es sich am besten lernen, wenn man es als einzige „Arbeit" bei einem Sprung wählt. Dann hat man die Möglichkeit, in wesentlich größerer Höhe zu ziehen. Das bringt mehr Zeit, man kann langsamer arbeiten und sicherer ist es auch, da man weniger Gefahr läuft, mit anderen nicht teilnehmenden Kappen zusammenzustoßen. Die Absetzmaschine darf nur nicht bald darauf wieder neu anfliegen und absetzen.
Geeignet ist ein Abgang mit etwa 3 Sekunden Abstand, der erste Springer verzögert die Öffnung 5 Sekunden, der zweite Springer zieht sofort. Zunächst werden beide Gleiter so nahe zusammengeflogen, daß beide Partner bequem miteinander sprechen können. Sie fliegen dann nebeneinander ohne Relativbewegungen zueinander. Tage mit starkem und böigem Wind sollten aber nicht zum Üben benutzt werden, die Beeinflussung der Kappen könnte zu gefährlichen Situationen führen.
Im Laufe des Nebeneinanderherfliegens wird automatisch eine Kappe zur „Ziel-Kappe", die andere zum „Angreifer". Besser ist es, diese Position vorher abzusprechen — wie im Freifall-Relativ. Das Planen und die Diskussion am Boden sollte für einen Kappen-Relativ-Sprung genauso umfangreich sein, wie für einen normalen Seqenzsprung.
Befinden sich beide Kappen auf der gleichen Höhe, oder gar der Angreifer tiefer als die Ziel-Kappe, sind Drehungen das beste Mittel für die Ziel-Kappe, nach unten zu kommen. Sie sollte sich dann so stabilisieren, daß der Angreifer seitlich und etwas höher vor ihr ist. Dann wird sie in eine etwa 50 %ige Bremse genommen und mit einer ganz langsamen Drehung auf den Angreifer eingedreht. Diese Technik ist vor vielen Jahren von Piloten als wirkungsvollste Rendezvous-Technik für zwei Flugzeuge herausgefunden worden, für friedliche und andere Zwecke. Sie ermöglicht beiden Kappen, sich mit gleicher Geschwindigkeit und gleicher Sinkgeschwindigkeit zu treffen.
Sowie die Zielkappe die Drehung beendet hat, darf sie kein weiteres Manöver tun, bis der Springer dazu vom Angreifer aufgefordert wird, denn dieser braucht einen stabilen, kalkulierbaren Bezugspunkt. Das Ziel muß solange stabil bleiben, bis der Angreifer angekoppelt ist und hört dann auf dessen Kommandos. Es gibt zwei Dinge zu denen er auffordern kann:
Wenn er eine größere Sinkgeschwindigkeit als das Ziel hat und zu tief kommt, wird er wahrscheinlich nicht wieder von alleine hochkommen. In diesem Fall — aber nur wenn er das Kommando dazu gibt — sollte das Ziel voll in den Stall gehen und sich wieder stabilisieren. Danach geht es wieder in die halbe Bremse.

Wenn er eine langsamere Sinkgeschwindigkeit hat und knapp über der Kappe manövriert, braucht er die Unterstützung des Ziels, das ihm entgegenkommen muß. Die Ziel-Kappe geht also auf Kommando von 50 % Bremse zu 75 % über und hält diesen Zustand. Das bringt sie aufwärts und ermöglicht dem Angreifer das Ankoppeln, wenn er richtig in Position ist.
Es ist schwierig von der unteren Kappe hoch zu sehen und ihre Relativgeschwindigkeit zum Angreifer einzuschätzen, deshalb sollte man keine unterstützenden Korrekturen zu siner Hilfe unternehmen, wenn er nicht darum gebeten hat. Sonst kann man ihm mehr schaden als nützen.
Wenn man einmal mehrere Kappen-Relativsprünge zusammen gemacht hat, ist man nicht mehr soviel auf eine Verständigung durch Zuruf angewiesen; man beginnt zu fühlen, was notwendig ist um die Formation aufzubauen und was nicht. Die Notwendigkeit von kleinen Korrekturen wird sehr schnell erkannt und die Kappen werden dann im gleichen Rhythmus zusammenfliegen . . . wie im Freifall.
Eine andere Möglichkeit ist eine Annäherung des unteren Springers an den oberen. Er kann seine Kappe genau unter die Füße seines Zieles steuern. Dem oberen Springer wird es dadurch recht leicht möglich, seine Füße in die offenen Zellen der unteren Kappe zu stecken, wenn diese leicht zu ihm „hochfloatet". Diese Methode ist auch einfacher für das Zusammenfliegen eines Dreier-Stapels; der dritte Mann fliegt von unten an den Zweier-Stapel heran.
Bei einem normalen Stapel fungiert die oberste Kappe als Kontrollkappe, sie steuert. Das bleibt auch so, wenn drei, vier oder mehr Kappen im Stapel fliegen. Alle Steuermanöver sollten sanft und nicht abrupt durchgeführt werden.
Mit einem Stapel zu landen ist sehr leicht. Der sicherste Weg besteht darin, in etwa 10 m Höhe zu trennen, besonders für Kappen-Relativanfänger. Wenn der Wind jedoch stabil ist, gibt es keinen Grund, den Stapel nicht bis zum Boden zu fliegen. Der obere Springer befreit seine Füße und bremst wie normal ab.
Man kann zwei Kappen wie eine auf einen bestimmten Zielpunkt zusteuern, aber als oberer Springer sollte man stets daran denken, daß unter einem noch der Freund hängt, der er wohl nicht mehr sein wird, wenn man ihn einmal in einen

Stacheldrahtzaun „hineingeritten“ hat. Da es schwierig ist, den Flare-Punkt für den unteren abzuschätzen, muß man runtersehen und seine Hände beobachten oder man läßt ihn „Flare!“ rufen. Wenn er ruft oder anfängt zu flaren, dann sofort Füße raus und frei machen. Tut man es nicht, sondern wartet bis zum eigenen Flare-Punkt, wird man ihn hilflos in den Boden treiben! Beginnt man andererseits zu früh mit dem Flaren, wird man sich einige Meter über dem Boden ohne Fahrt wiederfinden.
Bei einer sauberen Bodenannäherung können beide Partner eine stehende Landung machen — selbst bei windstillen Tagen — da man auch die zusätzliche Geschwindigkeit wegflaren kann. Der Schlüssel für gute Kappen-Relativarbeit ist ein guter Partner mit dem man alle Feinheiten intensiv trainieren kann.
Zum Abschluß noch einige weitere Hinweise für die Sicherheit:
Hat man bis zu einer Höhe, in der eine erfolgreiche Kappentrennung noch möglich ist, falls sich Probleme ergeben — also bis etwa 400 m — kein erfolgreiches Rendezvous durchgeführt und fliegt nicht gemeinsam stabil, sollte man von weiteren Versuchen bei diesem Sprung ganz absehen! Man sollte nie in einem Stapel mit seinen Steuerknebeln in die Nähe des Stall-Punktes oder gar darunter kommen. Es kann passieren, daß dann beide Kappen gleichzeitig in den Stall kommen — mit leicht auszumalenden Folgen.
Ein letzter Tip: für den Fall unprogrammierter Verwicklungen wird Kappen-Relativern empfohlen, stets ein Hakenmesser bei sich zu führen, mit dem man sich mit einem schnellen Schnitt aus solch mißlichen Lagen befreien kann.

Drei Beispiele für die Kappenannäherung

Rendevous # 1

Die Kappe des *Angreifers* A öffnet weiter von der Landezone entfernt als die *Ziel*-Kappe T. Diese fährt mit halber Bremse in Richtung auf A. T beginnt eine halbgebremste 180°-Drehung, um in die Fahrtrichtung von A zu kommen.
A dreht zur Innenseite der Drehung von T ein, wobei er seine Höhe mit der Steilheit der Drehung reguliert.

Rendevous # 2

A öffnet näher am vorgesehenen Landegebiet, als die *Ziel*-Kappe. Das ermöglicht T in voller Fahrt oder bis runter zur halben Bremse (das hängt vom Wind, Absetzen und Höhe ab) auf das Landegebiet zuzufahren.
A wartet jetzt mit dem Gesicht zur *Ziel*-Kappe darauf, daß sie tiefer kommt als er.
Wenn das Ziel sich unterhalb des *Angreifers* befindet, dreht dieser um 180°, um in die gleiche Richtung zu fahren. Seine Drehung wird steil oder flach sein, früher oder später ansetzen, dies alles richtet sich danach, wieviel Höhe er verlieren muß, um die *Ziel*-Kappe zu erreichen. Sie sollte so ausgeführt werden, daß er in dem Moment, in dem er T's Richtung erreicht, auch die günstigste Höhe für die Endannäherung hat.

Rendevous # 3

Es fliegen beide Kappen in fast gleicher Höhe. Das Problem dabei ist, daß keine Kappe einen *deutlichen Höhenvorteil* hat, ein Herunterdrehen auf ein Ziel ist nicht möglich.
Die Lösung ist einfach: beide Kappen fliegen genau aufeinander zu. Wenn sie etwa 25 — 30 Meter voneinander entfernt sind, drehen beide in Richtung auf das Landegebiet ein.
T steil, um Höhe zu verlieren, während der Angreifer flach dreht um seinen Höhenvorteil zu wahren. Wenn sie die Richtung auf das Landegebiet erreicht haben, beginnt A seine Endannäherung.

Rendezvous #1

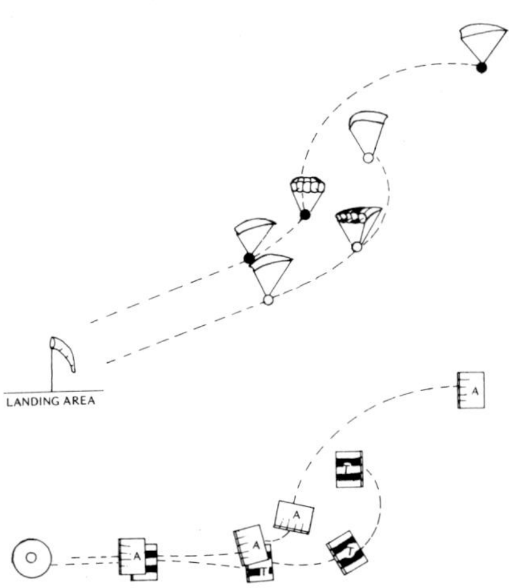

Rendezvous #2

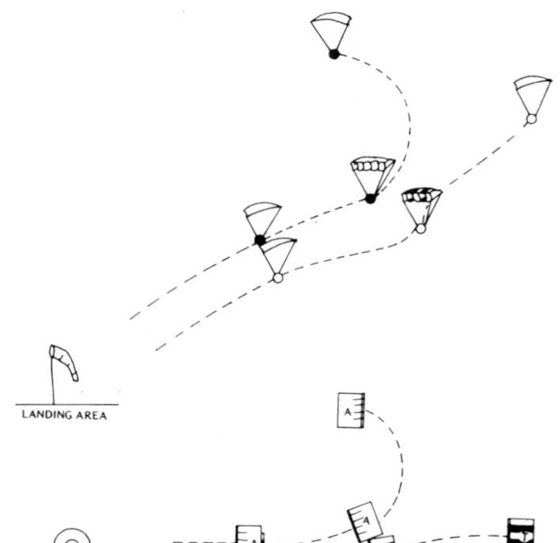

Rendezvous #3

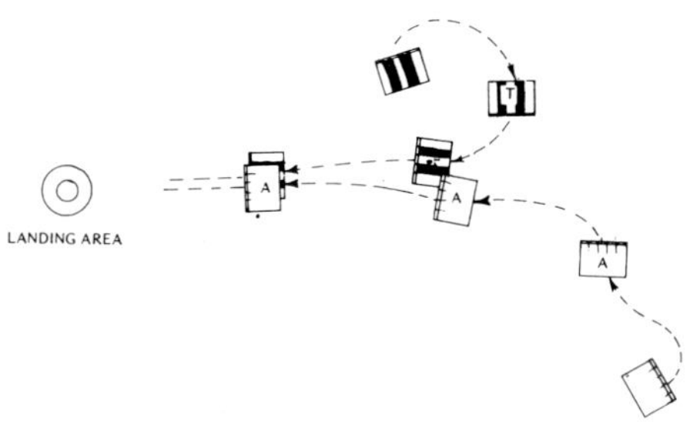

9. Wettbewerbe

Einzel- und Mannschaftszielspringen

Das Zielspringen war die erste Disziplin im Fallschirmsport. Es wurde ein Zielkreuz aus zwei Tuchstreifen ausgelegt, wer am dichtesten beim Kreuz landete, hatte gewonnen. Entfernungen in -zig Metern waren normal. Dann wurden die Schirme verbessert, hin und wieder kam auch schon ein Springer in die Mitte des Zielkreuzes. Daher legte man das Kreuz aus vier Streifen und ließ die Mitte frei, um besser messen zu können. Es dauerte nicht lange, und die Zielscheibe wurde geboren, zunächst mit einem Durchmesser von 15 cm, jetzt von 5 cm. Berührt der Springer sie mit irgend einem Körperteil, bevor er woanders den Boden berührt, ist das ein Nullsprung. Jeder Zentimeter, den sich diese erste Berührung vom Scheibenrand entfernt, bringt 0,01 Punkte. Nur Landungen innerhalb des 5-Meter-Kreises (5 Meter Radius) werden gemessen, d. h. der Springer kann für einen Zielsprung maximal 5,00 Punkte erhalten. Logischerweise gewinnt der Springer einen Wettbewerb, der die geringste Punktzahl oder Gesamtentfernung hat. Seit 1974 gibt es elektronische Zielscheiben. Sie wurden erstmals in der UdSSR entwickelt. Unbestechlich und zentimetergenau meldet sie das Sprung-Ergebnis in Bruchteilen einer Sekunde an eine Leuchtskala. Das Zielkreuz ist mittlerweile völlig verdrängt worden.

Die zulässige Windgeschwindigkeit für das Zielspringen beträgt 7 m/s. Sie wird in einer Höhe von mindestens 6 m gemessen. Der Wind in 300 m Höhe kann also durchaus stärker sein.

Grundsätzlich wird in einen Zielkreis gesprungen, der mindestens 10 m Radius haben soll. In der Mitte liegt ein kleinerer Kreis aus Sand oder Feinkies, der Rest ist etwas gröberer Wasch- oder Flußkies, der schön rollig sein muß. So sind selbst Landungen mit hoher Geschwindigkeit harmlos. Vor dem Beginn des Zielspringens muß wenigstens ein Winddrifter aus der vorgesehenen Öffnungshöhe über dem Zielkreis abgeworfen werden, den dann alle Springer vom Kreis aus beobachten. Er hat ungefähr die gleiche Sinkgeschwindigkeit wie die verwendeten Fallschirme und sein Landepunkt wird auf einem Luftbild markiert. Nach einer Unterbrechung eines Wettbewerbes von über 30 Minuten muß ein neuer Drifter geworfen werden. Meist folgt nach dem Winddrifter in einem neuen Anflug ein sogenannter Windspringer, aus dessen Weg zum Ziel die Wettbewerbsteilnehmer ebenfalls wertvolle Rückschlüsse ziehen können.

Als Absprunghöhe in einem Einzelzielsprungwettbewerb ist

eine Höhe von 800 m festgelegt, die aus meteorologischen Gründen jederzeit (auch in einem laufenden Durchgang!) auf 700 m heruntergesetzt werden kann. Die Absetzfrequenz liegt etwa bei einer Minute.
Da jedoch Einzelanflüge wegen der längeren Flugzeit relativ teuer sind, werden sie meist nur noch bei Meisterschaften praktiziert.
Teilnehmer an Weltmeisterschaften absolvieren zehn Sprünge, die alle gewertet werden. Trotzdem reichen diese oft nicht aus, um den Weltmeister zu ermitteln. Er muß sich dann den Titel durch ein Stechen erkämpfen!
Bei normalen Wettbewerben kombiniert man Mannschafts- und Einzelzielspringen. Der Sprung einer Mannschaft wird für die Mannschaftswertung herangezogen und die Ergebnisse jedes einzelnen Mannschaftsmitgliedes für die Einzelwertung. Im allgemeinen besteht eine Mannschaft aus vier Springern, in Ausnahmefällen auch nur aus drei, die Absetzhöhe ist 1000 m (sie kann bis auf 800 m heruntergesetzt werden, hier jedoch nur für ganze Durchgänge!). Da das Ziel nur einmal vorhanden ist, dürfen natürlich nicht alle vier Springer gleichzeitig dort ankommen, weil sie sich gegenseitig behindern würden. Man springt also in kurzen Zeitabständen beim gleichen Anflug ab und öffnet die Schirme so, daß eine gewisse Höhenstaffelung entsteht. Der erste Springer öffnet z. B. nach neun Sekunden, der zweite nach sechs, der dritte nach drei und der letzte öffnet sofort nach Verlassen der Maschine. Auch die Sinkgeschwindigkeit am Schirm (die sehr unterschiedlich sein kann!) spielt eine Rolle. Sinkt ein Springer schneller als sein vor ihm gesprungener Kamerad, kann er ihn trotz anfänglicher Staffelung einholen und zusammen mit ihm landen. Damit sind meist alle Chancen auf ein gutes Ergebnis dahin. Zur einwandfreien Einhaltung ihrer vor dem Sprung abgesprochenen Freifallzeiten benutzen die Springer ihre Stoppuhren, der Höhenmesser wäre zu ungenau.
Die Sprungreihenfolge bei den Zielsprüngen wird für den ersten Durchgang ausgelost, danach wird in der umgekehrten Reihenfolge der Platzierung gesprungen, d. h. der beste Teilnehmer springt als letzter.
Die allgemeinen Wettbewerbsbestimmungen für Ziel-, Stil-, Relativ- und Kappenrelativ-Wettbewerbe sind im Code Sportif, Sektion 5, (Fallschirmsport) des internationalen Luftsportverbandes (FAI) festgelegt, in der BRD gibt es zusätzlich die „Wettbewerbsordnung für Deutsche Meisterschaften" (WDM).

Jeder Zentimeter vom ersten Berührungspunkt zum Rand der Zielscheibe zählt, hier ein Volltreffer.

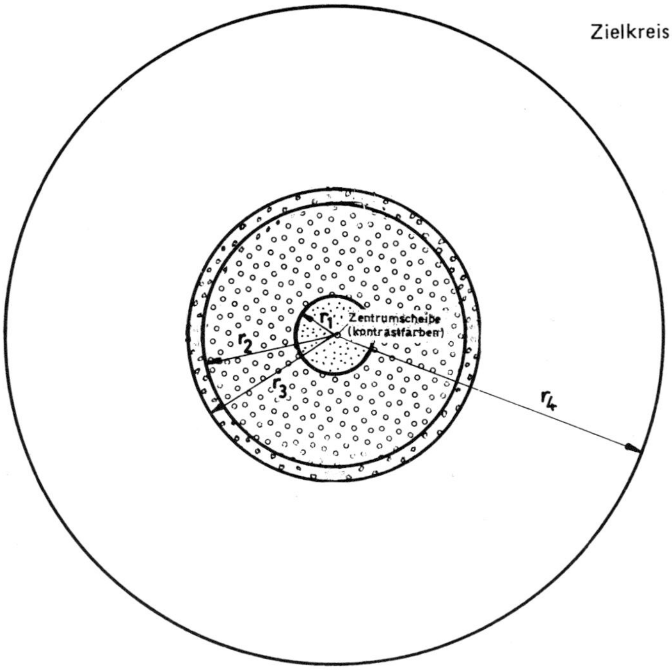

r_1 = 5 m deutlich markierter Kreis; $r_2 \geqslant 5$ m Feinkies; $r_3 \geqslant 10$ m; r_4 = 25 m deutlich markierter Kreis; r_2 bis r_3 muß rundlicher Kies sein.

Voller Einsatz für das Erreichen der Ziel- bzw. Nullscheibe.

Die elektronische Zielscheibe

Mannschaftszielsprung

ALMIRA
modne pletenine
modne pletenine

Stilspringen und Kombination

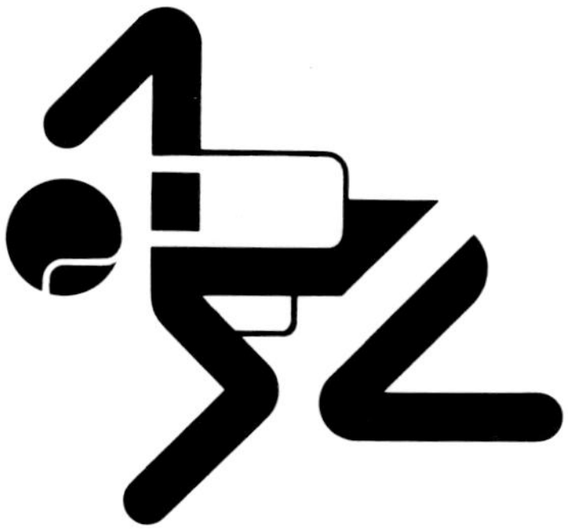

1. Programm

Drehung links
Drehung rechts
Salto rückwärts
Drehung links
Drehung rechts
Salto rückwärts

2. Programm

Drehung rechts
Drehung links
Salto rückwärts
Drehung rechts
Drehung links
Salto rückwärts

3. Programm

Drehung links
Drehung rechts
Salto rückwärts
Drehung rechts
Drehung links
Salto rückwärts

4. Programm

Drehung rechts
Drehung links
Salto rückwärts
Drehung links
Drehung rechts
Salto rückwärts

Oben links: In kritischen Windsituationen ist der Windmesser stets von Schiedsrichtern und Mannschaftsführern belagert.

Unten: Landung einer Mannschaft (der vierte Springer ist außerhalb des Bildes).

Das Stil- oder Figurenspringen ist eine Einzeldisziplin, die im Freifall durchgeführt wird. Ein Figurenprogramm besteht aus einer Serie von 360°-Drehungen und Rückwärtssalti. Es gibt verschiedene Programme (siehe links), die jeweils in den Wettbewerbsregeln angegeben werden. Die Entwicklung geht in Richtung Freistil-Programme, aber sie haben sich noch nicht durchgesetzt. Stil-Wettbewerbe sind allerdings sehr selten, da sie sehr zeit- und kostenaufwendig sind, durch die erforderlichen Einzelanflüge ergeben sich lange, teure Flugzeiten. Das Beobachten von Stilspringern ist faszinierend, für Zuschauer mit bloßem Auge jedoch kaum möglich.
Die Absprünge erfolgen aus 2000 m über Grund (mindestens 1800 m), das zu fliegende Programm ist vor dem Besteigen der Maschine bekannt. Angeflogen wird so, daß der Springer nach dem Verlassen der Maschine mit dem Kopf in Richtung Schiedsrichter liegt. Sie bleiben sein Orientierungspunkt während der gesamten Serie, während der sie ihn durch starke Video-Systeme beobachten. Frühestens nach 5 Sekunden Freifall darf der Springer mit dem Programm beginnen, fast alle lassen sich aber mehr Zeit. Sie versuchen zunächst, in kleiner Position ordentlich Fahrt aufzunehmen, denn mit stärkerer Luftanströmung kann man das Programm auch schneller fliegen.
Sowie der Springer mit seiner Serie beginnt, läuft auch die Zeit bei den Schiedsrichtern. Sie endet, wenn er den letzten Salto beeendet oder die Horizontale passiert. Außerdem bewerten die Schiedsrichter die Exaktheit der Figuren. Ist z. B. eine Drehung nicht geschlossen, sondern nur 0-15° unterdreht, gibt es 0,2 Strafsekunden, von 16-45° 0,6, von 46-90° 1,5 und über 90° 16 Strafsekunden. Mehr als 16 Sekunden kann er nie bekommen, auch nicht, wenn die Summe aus Stil- und Strafzeit mehr ergeben würde. Fliegt er ein falsches Programm, erhält er ebenfalls 16 Sekunden. Der Weltrekord liegt bei unter 6 Sekunden für eine Serie.
Diese enormen Leistungen der Springer erfordern natürlich auch Spitzenleistungen von Schiedsrichtern. Sie beobachten den Sprung einmal in normaler Geschwindigkeit und einmal in Zeitlupe, dann muß ihr Urteil sitzen. Um eine möglichst gerechte Wertung zu erreichen, werden nur die drei mittleren Zeiten von insgesamt sieben genommen und ermittelt, Extremzeiten fallen also weg.
Die Wertung für die Kombination aus dem Ziel- und dem Stilspringen ergibt sich aus den Platzziffern. Ein zweiter und dritter Platz ergibt z. B. 2 + 3 = 5 Punkte. Der Springer mit der geringsten Punktzahl ist der Sieger.

Oben u. unten: Ein Weltmeister in idealer Stilausgangsposition.

Unten: Kein Weltmeister — aber eine recht gute Haltung beim Rückwärtssalto.

Der Springer hat sein Stil-Programm beendet. Die Zeit ist oben rechts im Bildschirm eingeblendet.

Formationsspringen

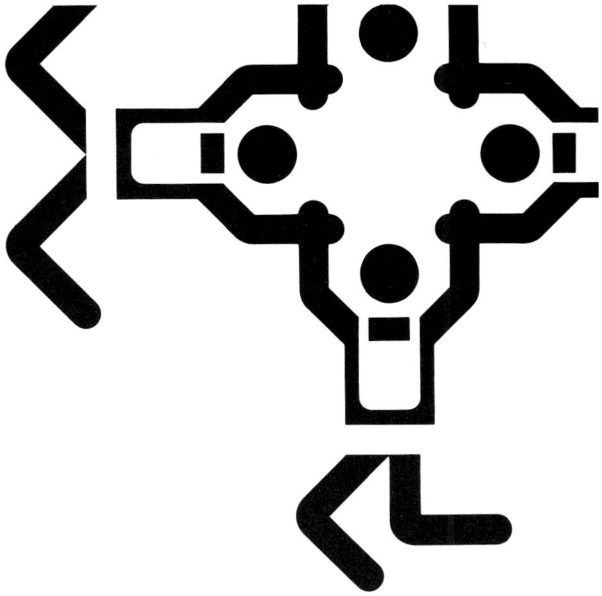

Rechts: Stern, Diamant, Treppenstufe, Kanadisches T, Ring; eine Sequenz mal anders gesehen.

Aus der explosionsartigen Entwicklung des Formationsspringens zu Beginn der Siebziger Jahre zog die Internationale Fallschirmsport-Kommission (CIP) schnell die Konsequenzen und beschloß, 1975 die erste Formations-WM durchzuführen. Da die „klassischen" (Ziel- und Stil-) WM in geraden Jahren stattfinden, wurden die Formations-WM auf die ungeraden Jahre gelegt. Beide zusammen können wegen der Vielzahl der Springer nicht durchgeführt werden. Warendorf in der Bundesrepublik Deutschland war der erste Austragungsort. Damals gab es eine Zehner- und eine Vierer-Disziplin. Seit der 2. WM 1977 (Gatton, Australien) gibt es Achter und Vierer, das derzeitige Programm ist auf den nachfolgenden Seiten abgedruckt. Auf den ersten Blick erscheint es reichlich kompliziert, in der Praxis ist es aber nur halb so schlimm.

Zehn Sprünge werden pro Disziplin auf der WM gemacht. Die zu springenden Sequenzen werden aus einzelnen Formationen und „Blocks" ausgelost. Spätestens zwei Stunden vor Beginn des ersten Durchgangs muß das Programm bekannt sein.

Die „Blocks" bestehen aus einer Formation, einem vorgeschriebenen Übergangsmanöver und einer weiteren Formation. Die ausgelosten Sequenzen bestehen also mindestens aus 5, maximal aus 6 Formationen. Theoretisch können sie nur aus Einzelformationen mit freiem Übergang oder aber aus drei Blocks bestehen, meistens sind sie jedoch gemischt.

Die Wertung ist einfach: für jede korrekt und in der richtigen Reihenfolge gesprungene Formation gibt es einen Punkt. Die vorgeschriebene Arbeitszeit beträgt für die Vierer 35 Sekunden (2750 m Absetzhöhe), für die Achter 50 Sekunden (3300 m Absetzhöhe). Hat eine Mannschaft eine Sequenz vorher beendet kann sie wieder von vorn anfangen und weitere Punkte sammeln. Nach Ablauf der Arbeitszeit stoppt die Wertung automatisch, auch wenn noch weitere Formationen geflogen werden.

Eine falsche Formation oder ein falsches Zwischenmanöver stoppt die Wertung für diese und die nächsten zwei Formationen. Die Mannschaft muß mit der zuletzt korrekt gesprungenen Formation wieder anfangen, will sie volle Punkte erhalten.

Murphy-Stern

Zehner-Stern bei der Einweihung der wieder aufgebauten London-Bridge in Kalifornien.

Vierer – Block Sequenzen

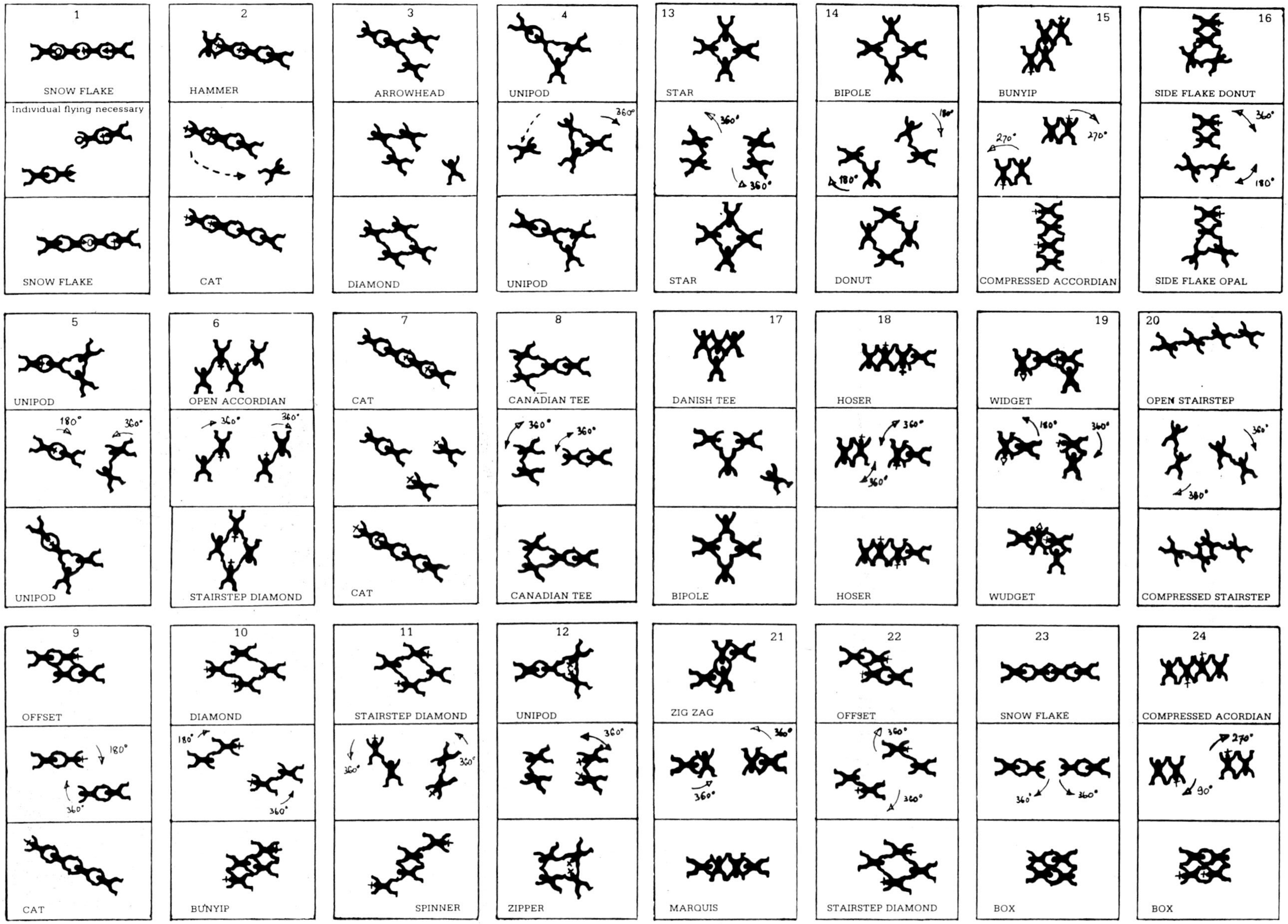

Vierer – Freie Formationen

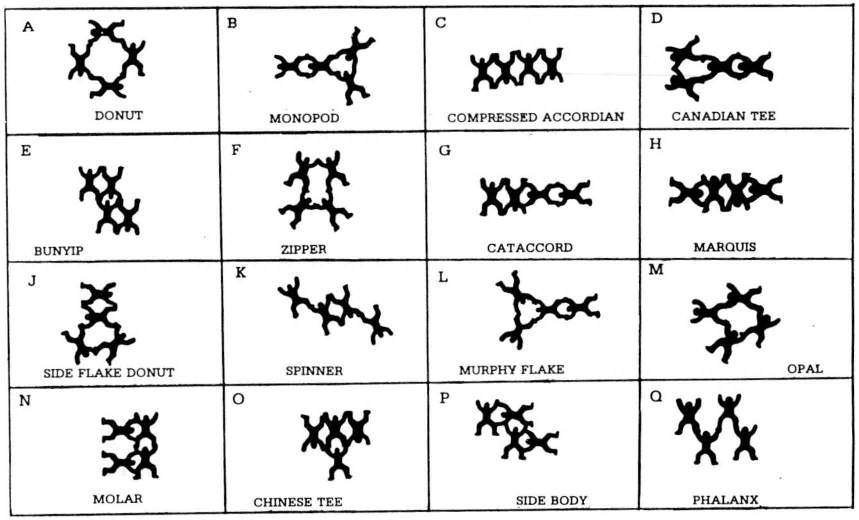

Achter – Freie Formationen

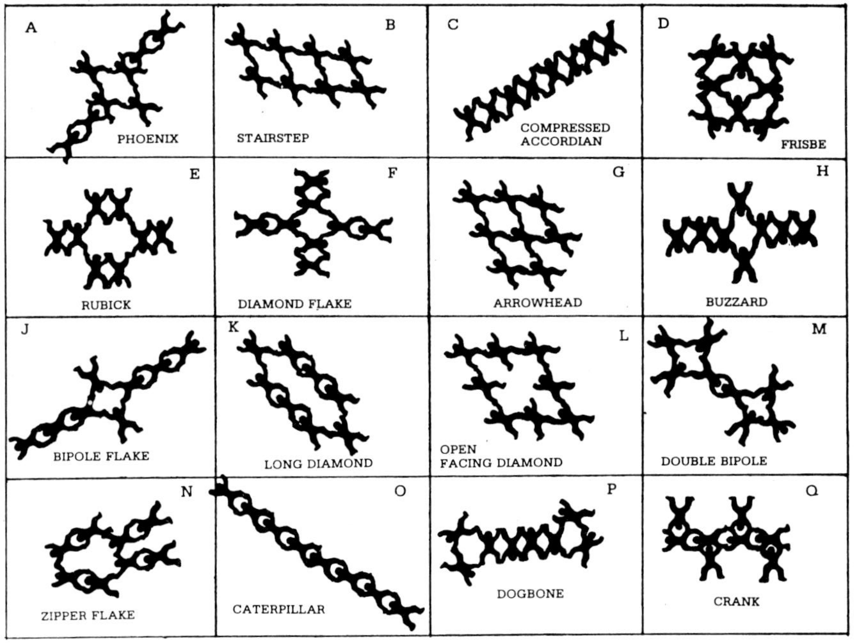

Achter – Block Sequenzen

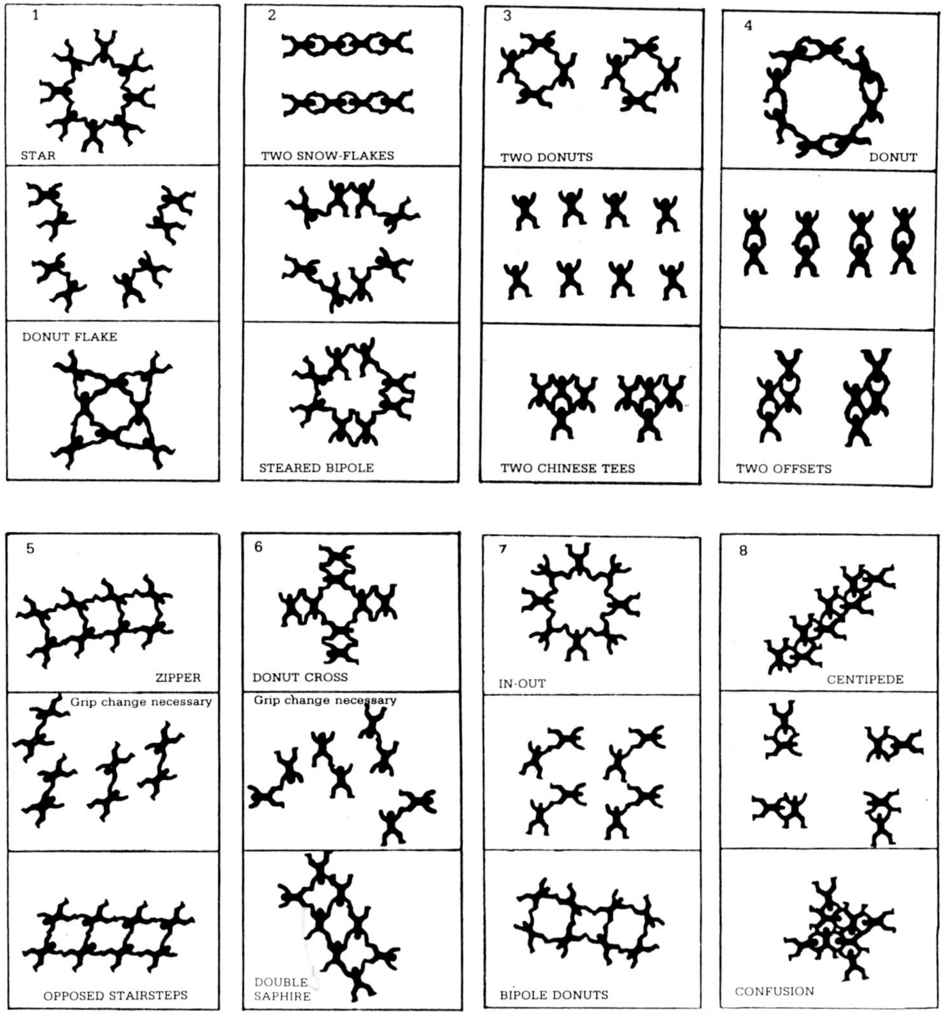

Achter – Block Sequenzen

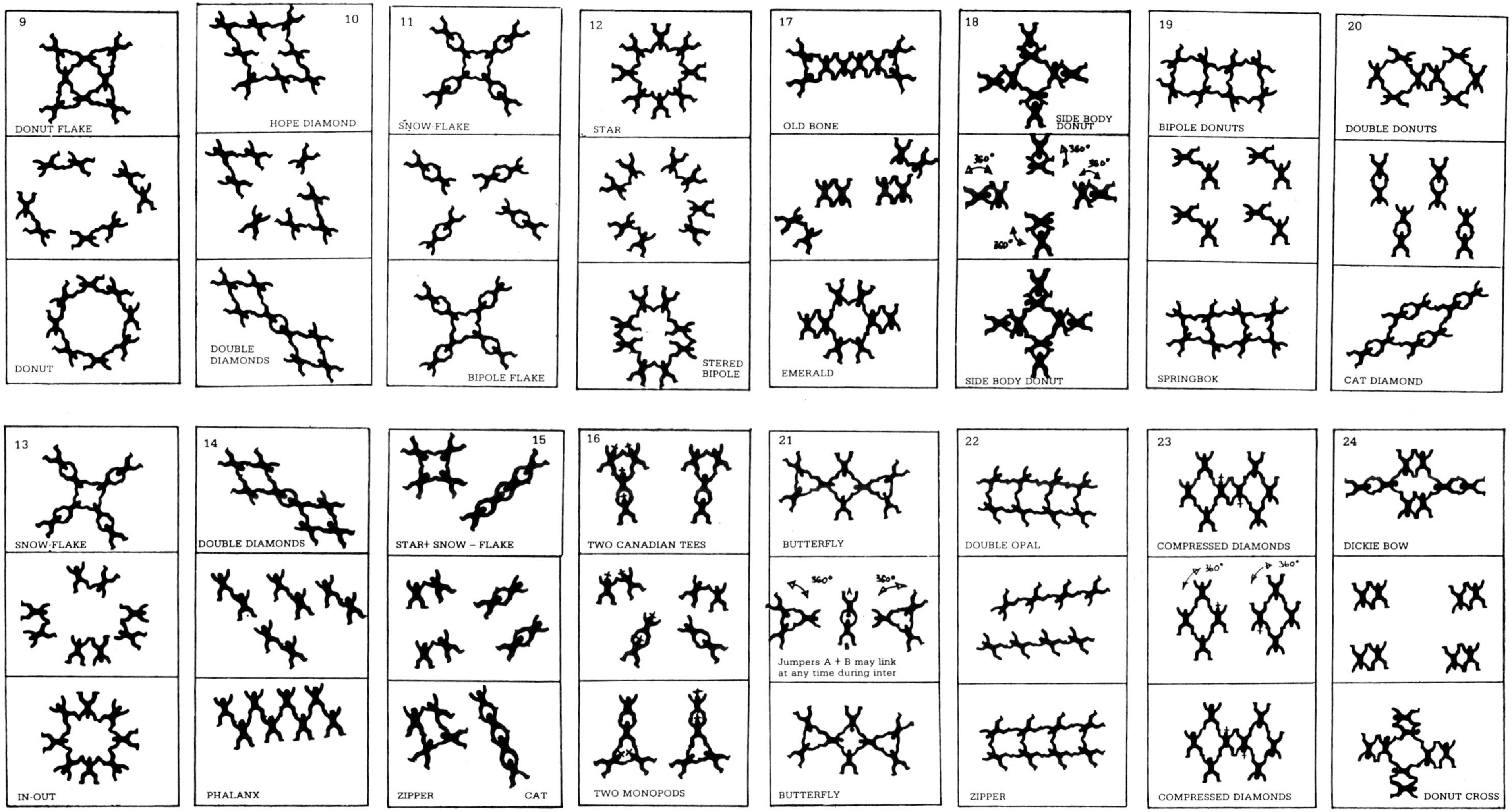

Kappen-Formationsspringen

Das Kappen-Formationsspringen ist die jüngste Disziplin im Fallschirmsport. Nach mehreren erfolgreichen Weltcups wird 1986 in Australien die erste offizielle Weltmeisterschaft durchgeführt.
Wie beim Freifall-Formationsspringen gibt es auch beim Kappen-Formationsspringen eine Vierer- und eine Achter-Disziplin. Beim Achter besteht die Wettbewerbsleistung aus einer Achter-Kappenformation nach Zeit. Die Absetzhöhe beträgt 1500 m, die Arbeitszeit 100 Sekunden. Da es für jeden Springer in der Formation einen Punkt gibt, zählen nicht nur die „vollen" Achter in der Arbeitszeit, sondern auch der „teilfertige" letzte Achter bis zur letzten Sekunde.
Im Vierer gibt es zwei unterschiedliche Disziplinen: die Vierer-Rotation und die Vierer-Sequenz. Bei der Vierer-Rotation wird aus 2200 m Höhe abgesprungen und zunächst eine Vierer-Kappenform aufgebaut. Dann löst sich der oberste Springer aus der Formation und versucht, sich möglichst schnell wieder unten in die Formation einzugliedern. Sobald das geschehen ist, darf sich der nächste Springer oben lösen usw. Für jede korrekte Vierer-Formation innerhalb der Arbeitszeit von 180 Sekunden erhält die Mannschaft einen Punkt. Eine Formation, bei der ein Springer gerade von oben nach unten „unterwegs" ist zählt also nicht mehr.
Bei den Vierer-Sequenzen wird aus 2500 m Höhe gesprungen und es steht eine Arbeitszeit von 240 Sekunden zur Verfügung. In dieser Zeit müssen die Mannschaften fleißig Punkte sammeln, in dem sie möglichst viele der Formationen aus den ausgelosten Sequenzen springen. Jede Formation bringt einen Punkt. Die Sequenzen bestehen aus sogenannten „festen" Sequenzen und aus „freien" Sequenzen, die aus einzelnen Formationen per Los zusammengestellt werden (siehe nachfolgende Abbildungen).
Neben diesen WM-Disziplinen, die gleichzeitig auch Weltrekord-Kategorien sind, ist für Kappen-Formationsspringer eine weitere Leistung das Ziel ihrer Wünsche: die größte Kappen-Formation überhaupt, ebenfalls eine Weltrekord-Leistung. Das nebenstehende Bild zeigt eine 22er Kappenformation französischer Springer, die 1985 kurzzeitig einen Weltrekord darstellte (Foto: J. Proust).

Feste Sequenzen

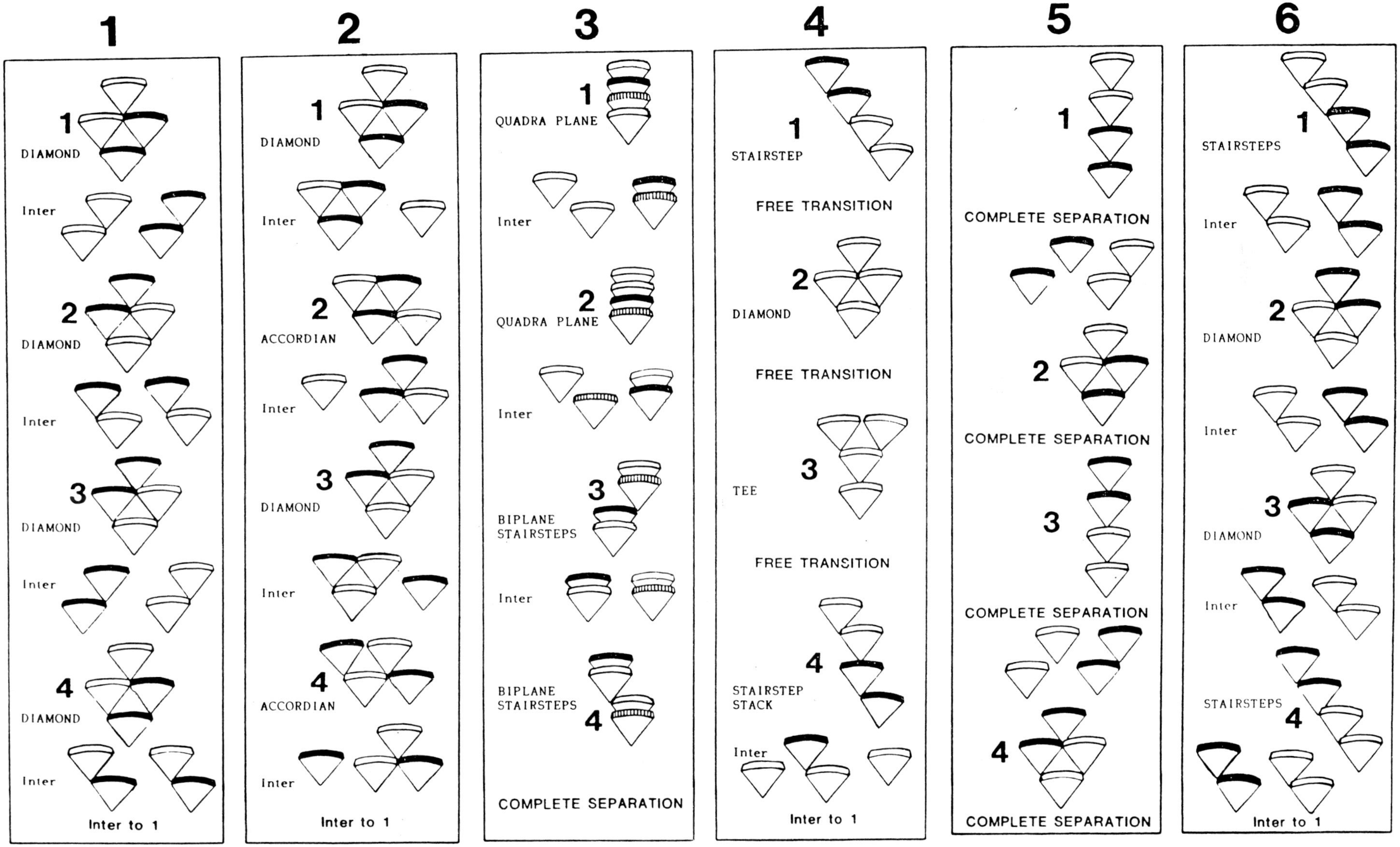

Feste Sequenzen

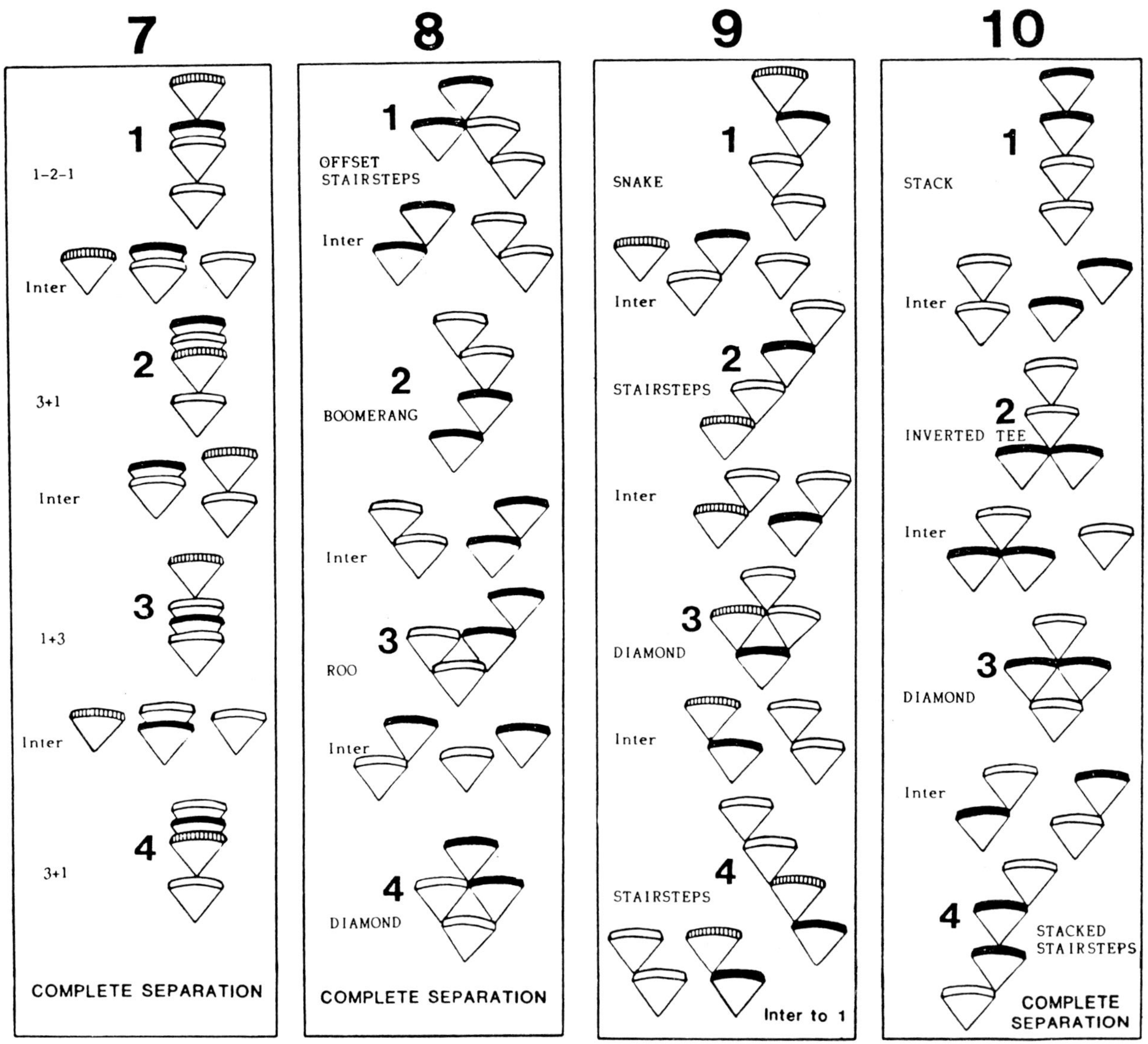

Freie Formationen

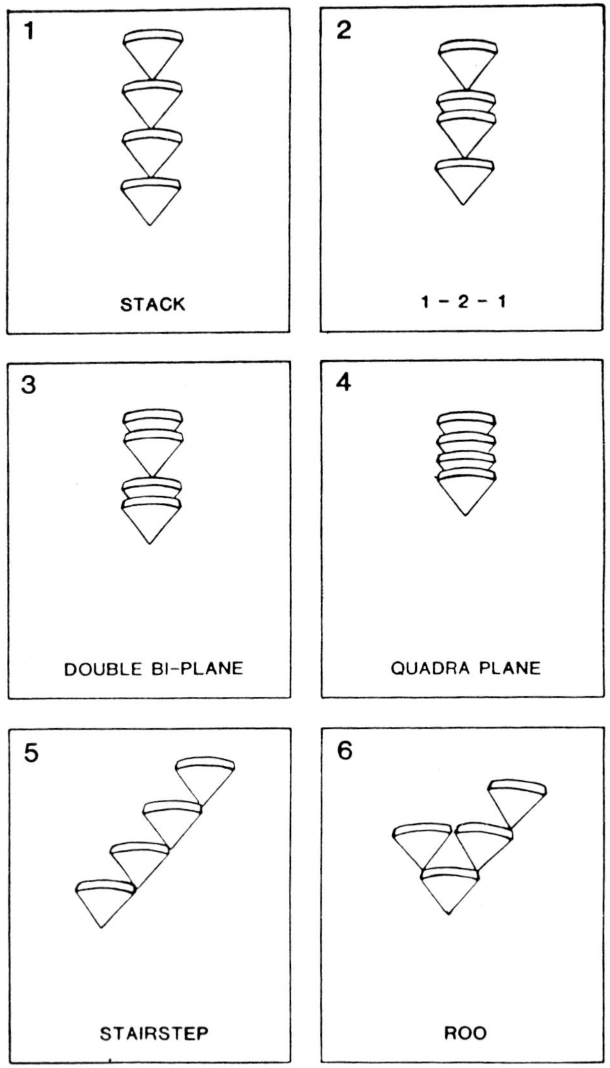

Freie Formationen

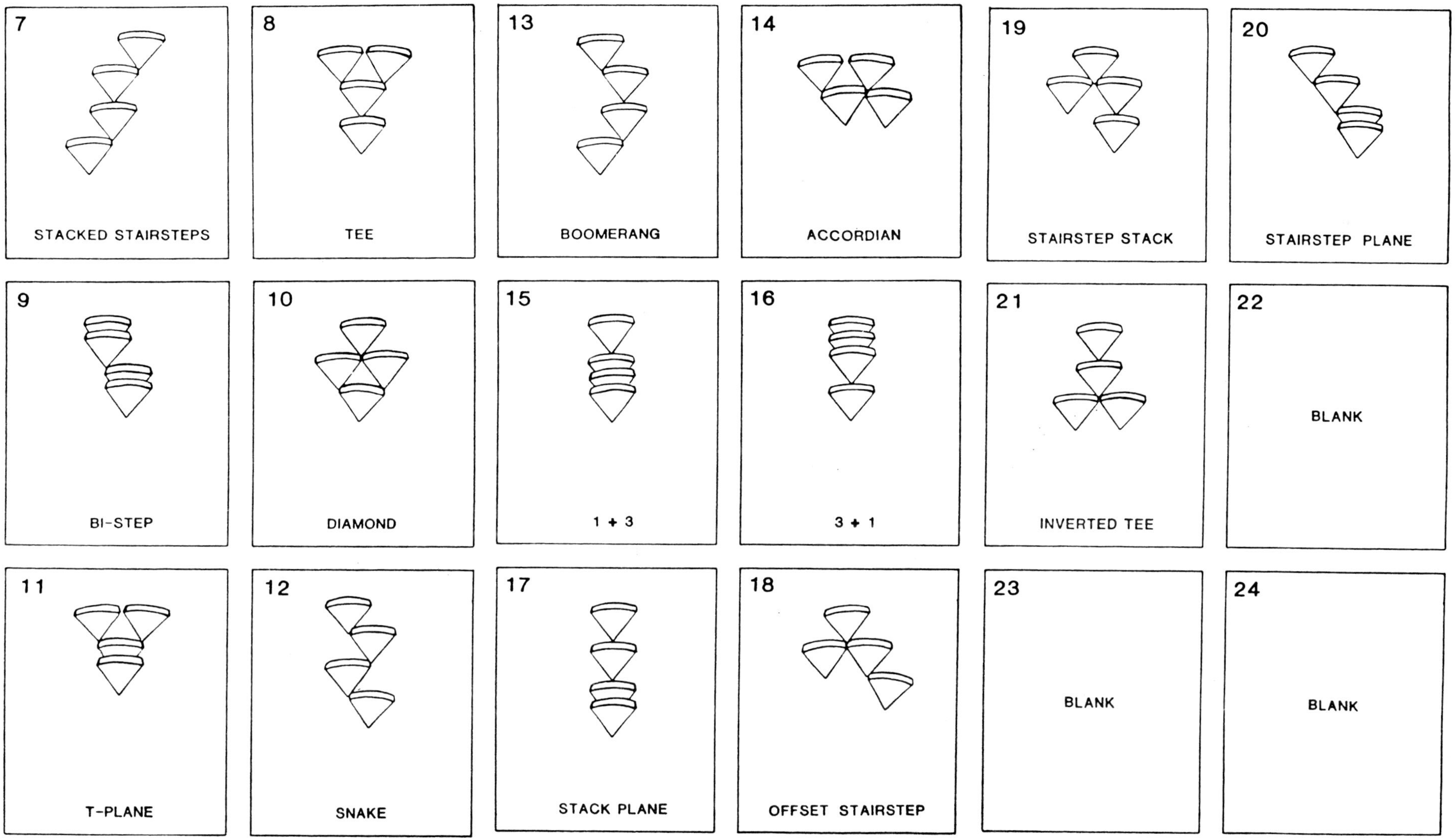

Fallschirm und Ski

Aufgrund des meist ungünstigen Wetters ist in vielen Vereinen im Winter tote Saison. Wer jedoch einmal das Glück hatte, bei strahlendem Sonnenschein über einer verschneiten Landschaft am Schirm zu hängen, weiß,daß es eine herrliche Sache ist, besonders in den Bergen. Schon früh wurde daher die Idee geboren, Kombinationswettbewerbe aus Zielspringen und Skifahren durchzuführen. Seit 1965 wurde jährlich unter Beteiligung aller Alpenländer ein Para-Ski-Cup ausgetragen, der 1973 zum Para-Ski-Weltcup erweitert wurde. Auch auf nationaler und regionaler Ebene werden regelmäßig Fallschirm-Ski-Wettbewerbe organisiert. Der zunehmenden Attraktion des Fallschirm-Ski-Sports hat die CIP 1985 Rechnung getragen und beschlossen, ab 1987 alle zwei Jahre Weltmeisterschaften auszutragen. Erster Veranstalter ist der Olympiaort Sarajewo.

Das Springen in den Bergen — noch dazu in größeren Höhen — ist nicht so ganz einfach, da der Springer außer mit der geringeren Luftdichte und der deswegen größeren und ungewohnten Sinkgeschwindigkeit auch mit größerer Kälte und oft mit äußerst trickreichen Windverhältnissen zu kämpfen hat. Besonders schwierig wird es darüber hinaus, wenn der Zielkreis an einem Schräghang liegt. Kommt man von oben, schießt man leicht über die Zielscheibe hinaus, versucht man es von unten, läuft man Gefahr zu „verhungern". Am besten ist eine Annäherung parallel zum Hang, aber nicht immer paßt auch die Windrichtung dazu.

Fallschirm ... und Ski

Hochgebirgssprung am Schräghang, eine Aufgabe für Könner.

Eröffnung der Winterolympiade 1976 in Innsbruck mit lebenden olympischen Ringen.

Fallschirmsport als olympischer Sport?

Fallschirmsport bei Olympischen Spielen hat es bisher schon dreimal gegeben, immer aber als Randerscheinung. 1968 sprangen fünf französische Fallschirmsportler zur Eröffnung der Olympischen Winterspiele in Grenoble genau in die im Stadion ausgelegten Olympischen Ringe.

1972 sprangen sechs Kieler Fallschirmsportler zur Eröffnung der Segelwettbewerbe in Kiel auf eine in der Kieler Förde verankerte schwimmende Insel.

1976 gab das Formationsspringen seinen Einstand. Über Innsbruck bildeten neun Springer lebende olympische Ringe in 2000 m Höhe. Die Formation wurde am Tag vor der Eröffnung gesprungen, jedoch als Film in die Übertragung der Eröffnung eingeblendet und so weltweit einem Millionen-Publikum präsentiert.

Seit Anfang 1984 bemühte sich der Fallschirmsport intensiv um seine Anerkennung als olympischer Sport. Ende 1985 wurden diese Bemühungen von Erfolg gekrönt: erstmalig in seiner Geschichte wurde der Fallschirmsport vom Internationalen Olympischen Kommitee (IOC) als olympisch anerkannt. Dies eröffnet ihm zunächst die Möglichkeit, frühestens bei der Olympiade 1992 als Vorführsport (wie z. B. 1984 in Los Angeles Tennis) ins Programm genommen zu werden und später vielleicht auch als offizielle Olympia-Disziplin. Vergleichen mit anderen olympischen Disziplinen (z. B. Turmspringen-Stilspringen, Segeln-Zielspringen) hält der Fallschirmsport mühelos stand. Der organisatorische Mehraufwand wäre – abgesehen von der Unterbringung zusätzlicher Teilnehmer – gering. Es müssen nicht Millionen für ein Stadion ausgegeben werden; knappe zehntausend Mark für einen Zielkreis sind ausreichend. Außerdem müßten vier Hubschrauber zur Verfügung stehen. Das wäre alles.

Eröffnung der Winterolympiade 1968 in Grenoble durch Sprünge in die olympischen Ringe.

10. Schiedsrichtertätigkeit

Wie in allen Sportarten, benötigt man auch im Fallschirmsport Schiedsrichter, um Wettbewerbe korrekt und fair zu bewerten, und wie auch in den anderen Sportarten ist diese Tätigkeit nicht so ganz einfach. Beim Zielspringen entscheiden mindestens drei Schiedsrichter über den ersten Berührungspunkt am Boden; sie beobachten den Springer von verschiedenen Seiten. Jeder hält einen Stecker mit der Spitze am von ihm gesehenen Berührungspunkt flach auf den Boden. An der Stelle, über die mindestens zwei Schiedsrichter in der Beurteilung als Berührungspunkt übereinstimmen, wird ein Stecker gesteckt und von ihm bis zum Rand der Zielscheibe die Entfernung auf den Zentimeter genau gemessen. Auf Weltmeisterschaften werden seit 1974 automatisch registrierende, elektronische Zielscheiben eingesetzt. Zu den Aufgaben der Schiedsrichter gehört ferner das Stoppen der Sinkzeit am geöffneten Schirm, falls ein Springer tief zieht, die Kontrolle der Windgeschwindigkeit und die Entscheidung über Wiederholungssprünge in bestimmten Fällen.

Während das Stilprogramm eines Springers abläuft, diktiert der Schiedsrichter die beobachteten Fehler sofort.

Noch schwieriger wird die Arbeit der Schiedsrichter beim Stilspringen. Es gehört viel Routine und eine ungeheuere Konzentration dazu, sechs Figuren, die in wenigen Sekunden vorgeführt werden, korrekt zu beurteilen. Hinzu kommt, daß der Schiedsrichter die Programme „verkehrt" sieht. Macht der Springer z. B. eine Rechtsdrehung, dreht er vom Schiedsrichter aus gesehen nach links. Mindestens fünf Schiedsrichter müssen einen Wettbewerbsstilsprung beobachten, auf einer Weltmeisterschaft sogar mindestens sieben. Die offizielle Zeit für das Stilsprogramm ist jeweils das Mittel aus den drei mittleren Zeiten, die anderen Zeiten entfallen. Auch Strafzeiten gibt es nur, wenn die Mehrheit der Schiedsrichter sie notiert hat. Videokameras erleichtern die Arbeit der Schiedsrichter auf Weltmeisterschaften. Neben einer Beobachtung in Normalgeschwindigkeit wird der Sprung auch einmal in Zeitlupe vorgeführt, dann muß ihr Urteil stehen.

Eine Video-Kamera ist eine wertvolle Unterstützung für Stil- und Formationsschiedsrichter.

Formationsschiedsrichter dürfen mehrere Bandwiederholungen fordern, um die geforderten Sequenzen wirklich sauber beurteilen zu können. Auf Weltmeisterschaften sehen sie überhaupt nicht mehr durch Telemeter, sondern nur noch auf einen Fernsehschirm.

40-Mann-Box über Tahlequah (Oklahoma), einige Griffe fehlen allerdings.

11. Rekorde

Insgesamt können in sieben Klassen 34 verschiedene Welt- bzw. auch nationale Rekorde gesprungen werden. Da die neuesten Rekordbestimmungen erst 1986 in Kraft treten, sind noch nicht alle Weltrekorde aufgestellt.
Für Einzelsprünge gibt es drei verschiedene Klassen: Höhensprünge, Zielsprünge und Stilsprünge. Bei den Mannschaftssprüngen treten anstelle der Stilsprünge Formations-(Relativ-) Sprünge, außerdem kommen Kappen-Formationssprünge hinzu. Die Mannschaftsstärke kann vier oder acht Personen betragen. Es werden zwei Rekord-Kategorien geführt: die beste absolute Leistung (Frauen und Männer) und die beste Leistung bei Frauen. Beim Zielspringen wird zusätzlich eine Unterscheidung nach Tag und Nacht gemacht.
Als Rekordleistung bei Höhensprüngen gilt die Freifallstrecke, bei Mannschaften das Mittel der Freifallstrecken aller Mannschaftsmitglieder. Interessant ist, daß der von E. Andrejew gehaltene Höhenrekord von dem Amerikaner Joseph W. Kittinger schon vorher 30,84 km aufgestellt war, jedoch wegen der Benutzung eines Stabilisierungsfallschirms nicht anerkannt wurde. Seine Freifallzeit betrug 4 Minuten 37 Sekunden.

Rekordleistung bei Zielsprüngen ist die Zahl der aufeinanderfolgenden Nullsprünge und die Entfernung des ersten Sprunges, der kein Nullsprung mehr ist.
Bei Mannschaftssprüngen zählt die Zahl der aufeinanderfolgenden Nullsprünge der gesamten Mannschaft und die Gesamtentfernung des ersten Sprunges, der kein Nullsprung mehr ist.

Beim Zielspringen werden nur die auf einer elektronischen Zielscheibe ersprungenen Rekorde anerkannt.

Für Stil-Rekorde gilt die Zeit, die für eine Serie von Figuren gestoppt wird, als Rekordleistung. Es werden nur Sprünge ohne Strafzeiten berücksichtigt.
Beim Kappen-Formationsspringen gibt es zwei Vierer-Rekorde (Rotation und längste Sequenz), einen Achter-Rekord (schnellster Achter) und die größte Formation (Zahl der Personen in der Formation).
Bei den Formationssprüngen gibt es zwei verschiedene Rekorde: die größte Formation (Zahl der Personen in der Formation) und die längste Sequenz (Zahl der Formationen in der Sequenz).

Eine Zusammenstellung der gültigen Weltrekorde befindet sich am Schluß des Buches.

12. Leistungsabzeichen

Das maßgebliche Gremium des Internationalen Luftsportverbandes (FAI), die Internationale Fallschirmsport-Kommission (CIP), in der jede Nation durch einen Delegierten vertreten ist, hat die Mindestbedingungen für Internationale Leistungsabzeichen festgelegt. Es gibt sie in 7 Stufen:
A; B; C (Silbernes Abzeichen); D (Goldenes Abzeichen);
E (Goldenes Abzeichen mit 1 Diamanten);
F (Goldenes Abzeichen mit 2 Diamanten);
G (Goldenes Abzeichen mit 3 Diamanten).

Die entsprechenden Sprünge müssen von Sportzeugen oder Schiedsrichtern bestätigt werden. Sportzeugen sind in etwa Schiedsrichter, nur ist die Ausbildung nicht so umfangreich, sie üben in den Vereinen eine ehrenamtliche Funktion aus.

Erklärungen:

A—D: Der Springer muß alle in den Spalten 2—4 aufgeführten Leistungen erbringen. Die Zahl der geforderten Zielsprünge beträgt 5 (für A) bzw. 10 (B—D).

E—G: Der Springer muß alle in den Spalten 2 und 3 aufgeführten Leistungen erbringen. Zusätzlich hierzu muß er aus den Spalten 4 bis 9 drei auswählen, deren Leistungen er erfüllen muß. Entweder Stil oder Formation müssen unter seiner Wahl sein. Die Stilzeiten beinhalten alle gegebenen Strafzeiten. Die Anforderungen beim Formationsspringen sind: Einfliegen in eine Formation als Vierter, Sechster oder Achter oder, stattdessen, eine Vierer-Sequenz mit zwei Formationen (F) oder drei Formationen (G) zu fliegen. Bei Wassersprüngen ist die angegebene Zeit in Sekunden die Zeit von dem Moment an, in dem die Füße das Wasser berühren bis zu dem Moment, in dem der Springer das Ziel berührt. Dies muß bei mindestens 5 Sprüngen erfüllt sein.
Bei Nachtsprüngen muß der Springer bei 5 Sprüngen eine Zielentfernung erreichen, die geringer ist, als die aufgeführte.
Einfliegen in eine Formation als Vierter, Sechster oder Achter oder, stattdessen, eine Vierer-Sequenz mit zwei Formationen (F) oder drei Formationen (G) zu fliegen.

1	2	3	4	5	6	7	8	9
Leistungsabzeichen	Sprünge Total	Sprünge mit Verz. [s]	Ziel [m]	Stil [s]	Formation Form./Seq.	Kappen-Formation	Wasser [s]	Nacht [m]
A	10	–	50	–	–	–	–	–
B	25	10 mit 10	25	–	–	–	–	–
C	50	10 mit 15	10	–	–	–	–	–
D	100	10 mit 20	5	–	–	–	–	–
			3 Sprünge aus jeder gewählten Gruppe				5 Sprünge	
E	200	10 mit 30	3	14	4. –	4.	30	10
F	300	5 mit 40	1	12	6./2	6.	15	5
G	500	5 mit 60	0	10	8./3	8.	5	1

13. Medizinisch-Psychologische Aspekte

Aus der Sicht der Sportmedizin birgt das Fallschirmspringen verschiedene Aspekte von besonderem Interesse.

Früher herrschte — wie bereits erwähnt — die Ansicht vor, der Mensch könne den Freifall gar nicht überstehen, ohne bewußtlos zu werden. Daß dies nicht der Fall ist, sondern daß man in dieser Phase seinen Körper völlig unter Kontrolle haben kann, sogar schwierige Manöver allein und zu mehreren durchführen kann, beweist die Praxis. Sämtliche Steuerungsorgane des menschlichen Organismus, insbesondere das Gleichgewichtsorgan, sind also auch dieser doch sehr unphysiologischen Stituation gewachsen.
Erstaunlich ist auch, wie gut der Organismus eine weitere starke Belastung während des Sprunges, nämlich den Öffnungsstoß des Fallschirms verträgt. Der fallende Körper wird dabei innerhalb von etwa zwei Sekunden von ca. 200 km/h auf weniger als 20 km/h abgebremst. Hierbei kommt es zu einer gewaltigen Belastung der Wirbelsäule. Trotzdem hat man in einer in Frankreich durchgeführten Untersuchung an einem größeren Kollektiv von Springern mit durchschnittlich ca. 2000 Sprüngen festgestellt, daß es zu keinen nennenswerten Wirbelsäulenveränderungen gekommen ist.

Die Situation mit dem größten Verletzungsrisiko beim Fallschirmsprung stellt die Landung dar. Typische Verletzungen sind Prellungen, Verstauchungen und Frakturen. Besonders gefährdet sind die unteren Extremitäten und die Wirbelsäule.

Ein besonderes medizinisches Problem bringen Höhensprünge mit sich, d. h. Sprünge aus Höhen über 5000 m NN. Da in diesen Höhen der Sauerstoffgehalt stark abnimmt, droht die Gefahr der sogenannten Hypoxie. Springer, die aus diesen großen Höhen springen wollen, müssen sich vorher einem Test in einer Unterdruckkammer unterziehen. Haben sie diesen Test bestanden, so muß beim Sprung selbst ein Sauerstoffgerät mitgeführt werden. Die meisten tragischen Unfälle bei Höhensprüngen ereignen sich durch Defekte an diesen Geräten. Neben dem Problem der Hypoxie ist die große Kälte in diesen Höhen eine weitere starke Belastung für den Fallschirmspringer.

Eines der interessantesten Probleme beim Fallschirmsport ist die Frage, wie der einzelne Springer mit der psychischen Belastung des Absprungs fertig wird. Hierzu sind verschiedene Untersuchungen, insbesondere in den USA, durchgeführt worden. Man hat anhand verschiedener Kriterien (Atemfrequenz, Herzfrequenz, Schweißsekretion der Haut) festgestellt, daß es einen charakteristischen Unterschied zwischen einem Sprungschüler und einem erfahrenen Springer gibt. Während beim Sprungschüler die „Angst" kontinuierlich bis zum Moment des Absprunges zunimmt und dann einer Phase der „psychischen Erschlaffung" weicht, ist es beim erfahrenen Springer anders: er erlebt eine maximale psychische Aktivierungsphase in der Nacht vor dem Sprungtage, am Sprungtage und bei der Sprungvorbereitung ist dieser Aktivierungszustand nicht so stark ausgeprägt, nimmt aber dann während des Sprunges wieder stark zu und hält bis zur Landung an. Mit anderen Worten, der Sprungschüler steht solange unter Stress, bis er das Flugzeug verlassen hat — der Absprung ist für ihn das Schwierigste, dann hat er es geschafft. Beim erfahrenen Springer dagegen ist der Streß dann vorhanden, wenn auch die Risiken am größten sind, nämlich während des Sprunges selbst.

Medizinisch gesehen erklärt sich die Belastung eines Springers durch die Tatsache, daß in seinem Körper für eine gewisse Phase das sympathische Nervensystem maximal aktiviert ist. Es ist dies ein Teil des autonomen Nervensystems, vereinfacht ausgedrückt kann man sagen, der Körper ist auf „Alarm" eingestellt. So erklärt sich auch die Ermüdung nach mehreren Sprüngen, obwohl man meinen sollte, daß ein Sprung verglichen z. B. mit einem Langstreckenlauf, eine so große Belastung nicht ist.

Es stellt sich nun die Frage, wie ein Springer sein Training gestalten sollte. Wie bereits erwähnt, ist die körperliche Beanspruchung durch den Sprung im Sinne einer Muskelarbeit sehr gering. Trotzdem treten Situationen auf, besonders bei der Landung, die vom Springer absolute körperliche Fitness erfordern. Daraus resultiert die Forderung, daß ein Fallschirmsportler neben dem reinen Sprungtraining, Ausgleichssport treiben muß. Hierzu sind am besten gymnastische Übungen und Turnen geeignet, außerdem konditionsfördernde Übungen wie Läufe oder Schwimmen. Die Gewöhnung an die psychische Belastung des Sprunges jedoch ist, abgesehen von der speziellen persönlichen Strukturierung des Einzelnen, einzig und allein eine Frage der Erfahrung und der Sprungzahl. Hiermit erklärt sich auch die Tatsache, daß Fallschirmsportler im allgemeinen ihren Leistungshöhepunkt erst im Alter von ca. 30 Jahren erreichen, d. h. nach vielen Jahren aktiven Springens.

14. Sicherheit im Fallschirmsport

Fallschirmsport wird von Außenstehenden häufig als gefährlich angesehen, die erste Frage an den Aktiven lautet fast stereotyp: „Und wenn der Schirm einmal nicht aufgeht?"
Glücklicherweise ist in den letzten Jahren dieses einseitige Image des Fallschirmsports durch eine objektive Berichterstattung in den öffentlichen Medien verbessert worden. Es soll in diesem Buch über den Fallschirmsport nicht verschwiegen werden, daß der Sport gefährlich werden kann, sogar tödlich.
Aber die Gefährlichkeit ist nicht sein Charakter, und sie ist es auch nicht, die diesem Sport mehr und mehr Anhänger hinzugewinnt. Trotzdem kommt es zu Unfällen im Fallschirmsport. Worin liegen die Ursachen?
Naturgemäß liegt der kritische Punkt bei der Landung. Obwohl sie bei zugelassenen Windgeschwindigkeiten und einigermaßen gutem Landefall völlig ungefährlich ist, kommt es hin und wieder zu Stauchungen, Zerrungen und Brüchen. Die Gründe dafür können u. a. schlechte Landefallhaltung, zu hohe Landegeschwindigkeit (Schirm nicht gegen den Wind gestellt), Landung in der Schirmdrehung oder ganz einfach mangelnde körperliche Fitness sein.
Zur Verdeutlichung der Unfallhäufigkeit seien hier die Zahlen von 1977 angeführt. Bei 90 357 Absprüngen in der BRD gab es 71 Zerrungen bzw. Stauchungen und leichte Brüche sowie 25 schwere Brüche. Insgesamt ergibt dies eine Unfallquote von 0,1 %.
Eine weitere kritische Phase ist der Übergang vom automatischen zum manuellen Sprung. Je nach Veranlagung des Springers dauert es eine gewisse Zeit, bis er in der Lage ist, stabil zu fallen. Das Öffnen des Schirms in einer unstabilen Lage, etwa mit dem Rücken zum Boden, kann jedoch eine mehr oder weniger schwerwiegende Funktionsstörung zur Folge haben. Normalerweise geht ein Fallschirm so sicher auf, wie Wasser bergab fließt. Muß er jedoch erst einen Umweg um den Körper des Springers machen, wenn dieser in Rückenlage öffnet, kann es auch zu Komplikationen kommen, insbesondere wenn der Körper zusätzlich noch dreht oder sich gerade überschlägt. Es gibt auch Fälle, daß der Springer den Aufziehgriff überhaupt nicht betätigt. Warum er es nicht tut, weiß kein Mensch.
Insgesamt hat es im Fallschirmsport in der Bundesrepublik Deutschland von 1955 bis 1978, also in 23 Jahren, bei 732 970 Absprüngen 37 tödliche Unfälle gegeben, diese Zahl enthält auch die tödlichen Unfälle von 4 Ausländern in der BRD.
Sie verteilen sich auf folgende Ursachen:
Nicht gezogen: 3; zu tief gezogen: 6; in unstabiler Lage gezogen: 3; ertrunken: 3; nicht erforderlicher Abwurf der Hauptkappe und keine oder mißglückte Reserveöffnung: 3; nicht durchgeführter, aber erforderlicher Abwurf der Hauptkappe und daher Verwicklung beider Kappen: 2; erforderlicher Kappenabwurf und Reserve nicht oder zu spät gezogen: 2; durch Packfehler verursachte Funktionsstörung: 1; in geöffneten Schirm hineingesprungen: 2; Hauptkappe Störung, Reserve nicht gezogen: 3; manuelles Springen ohne ausreichende Ausbildung: 2; Landung in Hochspannungsleitung: 1; ungeklärte Funktionsstörungen: 2; Hauptkappe nicht oder nicht voll gezogen, Reserve nicht oder zu spät gezogen, oder Fehlöffnung mit Reserve: 4.
Nur zweimal war also bei 732 970 Absprüngen eine Funktionsstörung die direkte Ursache für einen tödlichen Unfall. Nachweislich hätte einer dieser beiden Schirme nicht zum Springen benutzt werden dürfen.
Während sich in den letzten Jahren die Zahl der Absprünge pro Jahr erheblich gesteigert hat, blieb die Zahl der Unfälle konstant bzw. ging sogar zurück. Ein deutliches Zeichen für die ständig zunehmende Sicherheit im Fallschirmsport!

Angesichts dieser Zahlen und Tatsachen verwundert es nicht, wenn inzwischen auch in Arbeitsgerichtsurteilen bestätigt wurde, daß der Fallschirmsport nicht als gefährlicher Sport einzustufen ist (s. Urteile der Landesarbeitsgerichte Berlin (AZ 5 Sa 57/68), Niedersachsen (AZ 5 Sa 650/64) und München (AZ 5 Sa 87/68 N).

15. Fachausdrücke

Absetzen	– Das Luftfahrzeug an einen bestimmten Punkt nach Höhe und Richtung dirigieren, an dem man es verlassen will (Absetzpunkt).
Absetzgeschwindigkeit	– Geschwindigkeit eines Absetzluftfahrzeugs zum Zeitpunkt, an dem ein Springer es verläßt.
Anflug	– Einschwenken des Absetzflugzeugs auf die Windachse in Absetzhöhe.
Anflugwinkel	– s. Gleitwinkel.
Anstellwinkel α	– Winkel, den die Profilsehne mit der Luftanströmung einschließt.
Auftrieb A	– Komponente der Luftkraft L, die senkrecht zur Flugrichtung nach oben gerichtet ist.
Aufziehgriff und -kabel	– Stahlgriff und -kabel, dessen Betätigung die Öffnung eines manuellen Fallschirms freigibt.
Aufziehleine	– Im Luftfahrzeug befestigte Leine, die die Öffnung eines automatischen Fallschirms bewirkt.
Automatischer Fallschirm	– Fallschirm, bei dem die Öffnung der Packhülle automatisch durch die im Flugzeug befestigte Aufziehleine bewirkt wird.
Bahn	– Sektor einer Fallschirmkappe vom Scheitel bis zur Basis.
Bananenlage	– Freifallhaltung: Gestreckter Körper, Hohlkreuz, Beine geschlossen, Arme über der Brust verschränkt.
Basis	– a) Unterer Rand der Fallschirmkappe b) Der oder die ersten Springer bei einer Formation.
Beschlagteile	– Alle Metallteile am Gurtzeug.
Bremsen	– Verringerung des Eigenvortriebs des Fallschirms. Verringerung der Vertikal- und/oder Horizontalgeschwindigkeit beim Relativ.
Brötchen	Funktionsstörung: Eine oder mehrere Fangleinen liegen über der Fallschirmkappe.
Container	– s. Packhülle.
Diaper	– Durch Fangleinenschläge geschlossene Stoffklappe an der Basis einer Kappe, die diese zusammenhalten soll bis die Fangleinen gestreckt sind.
Direkte Handauslösung	– (Handdeploy) Einleiten der Öffnung durch Wegwerfen des Hilfsschirms.
Drehung	– Einzel-Figur im Freifall, der Körper des Springers dreht horizontal um eine vertikale Achse.
Druckpunkt	– Punkt an dem die Wirkungslinie der Luftkraft die Profilsehne schneidet.
Durchlässigkeit	– Luftvolumendurchtritt durch ein Kappengewebe pro Zeiteinheit bei bestimmtem Druck.
Eigenvortrieb	– Horizontale, konstruktionsbedingte Geschwindigkeitskomponente eines Fallschirms.
Entfaltung	Vorgang von der Öffnung der Packhülle über die Streckung der Fangleinen und Kappe bis zur vollen Füllung einer Fallschirmkappe.
Entfaltungsregler	– Rechteckiges Stück Stoff oder auch ein hilfsschirmgesteuertes Gurtkreuz zwischen den Fangleinen zur Regulierung einer allmählichen Entfaltung eines Fallschirms.
Fahne	– Fehlfunktion des Fallschirms, bei der die Kappe zwar voll gestreckt wird, sich aber nicht füllt.
Fangleinen	– Leinen, die die Kappe mit dem Gurtzeug verbinden.
Feld	– Einzelnes Gewebestück in einer Bahn.
Formation	– Mannschafts-Figur im Freifall, die Körper der Fallschirmsportler sind durch Griffe verbunden.
Formationsspringen	– (Relativ-Arbeit) Zusammenarbeit zweier oder mehrerer Springer im Freifall, Fliegen von Formationen und Sequenzen.
Freifall	– Fall mit geschlossenem Fallschirm, ohne Verbindung zum Flugzeug.
Flachtrudeln	– Unkontrollierte, schnelle und flache Drehungen.
Flash	– Körperhaltung zum Gewinnen horizontaler Strecken im Freifall.
Froschlage	– Freifallhaltung.
Gleitfallschirm	– Fallschirme, deren vorn offene Zellen nach der Entfaltung durch Stauluft gefüllt werden. Ausnahme: dreieckige Einflächengleiter.
Gleitverhältnis $\frac{1}{\varepsilon}$	– Reziproker Wert der Gleitzahl, horizontale Entfernung (d) zu Höhenverlust (h), oder Auftrieb (A) zu Widerstand (W).
Gleitwinkel γ	– Winkel zwischen Profilsehne und Horizont, ist gleich groß wie Winkel zwischen A und L.
Gleitzahl ε	– Höhenverlust (h) zu horizontaler Entfernung (d) oder Widerstand (W) zu Auftrieb (A).
Griff	– Festhalten mit der Hand an einem Arm zwischen den Fingerspitzen und der Schulter oder an einem Bein (zwischen den Füßen und der Hüfte) bzw. an dem entsprechenden Teil der Sprungbekleidung. Beim Kappen-Relativ: Die Hände oder Füße eines Springers haben sich in der Kappe oder den Fangleinen des unteren Springers fest verhakt.
Gurtzeug	– Konstruktion aus verschiedenen Gurten (Haupttragegurte, Rücken-, Gesäß-, Bein-, Brust-, Bauchgurt), in der der Springer unter dem Schirm hängt. Meist zusammen mit der Packhülle ein zusammenhängendes Gurtzeug-Container-System.
Handdeploy	– s. Direkte Handauslösung.
Kappentrennsystem	– Vorrichtung an der Verbindung Gurtzeug – obere Haupttragegurte, die ein
Kappen-Formation	– Mannschafts-Figur während die Springer unter den offenen Kappen hängen. Die Kappen sind durch Hand- oder Fußgriffe untereinander verbunden.

sofortiges Abwerfen der Fallschirmkappe erlaubt.

Lay out – Vorstrecken der Füße und Beine nach der Zielscheibe kurz vor der Bodenberührung, bei der Gefahr einer zu kurzen Landung.

Luftkraft L – Resultierende aus den einzelnen Komponenten Auftrieb (A) und Widerstand (W), Summe aller Kräfte die nach oben wirken.

Manueller Fallschirm – Fallschirm, bei dem die Öffnung der Packhülle vom Springer selbst durch Betätigung des Aufziehgriffs oder durch Wegwerfen des Hilfsschirms eingeleitet wird.

Öffnungsautomatik – Gerät zur Sicherheit, das aufgrund einer Höhen- oder Zeiteinstellung den manuellen Fallschirm öffnet, wenn der Springer es nicht tut.

Öffnungshöhe – Höhe, in der ein manueller Fallschirm geöffnet wird (ca. 800 m).

Packhülle – (Container) Äußere Verpackung der Kappe, die direkt am Gurtzeug befestigt ist, meist ist beides ein zusammenhängendes Gurtzeug-Container-System.

Porosität – Verhältnis von leerer Fläche zur Gesamtfläche eines Kappengewebes in %.

Reffleinensystem – Leinensystem, das den Entfaltungsvorgang einer Gleitfallschirmkappe reguliert, es wird durch den Hilfsschirm gesteuert.

Relativ-Arbeit – s. Formationsspringen.

Reserve-Fallschirm – Zweitfallschirm, der die Funktion des Sprungfallschirms übernimmt, wenn dieser versagt.

Rolle – 360° Drehung um die Körperlängsachse im Freifall.

Salto – Einzel-Figur im Freifall, der Körper des Springers dreht um die Querachse.

Scheitel – Zentrum und höchster Punkt einer Fallschirmkappe.

Sequenz – Folge von mehreren Formationen in einem Sprung.

Slider – s. Entfaltungsregler.

Slippen – Steuern eines unmodifizierten Rundkappenfallschirms durch Herunterziehen eines oder mehrerer Haupttragegurte.

Stall – s. Strömungsabriß.

Stern – Mannschafts-Figur im Freifall, die Fallschirmsportler sind durch Arm-Griffe zu einem Kreis verbunden und sehen sich gegenseitig über einen Mittelpunkt an.

Steuerleinen – Leinen, mit der die Geometrie der Steuerschlitze verändert werden kann und die so das Steuern des Fallschirms durch die Springer ermöglichen.

Steuerschlitz – Öffnung in der Fallschirmkappe, nach Form z. B. als T-, Doppel-L-, oder TU-Schlitz bezeichnet.

Stilspringen – Wettbewerbsdisziplin. Ein Stilprogramm setzt sich aus 360°-Drehungen und Salti zusammen.

Streamerband – Durch Fangleinenschlag geschlossenes Band, zum Zusammenhalten einer Kappe bis die Fangleinen gestreckt sind.

Strömungsabriß – (Stall) Abriß der Luftumströmung einer Fallschirmkappe infolge Überziehens. Die Kappe wird dadurch unstabil, fällt teilweise oder ganz zusammen und verliert ihren Auftrieb.

Sturz – Senkrechter Freifall mit dem Kopf nach unten und am Körper angelegten Armen.

T-Lage – Freifall-Haltung mit geschlossenen Beinen.

Telemeter – Starkes Fernglas zur Beobachtung von Stil- und Relativspringen.

Versager – Fehlfunktion, bei der die Packhülle geschlossen bleibt.

Verzögerungszeit – Freifallzeit.

Widerstand W – Komponente der Luftkraft L, die entgegen der Flugrichtung gerichtet ist.

Windachse – Windrichtung.

Winddrifter – Unten beschwerter Kreppapierstreifen zur Feststellung der Windrichtung und -stärke.

X-Lage – Freifall-Haltung mit schräg seitlich ausgestreckten Armen und Beinen.

Zwischenmanöver – Schritt zwischen zwei Formationen einer Sequenz, gemeinsames Fliegen von zwei oder mehreren Springern als eine oder mehrere ungetrennte Untergruppen.

Freifall-Photograph

... und seine Ausrüstung

Carl Boenisch war einer der besten Freifall-Photographen der Welt, er verunglückte 1984 bei einem Sprung von einem Berghang. Der Fallschirmsport – und auch dieses Buch – verdanken ihm eine Fülle von phantastischen Aufnahmen und mehrere, auf verschiedenen Festivals prämierte Filme. Auch die Aufnahme unten stammt von Carl Boenisch.

16. Fallschirmsportvereine

BUNDESREPUBLIK DEUTSCHLAND

Allgemeine Informationen durch: Deutscher Aero Club e.V. Lyoner Straße 16, 6000 Frankfurt 71, Tel. (0611) 66 67 31 oder bei den Fallschirmsport-Referenten der einzelnen Landesverbände, deren Adressen an der Spitze jedes LV abgedruckt sind.

Baden-Württemberg

Referent: Erhard L. Thoma, Schönbuchstraße 13, 7031 Gärtringen, Tel. (0 70 34) 2 99 33

1 Luftsportverein Bauland e.V. Unterschüpf, Abt. Fallschirmsport, z. Hd. Peter Deubel, Hohenloher Straße 7, 6973 Unterschüpf
Tel. (0 79 30) 55
Sprungplatz: Unterschüpf

2 Fallschirmsportspringerclub 1. LL Div. e.V., Standort Bruchsal, Postfach 1464, 7520 Bruchsal
Tel.: (0 72 51) 1 29 63 (Clubheim)
Sprungplatz: Bruchsal

3 Fallschirmsportspringerclub 1. LL Div. e.V., Standort Calw, Graf-Zeppelin-Kaserne, 7260 Calw
Tel. (0 70 51) 19 11, App. 277
Sprungplätze: Bruchsal, Schwenningen

4 Breisgauverein für Fallschirmsport e.V. Freiburg, Postfach 534, 7800 Freiburg i. Brsg.
Tel. (07 61) 5 28 78
Sprungplätze: Freiburg, Bremgarten

5 Fallschirmsportclub Heuberg-Albstadt e.V., Lautlinger Straße 144, 7470 Albstadt 1 (Ebingen)
Tel. (0 74 31) 33 53
Sprungplatz: Heuberg, Tel. (0 75 73) 769

6 Para-Club Albatros e.V., z. Hd. Michael Kaufmann, Kasernenstraße 3, 7520 Bruchsal

7 Flugsportgemeinschaft Letzenberg e.V., 6906 Malsch, z. Hd. Otto Schäfer, Hauptstraße 131, 7521 Odenheim
Tel. (0 72 59) 277
Sprungplatz: Straßburg / Elsaß

8 Badisch-Pfälzischer Luftfahrtverein Mannheim e.V., Abt. Fallschirmsport, Flugplatz, 6800 Mannheim-Neuostheim
Sprungplatz: Neuostheim, Tel. (06 21) 7 59-24 32

9 Interessengemeinschaft zur Förderung des Fallschirmsports e.V., Merianstraße 30, 7800 Freiburg
Tel. (07 61) 2 86 25 (B. Erb)

10 Fallschirmsportclub Jumping Generation Pfullendorf e.V., Buchschorenweg 6, 7799 Aach-Linz
Tel. (0 75 52) 88 81
Sprungplatz: Pfullendorf

11 Para-Club Hall e.V., z. Hd. Herrn Jürgen Zenth, Im Loh 81, Postfach 671, 7170 Schwäbisch-Hall
Sprungplatz: Sanzenbach

12 Sportfliegerclub Schwenningen e.V., Abt. Fallschirmsport, Postfach 3541, 7330 Villingen-Schwenningen 1
Tel. (0 77 21) 2 22 60
Sprungplatz: Schwenningen

13 Aero-Club Stuttgart e.V., Abt. Fallschirmsport, Höhenrandstraße 36 A, 7000 Stuttgart 80
Tel. (07 11) 73 72 79 (E. Kommer)

14 Aero-Club Walldorf e.V., Abt. Fallschirmsport, 6909 Walldorf
Sprungplatz: Walldorf

15 Para-Club Göppingen e.V., z. Hd. Michael Bauer, Goethestraße 20, 7335 Salach

16 Fallschirm-Sport-Gruppe Karlsruhe e.V., Postfach 31 11 03, 7500 Karlsruhe 1

17 Para-Club Karlsruhe e.V., Postfach 4952, 7500 Karlsruhe
Tel. (07 21) 51 94 03 (H. Dietz)

18 Fallschirmspringersportclub „Sportgruppe Nagold" (FSN) e.V., Eisbergkaserne, 7270 Nagold
Tel. (0 74 52) 30 51 App. 252

19 Fallschirmsportspringerclub „Jumping Crew" Neresheim e.V., z. Hd. Bernd Meyer, Ringstr. 43, 7086 Neresheim
Tel. (0 73 26) 63 23

20 Luftsportgruppe Ravensburg-Weingarten e.V., Abt. Fallschirmsport, Fernspähkompanie, Argonnenkaserne, 7987 Weingarten
Tel. (07 51) 4 40 33

21 Fallschirmsportclub Lemberg-Falken e.V., Rainstraße 15, 7210 Rottweil-Zepfenhan

22 Fallschirmsportclub Sigmaringen e.V., z. Hd. Helmut Walser, Postfach 206, 7481 Bingen

22a Fliegergruppe Saulgau, Abt. Fallschirmsport, Herrn Roland Wenzler, Untere Straße 19, 7000 Stuttgart 1

Bayern

Referent: Eckhard Teschke, Reiterweg 9, 8925 Altenstadt
Tel. (0 88 61) 84 66

23 Fallschirmsportclub Schwaben, Karlsbader Straße 8, 7910 Neu-Ulm 3
Sprungplatz: Illertissen

24 Luftsportverein Kaufbeuren e.V., Fallschirmsportgruppe, Eberhard Westermayr, Alpenweg 6, 8950 Kaufbeuren
Sprungplätze: Kaufbeuren, Illertisen

25 Fallschirmsportclub München e.V., z. Hd. Herrn Dr. Peter Paul Gantzer, Isartorplatz 8, 8000 München 2
Sprungplätze: Mühldorf-Mößling, Warngau

26 Fallschirm-Ausbildungsverein Bayern e.V., z. Hd. Herbert Gillmann, Lisztstraße 23, 8000 München 80
Tel. (089) 4 78 77 46
Sprungplätze: Dingolfing, Arnbruck

27 Fliegerclub Nürnberg e.V., Fallschirmsportgruppe, Flughafen-Clubheim, 8500 Nürnberg

28 Fallschirmsportring Süd LL-Lts. e.V., Postfach 32, 8920 Schongau
Tel. (0 88 61) 84 14
Sprungplatz: Altenstadt

29 Aero Club Schweinfurt e.V., Abt. Fallschirmsport, z.Hd. Herrn Deissenberger, Luitpoldstr. 44, 8720 Schweinfurt
Sprungplätze: Haßfurt, Schweinfurt, Gelnhausen

30 Fallschirmsportclub Schweinfurt e.V., z. Hd. Herbert Burkhardt, Bauerngasse 8, 8720 Schweinfurt
Tel. (0 97 21) 2 56 68
Sprungplatz: Haßfurt

31 Fallschirmsportclub Bad Wiessee e.V., z. Hd. W. Nösl, Rathausstraße 7 a, 8160 Miesbach
Tel. (0 80 25) 82 82
Sprungplatz: Warngau

32 Fallschirm-Sportgruppe Speichersdorf e.V., Herrn Tenzer, Winterbergstraße 11, 8460 Schwandorf

33 Flugsportverein Passau e.V., Fallschirmsportgruppe, z. Hd. Herrn Weinholzer, Ledergasse 6, 8390 Passau
Tel. (08 51) 3 31 62

34 Fsch und FLGGRP Bayern, Herrn Müller, Hochvogelstraße 2½, 8939 Bad Wörrishofen + Reiner Hünnekens, König-Rudolf-Straße 45, 8950 Kaufbeuren

35 Luftsportgruppe Burgheim e.V., Abt. Fallschirmsport, Herrn Hassfurter, Nordenstraße 24, 8898 Schrobenhausen

36 Fallschirmsportschule Colibri Experience e.V., Otto-Hahn-Straße 2, 8012 München-Riemerling

37 Flugsportgruppe DFVLR e.V., Abt. Fallschirmsport, z. Hd. Ute Federl, Gotthardstr. 119, 8000 München 21

38 MBB-Fallschirmsport Donauwörth, Herrn Frehse, Prinz-Otto-Straße 2, 8012 Ottobrunn, Herrn Bartl, Kronprinz-Rupprecht-Str. 8080 Fürstenfeldbruck

Berlin

Referent: Reinhard Kramer, Weinholdweg 1 a, 1000 Berlin 22
Tel. (030) 3 65 22 27

39 Fallschirmsportclub Berlin e.V., Fercher Straße 4, 1000 Berlin 37, Tel. (0 30) 8 01 29 34
Sprungplatz: Bad Gandersheim

40 Verein für Flugausbildung e.V., z.Hd. Reinhard Kramer, Weinholdweg 1 a, 1000 Berlin 22
Tel. (030) 3 65 22 27
Sprungplatz: Meißendorf

41 Para Flug Berlin e.V., z. Hd. Klaus Peter Gnädig, Maybachufer 46, 1000 Berlin 44
Tel. (030) 6 23 84 72
Sprungplatz: Hartenholm

Bremen

Referent: Jürgen Fitzke, Groninger Str. 8, 2870 Delmenhorst
Tel. (0 42 21) 8 81 66

42 Bremer Verein für Luftfahrt e.V., Fallschirmsportgruppe, Flughafen, Fliegerturm, 2800 Bremen
Tel. (04 21) 55 36 56

43 Fallschirmsport-Springergruppe Bremerhaven e.V., z. Hd. Heino Niehaus, Vieländerweg 12, 2850 Bremerhaven
Tel. (04 71) 7 24 29

44 Aero-Club Bremerhaven e.V., Fallschirmsportspringergruppe, z. Hd. Kurt Schaub, Kaistraße 7, 2850 Bremerhaven 1
Tel. (04 71) 2 31 06

Hamburg

Referent: Ulrich Walczak, Zikadenweg 25 e, 2000 Hamburg 70
Tel. (040) 6 56 08 85

45 Fallschirmsportclub Hamburg e.V., Postfach 11 17 03, 2000 Hamburg 11, Tel. (0 40) 36 59 38

Hessen

Referent: Lothar Rützel, Am Nußberg 9, 6368 Bad Vilbel-Heilsberg, Tel. (0 61 93) 8 42 49

46 **Aero-Club Gelnhausen e.V., Flugplatz, 6460 Gelnhausen**
Tel. (0 60 51) 33 28
Sprungplatz: Gelnhausen

47 Fallschirmsportgruppe Hessen Nord e.V., Postfach 10 12 03, 3500 Kassel
Tel. (05 61) 89 17 90 / (0 56 74) 66 00
Sprungplatz: Kassel-Calden
Aero-Fallschirmsport GmbH, Flughafen Kassel, 3527 Calden, Tel. (0 56 74) 41 19

Niedersachsen

Referent: Albert Nasgowitz, Roggenkamp 4, 3300 Braunschweig, Tel. (05 31) 32 14 12

48 **Aero-Club Braunschweig e.V., Weinbergweg 41, 3300 Braunschweig**
Tel. (05 31) 33 56 15
Sprungplatz: Braunschweig

49 **Fallschirmsportclub 100 e.V., z. Hd. Wilfried Schirmer, Sielkamp 22, 3300 Braunschweig**
Tel. (05 31) 32 34 85
Sprungplätze: Braunschweig, Wesendorf

50 Universitätssportclub, Abt. Fallschirmsport, Wolfgang Rühle, Lützowstr. 1, 3300 Braunschweig
Tel. (05 31) 33 33 05

51 Fallschirmsportspringerclub Polizei Hannover e.V., Dieter Sell, Hinrichtsring 24, 3000 Hannover 1
Tel. (05 11) 6 96 58 59-1 62 25 28
Sprungplatz: Bad Gandersheim

52 **Aero-Club Hodenhagen e.V., Abt. Fallschirmsport, Flugplatz, 3035 Hodenhagen**
Tel. (0 51 64) 766 (Max Müller)
Sprungplatz: Hodenhagen

53 **Fallschirmeinsatzgruppe Lüneburg e.V., z.Hd. Hubertus Laun, Wilschenbrucher Weg 37, 2120 Lüneburg**
Tel. (0 41 31) 4 42 02 05055/8838
Sprungplatz: Lüneburg

54 **Luftfahrtverein Wildeshausen e.V., Fallschirmsportspringergruppe, z. Hd. Herbert Boldt, Rosenweg 16, 2878 Wildeshausen**
Tel. (0 44 31) 32 65
Sprungplatz: Varrelbusch bei Cloppenburg

55 **Fallschirmsportgruppe Schaumburg / Lippe e.V., z. Hd. Wilhelm Lehmann, Knabenburg 7, 3250 Hameln 1**
Tel. (0 51 51) 2 16 08

56 **Luftfahrtverein-Fallschirmsportgruppe, z. Hd. Christian Liedloff, Welfenallee 17, 3100 Celle**

57 Sportspringerschule Para-Club Aero-Vita e.V., Dieter Schlemann, Flugplatz Oldenburg-Hatten, 2904 Hatten
Tel. (0 44 81) 4 61

Nordrhein-Westfalen

Referent: Karl-Heinz Fehr, Danziger Straße 18, 4817 Leopoldshöhe
Tel. priv. (0 52 02) 8 13 70; dienstl. (0 52 41) 9 14 14

58 **Fallschirmsportclub Bielefeld e.V., z. Hd. K.-H. Fehr, Danziger Straße 18, 4817 Leopoldshöhe**
Tel. (0 52 02) 8 13 70
Sprungplatz: Paderborn / Haxterberg

59 **Fallschirmsportclub Nordrhein-Westfalen e.V., z. Hd. Flke Henseler, Von-Sandt-Straße 129, 5300 Bonn 3**
Tel. (02 28) 47 24 47

60 **Verein für Fallschirmsport Holzwickede e.V., Schwerter Straße 89, 4755 Holzwickede-Hengsen**
Tel. (0 23 01) 82 85
Sprungplatz: Holzwickede-Hengsen

61 Fallschirmsportclub 271 Iserlohn, z. Hd. Dieter Freiburg, Amselweg 18, 5860 Iserlohn
Tel. (0 23 71) 4 15 26
Sprungplätze: Bad Lippspringe, Werdohl-Küntrop

62 **Düsseldorfer Aero Club e.V., Abt. Fallschirmsport, Flughafenstraße 120, 4000 Düsseldorf 30 (Flughafen Halle 3) Tel. (02 11) 4 21 63 15**
Sprungplatz: Düsseldorf-Wolfsaap

63 **Fallschirmsportclub Lipperland LL Brig 27 e.V., Mastholter Straße 130, 4780 Lippstadt 5**
Tel. (0 29 41) 83 61
Sprungplätze: Bad Lippspringe, Werdohl-Küntrop, Soest, im Lohner Klei

64 **Fallschirmsportclub Münster e.V., z. Hd. Werner Kaminski, Körnerstraße 21, 4400 Münster**
Tel. (02 51) 5 52 38
Sprungplatz: Werdohl-Küntrop

65 Aero-Club Bergisch Land e.V., Baisieper Straße 80, 5630 Remscheid
Tel. (0 21 91) 6 19 43

66 **Luftsportverein Werdohl e.V., Abt. Fallschirmsport, Postfach 1450, 5980 Werdohl**

67 **Fallschirmclub Rheine e.V., Kaserne Gellendorf, z. Hd. HFw Peine, 4440 Rheine**
Tel. (0 59 71) 62 88 App. 48

68 **Sky-Divers Geilenkirchen e.V., Roermonder Straße 602, 5100 Aachen**
Tel. (02 41) 16 17 52 / 17 20 34 (Herr Hocks)

69 **Fallschirmsportclub Leverkusen, z. Hd. Robert Schulte, Auf dem Bruch 10, 5090 Leverkusen 3**

Rheinland-Pfalz

Referent: Herbert Dressler, Drosselweg 10, 5442 Mendig
Tel. (0 26 52) 14 54

70 Fallschirmsportgruppe Daun-Eifel e.V., z. Hd. Willi Theisen, Kelberger Straße 15, 5561 Faid
Tel. (0 26 71) 587
Sprungplatz: Darscheid / Hörscheid

71 Fallschirmsportgruppe Rheinland-Pfalz e.V., Daimlerstraße 16, 5400 Koblenz
Tel. (02 61) 8 50 10
Sprungplätze: Ailertchen, Breitscheid, Wershofen, Heisterberger Weiher

72 Fallschirmsportgruppe Heeresflugplatz Mendig e.V., Flugplatz, 5442 Mendig
Tel. (0 26 52) 42 21 App. 311 (H. Dressler)
Sprungplatz: Mendig

73 Fallschirmsportgruppe Südpfalz e.V., Friedrich-Ebert-Straße 3, 6729 Bellheim
Tel. (0 72 72) 54 71
Sprungplatz: Schweighofen, Tel. (06 34 26) 599

74 Flugsportverein Neustadt/W. e.V., Abt. Fallschirmsport, Karl-Marx-Straße 17, 6734 Lambrecht
Tel. (0 63 25) 78 53

75 Fallschirmsportgruppe Ludwigshafen e.V., z.Hd. Lothar Kurz, Kreuzweg 48, 6719 Carlsberg
Tel. (0 63 56) 700

76 Fliegerclub Trier e.V., Abt. Fallschirmsport, Kloschinskystraße 73, 5500 Trier
Tel. (06 51) 4 58 56

Saarland

Referent: Helmut Bastuk, Im Forstgarten 11, 6610 Lebach-Falscheid, Tel. (0 68 81) 38 80

77 Fallschirmsportverband Saar e.V., Geschäftsstelle, z.Hd. Dr. Siegfried Rohde, Kaiser-Friedrich-Ring 12, 6630 Saarlouis
Tel. (0 68 31) 13 34
Sprungplatz: Saarlouis-Düren

78 Fallschirmsportspringer Saarlouis, Flugplatz Düren, 6634 Wallerfangen-Düren

79 Fallschirmsprungschule Rolf Schauss, Neunkircher Straße 12, 6600 Saarbrücken
Tel. (0 68 37) 16 16

Schleswig-Holstein

Referent: Hans-Joachim Wende, OT Hornstorf 4, 2401 Groß-Sarau, Tel. (0 45 09) 83 27

80 Fallschirmsportgruppe im Luftsportverein Kiel e.V., Halle D, Flugplatz, 2300 Kiel-Holtenau
Tel. (04 31) 32 10 61
Sprungplatz: Kiel-Holtenau

81 Fallschirmsportclub Lübeck e.V., Hans-Joachim Wende, OT Hornstorf 4, 2401 Groß Sarau
Tel. (0 45 09) 83 27
Flugplatz: Lübeck-Blankensee

82 FSC Holstein e.V., Erwin Wildgruber, Dockenhudener Chaussee 187 a, 2083 Halstenbek

83 Fallschirmspringerverein PARA-Club Eckernförde e.V., Rüdiger Gaza, Flensburger Straße 184, 2330 Eckernförde

17. Sprungplätze

1. Schleswig-Holstein

1.1 **Kiel-Holtenau.** Nördl. Stadrand, Platz des LSV Kiel
1.2 **Hartenholm.** BAB 7, Abf. Bad Bramstedt, B 206. Platz des FSC Hamburg und des Para-Flug Berlin
1.3 **Lübeck-Blankensee.** Platz des FSC Lübeck

2. Bremen

2.1 **Hüttenbusch.** Nördl. Bremen im Teufelsmoor. Platz der Bremer
2.2 **Karlshöfen.** Knapp nördl. Hüttenbusch. Platz der Bremerhavener

3. Niedersachsen

3.1 **Lüneburg.** Westl. LG, B 216. Platz der FEGrp Lünebg.
3.2 **Hodenhagen.** BAB 7, Abf. Westenholz o. BAB 27, Abf. Walsrode Süd. Platz des AeC Hodenhagen
3.3 **Meißendorf.** Nordwestl. Celle. Platz des V. f. Flugausbildung Berlin
3.4 **Braunschweig-Waggum.** Nördl. Stadtrand. Platz des AeC BS, FSC 100, USC BS
3.5 **Bad Gandersheim.** BAB 7, Abf. Seesen. Platz des FSC Berlin und des FSC Pol. Hannover
3.6 **Varrelbusch.** BAB 1, Abf. Cloppenburg, nördl.

4. Nordrhein-Westfalen

4.1 **Werdohl-Küntrop.** Südl. Iserlohn, BAB 45, Abf. Lüdenscheid, B 229. Platz des LSV Werdohl und des FSC Münster
4.2 **Paderborn-Haxterberg.** Südl. Paderborn. Platz des FSC Bielefeld
4.3 **Holzwickede-Hengsen.** Südöstl. Dortmund. Platz des VfF Dortmund
4.4 **Geilenkirchen-Teveren.** Nördl. Aachen. Platz des FSC Erftland
4.5 **Borken-Hoxfeld**
4.6 **Düsseldorf-Wolfsaap,** Platz des Düsseldorfer AeC
4.7 **Flughafen Siegerland,** BAB 45, Abfahrt Burbach, Ri. Limburg

5. Hessen

5.1 **Kassel-Calden.** Westl. Kassel, B 7. Platz des FSGrp. Hessen Nord
5.2 **Gelnhausen.** Östl. Frankfurt, B 40. Platz des AeC Gelnhausen

6. Rheinland-Pfalz

6.1 **Breitscheid.** Westl. Herborn, BAB 45, B 255. Hauptplatz für Leistungsschulung Rheinland-Pfalz
6.2 **Ailertchen.** B 255 zw. BAB 45 und 3. Hauptplatz für Ausbildung Rheinland-Pfalz
6.3 **Wershofen.** Weiterer Sprungplatz des LSV Rheinland-Pfalz
6.4 **Mendig.** Heeresflugplatz, BAB 61. Platz der FSGrp. Heeresflugplatz Mendig e. V.
6.5 **Darscheid/Hörscheid.** Bei Daun, BAB 48. Platz der FSGrp. Daun
6.6 **Schweighofen.** Bei Minfeld. Platz der FSGrp. Südpfalz
6.7 **Lachen-Speyerdorf.** Westl. Neustadt/Weinstraße. BAB 61, Abf. Schifferstadt, Platz des FSV Neustadt

7. Saarland

7.1 **Saarlouis Düren.** Westl. Dillingen, BAB 620. Platz des FSV Saar
7.2 **Hüttersdorf.** Nördl. Saarbrücken bei Schmelz, B 268. Platz als Leistungszentrum in Vorbereitung

8. Baden-Württemberg

8.1 **Herrenteich.** Zwischen Schwetzingen und Speyer, BAB 61, Abf. Hockenheim. Platz des BPLV Mannheim
8.2 **Bruchsal.** Eichelberg. Platz des FSC 1. LL-Div.
8.3 **Walldorf.** Südl. Heidelberg. Platz des AeC Walldorf
8.4 **Sanzenbach.** Platz des PC Schwäbisch Hall
8.5 **Boxberg/Unterschüpf.** Nähe Bad Mergentheim, BAB 81. Platz des LSV Bauland
8.6 **Schwenningen.** BAB 81. Platz der SpSpGrp. Schwenningen
8.7 **Neuhausen o. Eck.** Östl. Tuttlingen. Platz des FSC 900
8.8 **Freiburg.** Platz des BVf. F., Freiburg
8.9 **Bremgarten.** Bei Freiburg, weiterer Platz des BVf. F. Freiburg
8.10 **Pfullendorf.** Zw. Bodensee und Sigmaringen. Platz des FSC „Jumping Generation“
8.11 **Weingarten.** Platz der FSGrp. 200. Springen nur gelegentlich
8.12 **Schlierstadt,** nördl. Heilbronn, BAB 81, Abfahrt Osterburken

9. Bayern

9.1 **Schweinfurt.** Platz des AeC Schweinfurt
9.2 **Haßfurt.** Östl. Schweinfurt, B 26. Platz des AeC und FSC Schweinfurt
9.3 **Herzogenaurach.** Nordwestl. Nürnberg. Platz des FC Nürnberg, Springen gelegentlich
9.4 **Dingolfing.** Zw. Landshut und Deggendorf. Platz des Ausbildungsvereins Bayern
9.5 **Deggendorf.**
9.6 **Mühldorf/Inn.** Sprungplatz des FSC München
9.7 **Illertissen.** Südl. Ulm, BAB 7. Sprungplatz des FSC Schwaben
9.8 **Kaufbeuren.** Platz des LSV Kaufbeuren
9.9 **Altenstadt.** Bei Schongau. Platz des FSR Süd
9.10 **Fürstenzell.** Bei Passau. Platz des FSV Passau

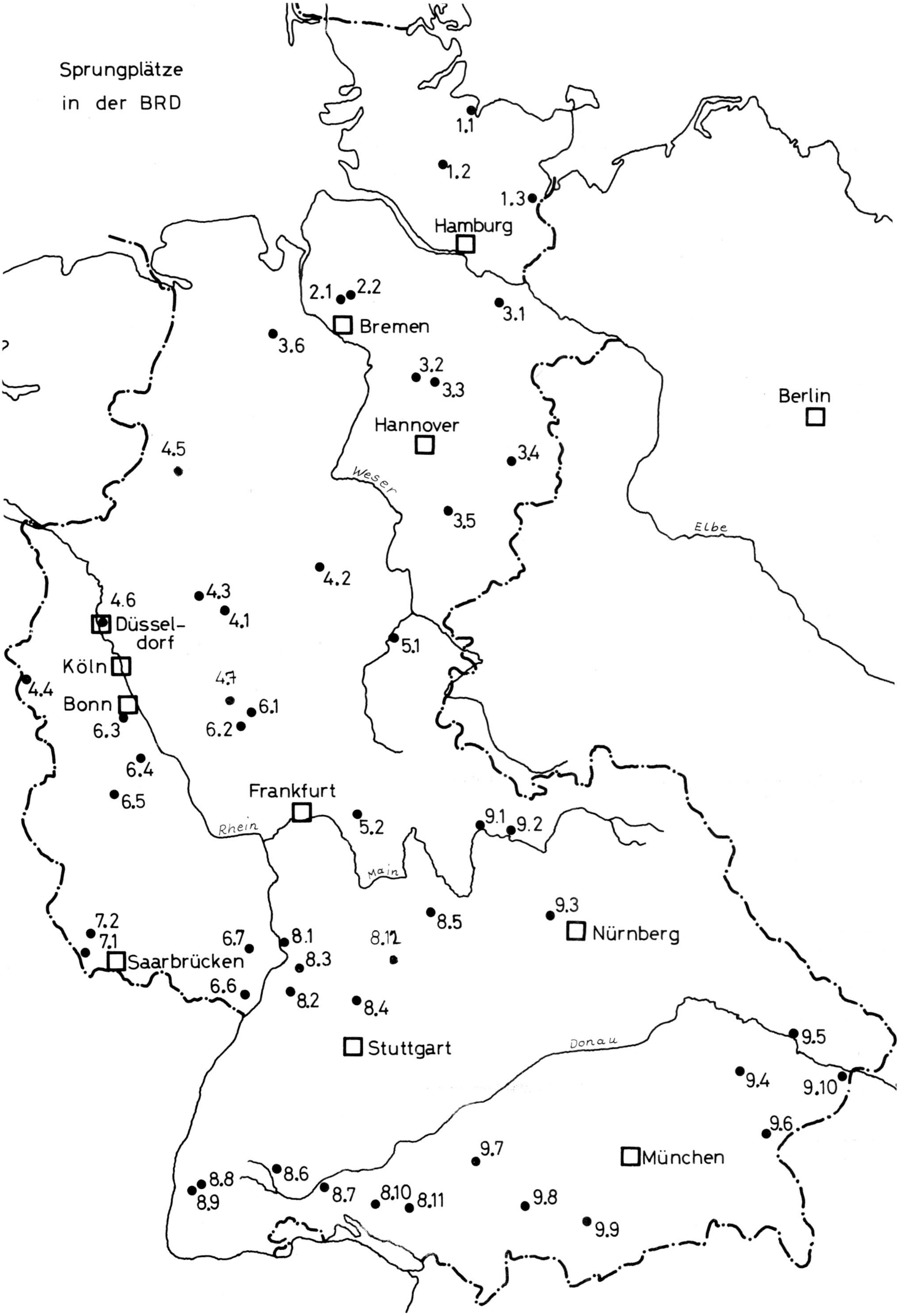

Sprungplätze in der BRD

18. Fallschirmsportmöglichkeiten in Europa

ÖSTERREICH

Allgemeine Information durch:
Österreichischer Aero Club, Haus des Sports, Prinz-Eugen-Straße 12, 1040 Wien

Fallschirmspringergruppe Mühlviertel, z. Hd. Dr. Wilfried Wöss, Schloßweg 19, 4033 Linz, Tel. (07 32) 46 55 53
Sprungplatz: Freistadt
ASKÖ-Fallschirmspringerverein Linz, z. Hd. Helmut Stadler, Neubauerstraße 30, 4063 Hörsching, Tel. (0 72 21) 23 03
Sprungplatz: Wels
Union Fallschirmspringerclub Linz, Postfach 554, 4020 Linz
Sprungplatz: Wels, Freistadt
Weiße Möwe Wels, Postfach 66, 4601 Wels, Tel. (0 72 42) 63 35
Sprungplatz: Wels
Union Paraclub Vorarlberg, Flugplatz Hohenems, 6850 Hohenems
Vorarlberger Fallschirmspringerclub Silvretta, Postfach, 6845 Hohenems
Innsbrucker Fallschirmspringerclub, c/o Institut für Statistik, Müllerstraße 5, 6020 Innsbruck (Prof. Dr. Gerhard Marinell) Tel. (0 52 22) 36 01 / 133
Sprungplatz: Innsbruck, Lienz
Fallschirmspringerclub Ikarus Tyrol, Postfach 22, 6380 St. Johann
Sprungplatz: St. Johann
Alpiner Fallschirmspringerverein Stubai Tirol, z. Hd. Hans Steiger, Mittenwaldweg 1 A/6, 6020 Innsbruck, Tel. (0 52 22) 8 61 60
Sprungplatz: Innsbruck
Erster Tiroler Fallschirmspringerclub, Postfach 7, 6060 Innsbruck
Scharlachberg Salzburg Fallschirmspringerclub, z. Hd. Walter Knauseder, Ulrich Schreierstraße 4/II, 5020 Salzburg, Tel. (0 62 22) 22 68 84
Sprungplatz: Salzburg, Zell am See
Luftsportverein Zell am See, Flugplatz, 5700 Zell am See, Bernd Leitner, Tel. (0 65 42) 25 25
Heeressportverein Klagenfurt-Fallschirmspringen, Mießtalerstraße 11, 9020 Klagenfurt, Tel. (0 42 22) 8 37 61 / 245
1. Kärntner Fallschirmspringerclub, Josef Resselstraße 30, 9020 Klagenfurt, Tel. (0 42 22) 42 91 33
Sprungplatz: Klagenfurt
1. Österreichische Fallschirmspringer Club Graz, Postfach 27, 8011 Graz, Tel. (03 16) 78 11 72, Friedrich Wegerer
Sprungplatz: Graz
Sportfliegerclub Fürstenfeld, Raiffeisengasse 6, 8280 Fürstenfeld
Union-Sportfliegerclub Eisenstadt, Flugplatz Trausdorf, 7061 Trausdorf
FSC Oberwart, z. Hd. Oskar Berszeny, Wiesengasse 25 D 132, 7400 Oberwart
Sprungplatz: Pinkafeld
Union-Sportfliegerclub Punitz-Groß Petersdorf, z. Hd. Alois Ellinger, 8224 Hofkirchen, Tel. (0 33 34) 260
Sportfliegerclub Austria, Matthias-Schönergasse 9, 1150 Wien
Sprungplatz: Wr. Neustadt-Ost
Para-Club-Wiener Neustadt, Gürtelstraße 5, 2700 Wiener Neustadt
N. Ö. Fallschirmspringerclub, Flughafen Schwechat, Hangar 3, 1300 Wien
Sprungplatz: Bad Vöslau
Heeressportverein Wiener Neustadt — Fallschirmspringen, Flugfeldgürtel 15, 2700 Wiener Neustadt, Tel. (0 26 22) 86 41 / 215

SCHWEIZ

Allgemeine Information durch:
Aero-Club der Schweiz, Zentralsekretariat, Lidostraße 5, CH-6006 Luzern 15, Tel. (041) 31 21 21

Para-Centro SA, Aeroporto Cantonale, 6596 Gordola (Professionelle Fallschirmsprungschule, ganzjährig geöffnet) Tel. (093) 67 26 51
Fallschirmgruppe Aivlas Engiadinaisas, z. Hd. Frank Wülser, Imbisbühlstraße 12, 8049 Zürich, Tel. (01) 56 08 21
Para-Club Geneve, Case Postale 318, 1211 Geneve 4
Para Club Ticino, z. Hd. Luciano Gaggetta, Via Morobbia 28, 6512 Glubiasco, Tel. (092) 27 19 55
Vereinigung Deutsch-Schweizerischer Fallschirmsportspringer, Höglerstraße 39, 8600 Dübendorf, Tel. (01) 8 21 06 72
Sprungplatz: Triengen
Paraclub Grenchen-Fallschirmsprungschule, Flugplatz, 2540 Grenchen, Tel. (031) 80 18 18 / 19 (H. P. Schmid)
Paraclub Beromünster, z. Hd. Toni Fricker, Bruggmoosstr. 2, 5454 Bellikon, Tel. (056) 9 69 21
Fallschirmgruppe Sittertal, z. Hd. Beat Buser, Schaffhauserstraße 40 a, 8400 Winterthur, Tel. (052) 22 49 58
Sprungplatz: Sitterdorf
Paraclub Fribourg, z. Hd. Michel Desmeules, 1523 Granges-Marnard, Tel. (037) 64 12 28
Para-Club Valais, z. Hd. Jean Mayor, Rue du Simplon, 3958 St. Leonhard
Sprungplatz: Sion, Yverdon
Squadra Paracadutistica Ticinese, siehe: Para-Centro SA
Paraclub Bern, z. Hd. Hugo Schönholzer, Station, 3815 Zweilütschinen, Tel. (036) 55 22 84
Fallschirmgruppe Freiamt, z. Hd. Kurt Räber, Nordklosterrain 14, 5630 Muri, Tel. (057) 8 23 34
Sprungplatz: Muri bei Buttwil, Greuel
Para-Sport-Club, Flugplatz „Flying Ranch", 6234 Triengen, Tel. (045) 75 15 98
Phantom Para-Club, z. Hd. Jürg Klaey, Bühlweg 14, 3302 Moosseedorf, Tel. (031) 85 18 80

ENGLAND

Allgemeine Information durch:
British Parachute Association LTD, Kimberley House, 47 Vaughan Way, Leicester, LE1 4SG
Tel. (05 33) 5 97 78 / 5 96 35

Peterborough, Parachute Centre, Sibson Airfield, Peterborough, M. J. Meacock (at club adress), Sibson Airfield
Eagle Sport Parachute Centre Ashford Airport, Lympne, Kent
British Skysports, Bridlington Aerodrome, Bridlington, Nth. Humberside Y016 4YB
East Coast Parachute Centre, Ipswich, Airport, Suffolk
Dunkerswell International Skydiving Centre, Dunkeswell Airfield, Devon
Hereford Parachute Club Ltd. Shobdon Aerodrome, Leominster, Hereford, Tel. Kingsland 551
R. S. A. Parachute Club Thruxton Aerodrome, Andover, Hants, Tel. Weyhill 21 24

Alle aufgeführten Adressen sind „Full Time Clubs"

FRANKREICH

Allgemeine Informationen durch:
Fédération Francaise de Parachutisme, 35, rue Saint-Georges, F-75 Paris (9^E)

Centre de Parachutisme B. P. 7, 77320 La Ferté-Gaucher
Tel. 404-01-73
Centre de Parachutisme, Aérodrome B. P. 114, 03000 Moulins, Tel. 44 42 41
Centre de Parachutisme, Aérodrome de Roumantières, 24100 Bergerac, Tel. 57 15 24
Centre Ecole de Parachutisme, B. P. 202, 71107 Chalon-sur-Saône, Tel. (85) 46 15 84
Centre de Parachutisme, 3, passage du Palais-de-Justice, 38000 Grenoble
Centre Ecole de Parachutisme, „Alsace", Aérodrome de Polygone, 67100 Strasbourg-Neudorf
Tel. (88) 34 07 93
Centre de Parachutisme de la Marne, Aérodrome, 51400 Mourmelon-le-Grand, Tel. (26) 69 16 41
Centre Ecole Regional de Parachutisme Sportif Nancy-Lorraine, Aérodrome de Nancy-Azelot, 54210 St. Nicolas-de-Port, Tel. (28) 27 29 45
Centre Ecole Regional de Parachutisme Sportif de Colmar-Alsaçe, Aérodrome, 68000 Colmar-Houssen
Tel. (89) 41 92 90
Centre Ecole Regional de Parachutisme de Lyon, Aérodrome de Lyon Corbas, 69000 Lyon
Tel. (78) 20 21 64
Centre Ecole de Parachutisme de la Corse, Aérodrome de Bastia Poretta, 20200 Bastia
Tel. (95) 31 45 56

NIEDERLANDE

Allgemeine Informationen durch:
Koninklijke Nederlandse Vereniging voor Luchtvaart, Afdeling Parachutespringen, Jozef Israelsplein 8, 2596 AS'S Gravenhage, Tel. (31 70) 24 54 57

Eerste Nederlandse Parachutisten Club, Ringelhof 22, Dordrecht
Sprungplatz: Seppe
Nederlandse Paravereniging TU Zeven, Am Holzbeck 15, Heselingen (BRD), 2509 VP Utrecht-Veldpost, NAPO 880
Sprungplatz: Seedorf Airstrip, Tel. (0 42 81) 20 81 (BRD)
Paraclub Mobiele Colones, POBox 259, Culemborg, Nijhoffstraat 50, 1382 TS Weesp
Sprungplatz: Hilversum
Noord Nederlandse Parachutisten Club, Timorstraat 14 B, Postbus 1587, Groningen
Sprungplatz: Eelde
Vereniging Paracentrum Teuge, Bolkskamp 25, 7576 GH Oldenzaal
Sprungplatz: Teuge
Paracentrum Noord, POBox 567, Hoogeveen
Sprungplatz Hoogeveen
AFCENT Parachute Club, Henri Dunantstr. 129, Brunssum
Sprungplatz: Zutendaal / Belgien (nur für NATO-Bedienstete)
Cadetten Parachutisten Vereniging, KMA Kasteelplein 10, 4811 XC Breda
Sprungplatz: Seppe
Skydiving Club Flying Dutchman, Hoeksekade 83, 2661 GJ Bergschenkhoek
Sprungplatz: Zestienhoven (Rotterdam)
Flevo Paraclub, de Eker 26, Balk
Sprungplatz: Lelystad
Paracentrum Texel, Bob Rienks, Ankerstraat 31, 1794 BH Oosterend, Tel. (0 22 25) 464 / 436
Paraclub Icarus, Pauwenkamp 144, 3607 GK Maarssenbroek
Sprungplatz: Hilversum

DÄNEMARK

Allgemeine Informationen durch:
Dansk Faldskaerms Union (DFU), Indraettens Hus, Brøndby Stadion 20, 2600 Glostrup

DDR

Allgemeine Informationen durch:
Aeroklub der DDR, Langenbeckstraße 36 — 39,
DDR 1272 Neuenhagen / Berlin

SC Dynamo Berlin-Hoppengarten, GST Berlin, GST Karl-Marx-Stadt, TZ Karl-Marx-Stadt, FSC Halle-Oppin, GST Görlitz, GST Magdeburg, GST Dresden, GST Gera-Leumnitz, GST Leipzig-Mockau, EST Jena-Schöngleina, GST Cottbus-Neuhausen

19. Literaturverzeichnis

Zeitschriften

1. FALLSCHIRMSPORT-MAGAZIN, C. v. Hötzendorfstraße 29, A-8010 Graz
2. PARACHUTIST, 806 15th Street, N. W., Suite 444, Washington, D. C. 20005, USA
3. SPORT PARACHUTIST, British Parachute Association, Kimberley House, 47, Vaughan Way, Leicester, LE1 4SG, England
4. Canpara, Canadian Parachutist, C. S. P. A., 333 River Road, Vanier City, Ontario, Kanada K1L 8B9
5. Skydiver Magazin, Verlag Heinz Fischer GmbH, Brunnenstr. 35, 8959 Rieden am Forggensee

Bücher

(1) *v. Falkenberg*, Gustav; Der Fallschirm, Bibliothek für Luftschiffahrt und Flugtechnik, Band 8, Carl Schmidt Verlag, Berlin 1912

(2) *Brown*, W. D.; Parachutes, Sir Issaac Pitman & Sons LTD, London 1951

(3) *Lukin*, A. M.; Der Fallschirmsport, Gesellschaft für Sport und Technik, Halle/Saale 1954 (Dtsche. Übersetzung der russ. Orig. Ausgabe)

(4) *Polosuchin*, P. P.; Sportler zwischen Himmel und Erde, Verlag Sport und Technik, Berlin 1955

(5) *Allemand*, Andre; Parachutiste d'essais, Librairie Hachette 1957

(6) *Antonow*, P.; Sportsprünge mit dem Fallschirm, Verlag Sport und Technik, Berlin 1959 (Dtsche. Übersetzung der russ. Orig. Ausgabe)

(7) *Kittinger* jr., Josef, W.; The long, lonely leap, E. P. Dutton & Co., New York 1961

(8) *Gericke*, Walter; Das Fallschirmspringen, Ein Lehr- und Handbuch, Tilia KG Wiesbaden 1962

(9) *Greenwood*, Jim; Parachuting for Sport, Sports Car Press, New York 1962

(10) Para-Commander, Owner's Manual, Pioneer Parachute Company, Orange USA 1964

(11) *Dr. Bonnet*, Rudolf; Käthchen Paulus, Eigenverlag, Frankfurt 1965

(12) *Gregory*, Howard; The Falcon's Disciples, Pageant Press Inc. New York 1967

(13) *Gunby*, R. A., Sport Parachuting, Jeppesen, Denver 1969

(14) *Prik*, Michel; Initiation au Parachutisme Sportif, Edition Bornemann, Paris 1967

(15) *Halacy*, Dan; Höhe 3 000! Wir springen! Rosenheimer Verlagshaus 1971

(16) *Scherer*, Alois; Fallschirmsportspringer müssen, sollen, dürfen wissen, Eigenverlag Calw 1971

(17) *Florit, Gérard, Dangreaux, Bernard;* Sport Parachutiste, International Aeronautic, Paris 1971

(18) *Shea-Simonds*, Charles; Sport Parachuting, Adam & Charles Black, London 1971

(19) *Sellick*, Bud; Parachutes and Parachuting, United States, Parachute Association, Monterey, USA 1971

(20) *Wenz*, Reinhard; Fallschirmspringen, Dipl.-Arbeit am Staatl. Hochschulinst. für Leibeserziehung, Mainz 1972

(21) *Poynter,* Daniel F.; The Parachute Manual, Parachuting Publications, North Quincy, 3. Auflage 1984

(22) *Lucas*, John; The Big Umbrella, Elm Tree Books, Hamish Hamilton, 90 Great Russell Str. London WC 1 B 3 PT 1972

(23) *Dr. Ragot*, Michel; Le saut en parachute, Aspect psychosocio logique, Editions Masson & Cie, Paris 1972

(24) *Kurowski*, Franz; Ihr Stadion ist der Himmel, Pöppinghaus Verlag, Bochum 1972

(25) *Kurowski*, Franz; Das Buch der Fallschirmspringer, W. Fischer Verlag, Göttingen 1973

(26) *Gregory*, Howard; Parachuting's Unforgettable Jumps, Pageant Press Inc. New York 1974

(27) *Buch*, Hartmut, *Strüber*, Dieter; Abenteuer Fallschirmspringen, transpress, VEB Verlag für Verkehrswesen, Berlin 1974

(28) *Ryan*, Charles, W.; Sport Parachuting, Henry Regnery, Comp., Chicago 1975

(29) *Works*, Pat; The Art of Free Fall Relative Work, USA 1975

(30) *Rosetti*, Steve; Relative Work for Skydivers, Paul Rosetti, Valdosta, USA 1976

(31) *Rode*, Jaques; Parachutisme, Robert Laffont, Paris 1977

(32) *Poynter*, Dan; Parachuting, The Skydivers Handbook, Parachuting Publications, St. Barbara, USA 1978

(33) *Howerski*, D. L.; Body flying, Paraski 1979

(34) *Works*, Pat; United We Fall, USA 1979

(35) *Heller*, Klaus; Fallschirmspringen für Anfänger und Fortgeschrittene, Nymphenburger Verlag 1979

(36) Deutscher Aero Club e. V., Fachgruppe Fallschirmsport, Technisches Betriebshandbuch, 1980

(37) *Fensch*, Thomas; Skydiving book, Anderson World Inc. 1980

(38) *Horan*, Michael; Parachuting Folklore, Parachuting Resources, 1980

(39) *Nelson*, Carl, Jr.; Body pilot, Abstract Publishing, 1980

(40) *Beckmann,* Uwe; Gesetzessammlung für Fallschirmsport, Am Hasengarten 33, 3300 Braunschweig, 9. Auflage 1985

(41) *Keech*, Andy; Skies Call 1 — 3, Andrew C. Keech, P. O. B. 57238, Washington DC., USA 1979 — 1981

(42) Code Sportif, Sektion 5, (Fallschirmsport) Int. Luftsportverband (FAI), Paris 1982

(43) *Fischer*, Heinz; Zwischen Himmel und Erde, H. Fischer-Verlag, 1982

(44) *Horan,* Michael; Index to Parachuting, 1900-1975, Parachuting Resources, 1979

(45) *Horan,* Michael; Index to Parachuting, 1976-1980, Parachuting Resources, 1981

(46) *Parsons,* Terry; Canopy Relative Work, Cutaway Press, 1983

(47) *BPA;* The Best of Sport Parachutist, 1964-1979, British Parachute Association, 1979

(48) *Beckmann,* Uwe; Fallschirmsport in Wort und Bild, S. Toeche-Mittler Verlag, Darmstadt, 8. Auflage, 1986

20. Prüfungsfragen

Stand: Mai 1981

Der nachfolgend abgedruckte Prüfungsfragen-Katalog wurde vom Deutschen Aero Club e. V., Fachgruppe Fallschirmsport, gemeinsam mit dem Bundesministerium für Verkehr und den Verkehrsministerien der Länder erarbeitet und gilt für den Bereich der Bundesrepublik Deutschland.
Die Prüfungsräte wählen nur aus ihm die Fragen für die schriftliche Prüfung aus. Den Fragen werden jeweils vier Antworten nachgestellt, von denen immer nur eine richtig ist (Multiple-Choice-Verfahren).

Beispiel:
Frage:
Welche Farbe hat der wolkenlose Himmel?
Antworten: a) grün b) blau c) schwarz d) rot.

Die richtige Antwort ist in diesem Fall die Antwort b), sie muß angekreuzt werden. Für die Beantwortung aller Fragen in den 5 Sachgebieten hat der Prüfling insgesamt maximal 5 Stunden Zeit. Die Prüfung ist bestanden, wenn in jedem der fünf Sachgebiete 75 % der Antworten richtig sind.

(Anmerkung des Autors: Zum Zeitpunkt der Drucklegung dieser Auflage lag der endgültige offizielle Katalog noch nicht vor. Daher sind geringfügige Abweichungen im Wortlaut insbesondere im Sachgebiet 1 möglich).

Sachgebiet 1:

Luftrecht, Luftverkehrs- und Flugsicherungsvorschriften

1. Welches Gesetz ist die Grundlage für Luftrecht, Luftverkehrs- und Flugsicherungsvorschriften?
2. Welches sind die gültigen Rechtsverordnungen zum Luftverkehrsgesetz?
3. Wo sind die fachlichen Voraussetzungen für den Erwerb der Erlaubnis für Fallschirmspringer niedergelegt?
4. Wer ist für die Ausübung der Luftaufsicht verantwortlich?
5. Was versteht man unter Lufthoheit?
6. Wo darf die Ausbildung von Fallschirmspringern durchgeführt werden?
7. Welche Behörde verlängert die Erlaubnis für Fallschirmspringer?
8. Nach welchen behördlichen Richtlinien wird die Ausbildung und Prüfung zum Erwerb der Erlaubnis für Fallschirmspringer durchgeführt?
9. Die Erlaubnisbehörde kann eine abgelaufene Erlaubnis, deren Gültigkeit nicht länger als eine bestimmte Zeit abgelaufen ist, bei Vorliegen der Voraussetzungen für die Verlängerung erneuern, wenn die rechtzeitige Verlängerung aus entschuldbaren Gründen unterblieben ist. Innerhalb welcher Frist ist dies möglich?
10. Innerhalb wievieler Tage vor Ablauf Ihrer Erlaubnis können Sie die fliegerärztliche Untersuchung durchführen lassen, ohne daß sich das bisherige Datum der Gültigkeit Ihrer Erlaubnis verschiebt?
11. Sie wollen Ihre noch nicht abgelaufene Erlaubnis für Fallschirmspringer verlängern lassen. Wieviele Sprünge müssen Sie innerhalb eines bestimmten Zeitraums nachweisen?
12. Wo müssen Sie die erforderlichen Eintragungen für den Nachweis der praktischen Voraussetzungen für die Verlängerung bzw. Erneuerung Ihrer Erlaubnis für Fallschirmspringer aufführen?
13. Was ist ein Lufttüchtigkeitszeugnis?
14. Was enthalten die „Nachrichten für Luftfahrer"?
15. Welche drei Bundesbehörden sind dem Bundesminister für Verkehr direkt unterstellt?
16. Welches sind die vollständigen fachlichen Voraussetzungen für den Erwerb der Erlaubnis für Fallschirmspringer?
17. Was umfaßt die praktische Ausbildung?
18. Welche Luftfahrtbehörde ist zuständig für die Genehmigung von Landeplätzen?
19. Welche Arten von Flugplätzen unterscheidet das LuftVG?
20. Was bedeutet Hauptwolkenuntergrenze?
21. Was ist Flugsicht?
22. Wann kann die Erlaubnisbehörde eine Überprüfung Ihrer praktischen Fähigkeiten anordnen?
23. Aus welcher luftrechtlichen Vorschrift ergibt sich die Haftpflichtversicherungspflicht für Sprungfallschirme?
24. Wer haftet für Schäden gegenüber Dritten, wenn der Fallschirm ohne Wissen oder Verschulden des Fallschirm-Halters benutzt wurde?
25. Was sind die drei wichtigsten Arten von Prüfungen für musterzulassungspflichtiges Luftfahrtgerät?
26. Was ist eine Nachprüfung?
27. Welche Behörde ist für die Musterzulassung von zulassungspflichtigen Fallschirmen zuständig?
28. Dürfen Sie auf jedem Flugplatz einen Fallschirmsprung machen?
29. Welches Dokument u. a. gibt Auskunft über die letzte und nächste Nachprüfung eines Fallschirms?
30. Wo finden Sie Angaben über die Instandhaltung und Wartung Ihres Fallschirms?
31. Welchen Ausweis müssen Sie besitzen, wenn Sie selbständig einen Fallschirmsprung machen wollen?
32. Ab welcher Sprunghöhe müssen Sie ein Sauerstoffgerät benutzen?
33. Ihre Erlaubnis ist vor vier Wochen abgelaufen. Zum Einreichen des Antrags auf Erneuerung fehlen Ihnen noch drei Sprünge. Dürfen Sie diese ohne weiteres machen?
34. Ihnen kommt ein anderer Fallschirm direkt entgegen. Nach welcher Seite weichen Sie aus?
35. Müssen Sie ein Sprungbuch führen?
36. Sie wollen einen Fallschirmsprung in einem Nahver-
37. Dürfen Sie aus jedem Luftfahrzeug Fallschirmabsprünge durchführen?
38. Was müssen Sie als Halter eines Fallschirms dem Luftfahrt-Bundesamt unverzüglich anzeigen?
39. Was sind Fallschirme im Sinne des Gesetzes?
40. Wer ist berechtigt, Nachprüfungen von musterzulassungspflichtigen Fallschirmen durchzuführen?
41. Wer hat das Recht, die einem Fallschirmspringer vorgeschriebenen Papiere zu überprüfen?
42. Wann berechtigt eine Erlaubnis für Fallschirmspringer nur zu Fallschirmsprüngen mit automatischer Auslösung?
43. Was gehört zur ordnungsgemäßen Wartung eines Personenfallschirms?
44. Welche Sperrfrist sollten Sie zwischen dem Genuß von Alkohol und dem nächsten Sprung mindestens einhalten?

45. Wovon müssen Sie sich bei der Vorbereitung Ihres Fallschirms für einen Sprung überzeugen?
46. Was wird die Erlaubnisbehörde in jedem Falle von Ihnen verlangen, wenn Sie einen Antrag auf Außenlandung stellen?
47. Dürfen Sie für einen anderen Fallschirmspringer den Fallschirm packen?
48. Welche Versicherung muß für einen Sprungfallschirm abgeschlossen werden?
49. Wo finden Sie die Angaben der zulässigen Betriebszeiten für musterzulassungspflichtige Rettungsfallschirme?
50. Wie bezeichnet man die Veröffentlichungen zur Behebung von Mängeln, die sich beim Betrieb eines Luftfahrtgeräts herausstellen und die die Lufttüchtigkeit beeinträchtigen?
51. Wie hoch ist die gesetzlich vorgeschriebene Mindestversicherungssumme (Haftpflicht) für einen Fallschirm?
52. Bei einer Annäherung an den Zielkreis bemerken Sie kurz vor der Landung vor sich etwa 10 m tiefer einen weiteren Schirm, der ebenfalls auf den Zielkreis zufliegt. Was tun Sie?
53. Welchen waagerechten Mindestabstand beim Sprung im kontrollierten Luftraum müssen Sie von Wolken halten?
54. Darf ein Sprungschüler Fallschirmsprünge ohne Auftrag eines Sprunglehrers durchführen?
55. Kann ein Personen-Fallschirm, der seine zulässige Betriebszeit erreicht hat, weiter benutzt werden?
56. Wem müssen Störungen, die beim Betrieb eines Fallschirms auftreten, angezeigt werden?
57. Was ist eine NOTAM?
58. Welche finanziellen Folgen ergeben sich für jemand, der ohne Wissen und Willen des Halters einen Fallschirm benutzt und einen Schaden gegenüber Dritten verursacht?
59. Wovon muß sich jeder Springer, der als Absetzer im Luftfahrzeug tätig wird, beim Absetzen überzeugen?
60. Was ist u.a. eine anzeigepflichtige Störung an Ihrem Fallschirm?
61. Welche Personen dürfen die praktische Ausbildung von Fallschirmspringern durchführen?
62. Wer ist für die ordnungsgemäße Instandhaltung eines Fallschirms verantwortlich?
63. Beinhaltet die Erlaubnis für Fallschirmspringer auch die Erlaubnis für manuelle Sprünge?
64. Wer genehmigt Luftfahrtveranstaltungen?
65. Mit welcher Gültigkeitsdauer wird eine Erlaubnis für Fallschirmspringer erteilt?
66. Welche Flugsicht benötigen Sie für Absprünge im kontrollierten Luftraum?
67. Welcher Zeitraum gilt als Nacht?
68. Auf welcher Karte ist die Luftraumstruktur der Bundesrepublik Deutschland abgedruckt?
69. Wann ist die Erlaubnis für Fallschirmspringer zu widerrufen und der Luftfahrerschein einzuziehen?
70. In welchem Teil der AIP können Sie ersehen, ob ein Flugplatz für Fallschirmsprünge zugelassen ist?
71. Aus welchem Teil des Luftfahrthandbuches (AIP) Bd. I können Sie die Vorschriften über ein Gebiet mit Flugbeschränkung entnehmen?
72. Welche Veröffentlichungen können Sie in den Nachrichten für Luftfahrer Teil I finden?
73. Welche Veröffentlichungen können Sie in den Nachrichten für Luftfahrer Teil II finden?
74. Die Ausbildung von Fallschirmspringern wird nach welchen Empfehlungen durchgeführt?
75. In welcher Verordnung ist das Mitführen von Sauerstoff geregelt?
76. Welche Behörde nimmt die Auswertung und Weitergabe von Wetterdaten wahr?
77. Wo findet sich die Grundregel über das Verhalten jedes Luftverkehrsteilnehmers; welche Verordnung sagt dies ausführlich?
78. Was ist eine nichtgenehmigte Außenlandung?
79. Welche Strafe kann bei Durchführung einer nicht genehmigten Außenlandung ausgesprochen werden?
80. Wie wird eine Ordnungswidrigkeit nach dem Luft VG geahndet?
81. Wer ist für die Veröffentlichung der NfL, NOTAMs und der AIP zuständig?
82. Gibt es Fallschirme, die nicht der Versicherungspflicht unterliegen?
83. Wer kann Ihnen einen Sprungauftrag zur Erneuerung Ihrer Erlaubnis für Fallschirmspringer erteilen, zur Erfüllung der für die Erlaubnis notwendigen Sprünge?
84. Aus welcher Höhe über Grund dürfen Sie Fallschirmsprünge durchführen, wenn Ihr Flugplatz unterhalb eines Nahverkehrsbereiches „Sektor A“ liegt und die Flugsicht 5 km beträgt?
85. Bei welchem Blutalkohol (BAK) tritt nach heutigen Erkenntnissen unbedingte Sprunguntüchtigkeit ein?

Sachgebiet 2
Theorie des freien Falls

1. Welche Kräfte beeinflussen hauptsächlich den Fall eines Springers unmittelbar nach Verlassen des Absetzluftfahrzeugs?
2. In welchem Raum erfährt ein fallender Körper eine gleichförmige Beschleunigung?
3. In welchem Raum fällt ein Körper mit fast gleichbleibender Geschwindigkeit?
4. Die Schwerkraft ist die Kraft, mit der ein Springer von der Erde angezogen wird. Welche Kraft wirkt ihr entgegen?
5. Was beeinflußt den Luftwiderstand, ausgenommen die Form und Größe des fallenden Körpers?
6. Welche gleichbleibende Fallgeschwindigkeit erreichen Sie nach etwa 10 s Freifall in normaler X-Lage, in 1000 Meter Höhe?
7. Wovon hängt Ihre persönliche, normale Fallgeschwindigkeit ab?
8. In welcher Sprunglage fällt ein Springer am schnellsten?
9. In welcher Sprunglage fällt ein Springer am langsamsten?

10. Wieviel m legen Sie in X-Lage in den ersten 10 s Freifall etwa zurück?
11. Sie springen aus 2000 m Höhe über Grund. Wieviel Verzögerungszeit steht Ihnen bei X-Lage bis zur Öffnungshöhe von ca. 800 m maximal zur Verfügung?
12. Wie können Sie sich Ihre maximale Verzögerungszeit bis zur Öffnungshöhe ausrechnen?
13. Nach welcher Faustformel kann man bis zu einer Sprunghöhe von 3000 m NN die Verzögerungszeit berechnen?
14. Was ist das Wichtigste für eine stabile X-Lage?
15. Welche Absetzhöhe benötigen Sie für 6o s Verzögerungszeit?
16. Wie bringt man eine ungewollte leichte Drehbewegung zum Stillstand?
17. Wieviel m Höhe verlieren Sie ungefähr beim Öffnungsvorgang des manuellen Hauptfallschirms?
18. Welche Körperform hat den größten Widerstand bei gleichgroßer Stirnfläche?
19. Wieviel m sind 5000 ft?
20. Wie sieht die Freifallage für Schüler aus (X-Lage)?
21. Wodurch erzielt man automatisch ein gutes Hohlkreuz?
22. Durch welchen Fehler kippt der Anfänger beim Ziehen des Aufziehgriffs seitlich ab?
23. Wie heißt die Kraft, die einen Springer zur Erde fallen läßt?
24. Wie ändert sich die Armhaltung gegenüber der Freifalllage für Schüler (X-Lage) bei der Reduktion in die nächstkleinere Lage (Froschlage)?
25. Wie ändert man die Beinhaltung gegenüber der Freifalllage für Schüler (X-Lage) bei der Reduktion in die nächstkleinere Lage (Froschlage)?
26. Zum Ablesen des Höhenmessers oder zum „Suchen" des Aufziehgriffs senken Sie Ihren Kopf stark auf die Brust. Was kann das leicht zur Folge haben?
27. Welche Art von Gleichgewicht ergibt sich für einen Springer im Freifall, wenn der (ideellle) Angriffspunkt des Luftwiderstandes mit dem Körperschwerpunkt zusammenfällt?
28. Welche Art von Lage ergibt sich für einen Springer im Freifall, wenn der (ideelle) Angriffspunkt des Luftwiderstandes tiefer liegt als der Körperschwerpunkt und außerdem noch seitlich versetzt?
29. Um wieviel Grad muß die von Oberkörper und Armen gebildete Fläche bei einer Horizontaldrehung etwa gegen die Luftanströmung geneigt sein?
30. Welche Körperhaltung führt zu einer Horizontaldrehung?
31. Welchen Arm strecken Sie seitlich um etwa 45° zur Körperlängsachse nach vorn, und um etwa 45° nach unten, um eine Linksdrehung zu machen?
32. Was verstehen Sie unter „innerem" Arm bei einer Drehung?
33. Was verstehen Sie unter „äußerem" Arm bei einer Drehung?
34. Welche Hand liegt bei einer schnelleren Rechtsdrehung etwa vor Ihrem Gesicht und welchen Ellenbogen müssen Sie anheben?
35. Wie drehen Sie etwa Ihren Kopf bei einer Horizontal-Drehung?
36. Was passiert, wenn Sie bei einer Drehung den inneren Arm nicht um 45° seitlich zur Körperachse ausstrecken, sondern senkrecht nach unten?
37. Was machen Sie , wenn Sie merken, daß Sie ins Flachtrudeln geraten?
38. Wie können Sie kleine Strecken „horizontal" vorwärts fahren?
39. Wie können Sie senkrechte Entfernungen zu anderen Springern ausgleichen?
40. Wie leiten Sie einen Salto rückwärts aus der Froschlage ein?
41. Wie kommen Sie gewollt in die Rückenlage?
42. Ist Ihre Fallgeschwindigkeit beim Freifall in Rückenlage i. a. größer oder kleiner als in Bauchlage?
43. Zeigt ein auf dem Brustreservegerät montierter Höhenmesser in Rückenlage eine größere oder kleinere Höhe an, als wirklich noch vorhanden ist?
44. Warum ist die Wirkung von Arm- und Beinbewegungen in Rückenlage im allgemeinen größer als in der Bauchlage?
45. Bei einem Sprung aus 2000 m Höhe stellen Sie nach Verlassen des Flugzeugs fest, daß Sie zu weit über Ihrem Absetzpunkt hinausgekommen sind. Können Sie diesen Absetzfehler während des Freifalls in gewissen Grenzen korrigieren?
46. Um etwa wieviel Prozent Ihrer Freifallstrecke können Sie sich durch eine gute Flash-Haltung gleichzeitig horizontal verschieben?
47. Wie kommen Sie aus einer Rückenlage in die Bauchlage?
48. Was versteht man unter einem „stabilen Freifall"?
49. Sie bemerken eine rollende oder wippende Bewegung Ihres Körpers beim „Flashen". Was ist die Ursache?
50. Wodurch verändern Sie den Neigungswinkel im „Flash"?
51. Nach wieviel Sekunden Freifall erreichen Sie in Froschlage in etwa Ihre maximale Fallgeschwindigkeit?
52. Zu welchem Zeitpunkt beschleunigt Ihr Körper im Freifall nicht mehr?
53. Was ist die Ursache dafür, daß Ihre maximale Fallgeschwindigkeit in größerer Höhe (z. B. 3000 m) größer ist, als in geringerer Höhe (z. B. 1000 m)?
54. Ist Ihre maximale Fallgeschwindigkeit in 3000 m Höhe größer oder kleiner als in 1000 m Höhe?
55. Wie groß sollte die Neigung des Körpers gegen die Horizontale etwa sein, um eine optimale Horizontalbewegung zu erreichen?
56. Was ist das Wesentliche an einer guten Flash-Haltung?
57. In welcher Lage befinden Sie sich in der Endphase des Flachtrudelns?
58. Wie stoppt ein fortgeschrittener Springer eine ungewollte, horizontale Drehbewegung, die trotz der üblichen Gegenmaßnahmen immer schneller wird?
59. Welche Art von Gleichgewicht ergibt sich für einen Springer im Freifall, wenn der (ideelle) Angriffspunkt des Luftwiderstandes oberhalb des Körperschwerpunktes liegt?

Sachgebiet 3
Meteorologie

1. Wieviel Prozent Sauerstoff enthält das Gasgemisch Luft etwa?
2. Die Luftdichte ist abhängig von Luftdruck und Lufttemperatur. Wann nimmt sie zu?

3. Mit welcher Lufttemperatur kann in 2000 m Absetzhöhe über Grund bei einer erdbodennahen Lufttemperatur von 20° gerechnet werden?
4. Was ist Luft?
5. Was bedeutet physikalisch „Luftdruck"?
6. Bei welchem Höhenunterschied halbieren sich Luftdruck und Luftdichte?
7. Mit welchem Hilfsmittel können Sie Ihre Abdrift vom Flugzeug aus feststellen?
8. Ihr Landeplatz liegt auf der Luvseite eines leicht ansteigenden Hanges, die Windgeschwindigkeit beträgt 5 m/s. Womit müssen Sie rechnen?
9. Was verstehen Sie unter Luftdichte?
10. Wieviel m Abdrift ergibt sich theoretisch bei einer Windgeschwindigkeit von 6 m/s, wenn ein Rundkappen-Fallschirm ohne Steuerschlitze eine Sinkgeschwindigkeit von 5 m/s hat und in 600 m Höhe geöffnet ist?
11. Um wieviel Grad nimmt die Temperatur mit zunehmender Höhe pro 100 m ab?
12. Warum ist die Windgeschwindigkeit in Bodennähe häufig geringer als in der Höhe?
13. Die Angabe einer Windgeschwindigkeit von 12 Knoten entspricht etwa wieviel m/s?
14. Welche akute Gefahr bringt Ihnen ein sich näherndes Gewitter?
15. Was bedeutet die Windrichtungsangabe 135 Grad?
16. Barometrische Höhenmesser sind nach der Standard-Atmosphäre geeicht. Wann fliegt man daher in einer etwas geringeren Höhe als der Höhenmesser anzeigt?
17. Barometrische Höhenmesser sind nach der Standard-Atmosphäre geeicht. Wann fliegt man daher in einer etwas größeren Höhe als der Höhenmesser anzeigt?
18. Wie wird Ihr Fallschirm bei einem Sprung auf einen hoch über NN gelegenen Platz beeinflußt?
19. Welche atmosphärischen Erscheinungen können Ihre Sicht beim Sprung beeinträchtigen?
20. Was bedeutet einsetzender starker Regen für den laufenden Sprungebtrieb?
21. Was verstehen Sie unter Böigkeit eines Windes?
22. Wo tritt u. a. ein für einen Fallschirmspringer gefährlicher Abwind auf?
23. Warum steht Ihnen ab 4000 m Höhe und mehr nicht mehr genügend Sauerstoff zur Verfügung, obwohl die prozentualen Anteile annähernd gleich bleiben?
24. Sie werfen einen Winddrifter und stellen fest, daß er nach 120 s etwa 600 m vom Ziel entfernt landet. Wie groß ist die mittlere Windgeschwindigkeit?
25. Wie bezeichnet man eine aufwärtsgerichtete Umlenkung eines Horizontalwindes, der gegen ein Hindernis (z. B. Hügel, Wald, höheres Gebäude) anströmt?
26. Welches ist die Leeseite eines Hindernisses?
27. Welches ist die Luvseite eines Hindernisses?
28. Was ist ein mechanischer Abwind?
29. Welchen Einfluß haben Auf- und Abwinde jeglicher Art auf eine Fallschirmkappe?
30. Ihr Ziel liegt im Lee eines Hügels. Womit müssen Sie bei der Annäherung rechnen?
31. An einem sonnigen Sommertag steuern Sie auf einen großen hellen Kieskreis zu. Wie führen Sie die Annäherung durch?
32. Sie wollen einen Nachtsprung machen und messen 0 m/s Windgeschwindigkeit am Boden. Woran müssen Sie denken?
33. Ist es ratsam, nur den Zug der Wolken zur Beurteilung der Windrichtung am Boden hinzuzuziehen?
34. Auf Ihrem Zielgelände ist kein Windsack vorhanden. Woran können Sie u. a. die Bodenwind-Richtung erkennen?
35. Worauf müssen Sie achten, wenn Sie sich die Richtung des Bodenwindes aus dem Flugzeug anhand der Rauchfahne eines Schornsteins ermitteln wollen?
36. Ein Gewitter nähert sich rasch. Was bedeutet das für den laufenden Sprungbetrieb?
37. Ist es möglich, daß die Sinkgeschwindigkeit eines Fallschirms durch Aufwinde aufgehoben wird, oder daß ein Fallschirm sogar durch sie nach oben getragen wird, statt zu sinken?
38. Was verstehen Sie unter Windrichtung?
39. Wodurch entstehen thermische Aufwinde?
40. Über welcher Fläche erwarten Sie bei Sonneneinstrahlung thermische Abwinde, die den Gleitweg Ihres Fallschirms verkürzen?
41. Über welcher Fläche erwarten Sie bei Sonneneinstrahlung thermische Aufwinde, die den Gleitweg Ihres Fallschirms verlängern?
42. Sie haben am Tag über einem See einen Abwind, über einem Sprungplatz in der Nähe einen Aufwind, Windrichtung also vom See aufs Land. Ist es nachts genauso?
43. Wie heißt die automatische Flugwetteransage für die Allgemeine Luftfahrt?
44. Die Bundesrepublik Deutschland ist im GAFOR-System nach Gebietskennzahlen eingeteilt. Wo sind diese veröffentlicht?
45. Wie entsteht Wind?

Sachgebiet 4
Technik

1. In welche beiden Gruppen unterteilt man die Personenfallschirme im Fallschirmsport?
2. Welche Fallschirme müssen Sie bei einem Fallschirmsprung mitführen?
3. Wie wird der Reserve-Fallschirm getragen?
4. Wozu dient der Reserve-Fallschirm?
5. Es gibt im Wesentlichen zwei Auslösearten für Fallschirme. Welche sind dies?
6. Welche Auslöseart kommt grundsätzlich nur für Anfänger in Frage?
7. Welcher Teil eines automatischen Fallschirms bewirkt die Auslösung?
8. Wodurch wird die Auslösung eines manuellen Fallschirms bewirkt?
9. Ist eine automatische Auslösung eines Fallschirms außer mit einer Aufziehleine auch noch anders möglich?
10 Welches Bauteil übernimmt zum Teil die Aufgabe der Aufziehleine bei einem manuellen Fallschirm?
11. In welcher Reihenfolge erfolgt die Streckung bei einem automatischen Fallschirm?
12. In welcher Reihenfolge erfolgt die Streckung bei einem manuellen Fallschirm mit Packschlauch?
13. Wann wird der Packschlauch bei der Entfaltung eines manuellen Sprungfallschirms abgezogen?
14. Wozu dient ein Packschlauch im wesentlichen?

15. In welcher Reihenfolge erfolgt die Streckung bei einem Reserve-Fallschirm mit Hilfsschirm?
16. In welcher Reihenfolge erfolgt die Streckung bei einem manuellen Sprungfallschirm mit Packsack?
17. Wo werden die Fangleinen bei einem manuellen Sprungfallschirm mit Packschlauch eingeschlauft?
18. Wie lang sollte eine Aufziehleine i. a. mindestens sein? sein?
19. Wie bezeichnet man die Sektoren einer Fallschirmrundkappe vom Scheitel bis zur Basis?
20. Wie wird der untere Rand einer Fallschirmrundkappe bezeichnet?
21. Welche drei Hauptschlitzformen kennen Sie bei Rundkappenfallschirmen?
22. Was würde das Weglassen der Scheitelöffnung bei einer Rundkappe ohne Schlitze bewirken?
23. Wie bezeichnet man die einzelnen Abschnitte einer Bahn in der Fallschirmkappe?
24. Aus welchem synthetischen Gewebe bestehen meist die heutigen Fallschirmkappen?
25. Worauf ist beim Beginn des Einschlaufens der Fangleinen bei einem manuellen Fallschirm mit Packschlauch unbedingt zu achten?
26. Aus welchem natürlichen Gewebe werden z. T. noch die Übungsfallschirmkappen hergestellt?
27. Welche Funktionen haben die verschiedenartigen Fehlbahnen/Schlitze in einer Fallschirmkappe?
28. Was bewirkt das Ziehen an einer Steuerleine direkt an der Kappe?
29. Aus welchen 6 Baugruppen besteht ein manueller Fallschirm mit Packschlauch?
30. Was bewirkt das Ziehen an einer Steuerleine?
31. Mit welchen Arbeiten beginnt der Packvorgang eines Fallschirms?
32. Was müssen Sie nach dem Legen der Bahnen kontrollieren?
33. Erfolgt die Fangleinenkontrolle vor dem Überziehen des Packschlauches oder danach?
34. Welche Verschlußarten von Packhüllen gibt es?
35. Wozu dienen Packöffnungsbänder an einer Packhülle?
36. Worauf ist beim Anlegen eines Gurtzeuges zu achten?
37. Wodurch kann eine ungleichmäßige Verteilung der Stoßkräfte während der Entfaltung eines Fallschirms und damit u. U. Körperschaden veruracht werden?
38. Was sollte man an einem seit etwa 1 Monat gepackten Fallschirm vor dem Sprung durchführen?
39. Wo finden Sie eine genaue Beschreibung und die Pack anweisung für einen Fallschirm?
40. Mit welchem Knoten wird die Hilfsschirmverbindungsleine am Hilfsschirm befestigt?
41. Mit welchem Knoten wird die Hilfsschirmverbindungsleine mit dem Packschlauch verbunden?
42. Aus welchen Material bestehen im allgemeinen die Gurtzeuge?
43. Worauf müssen Sie nach dem Einführen der Verschlußstifte eines manuellen Fallschirms achten?
44. Aus welchem Material ist der Packschlauch gefertigt, wenn die Kappe aus Nylon bzs. Perlon besteht?
45. Warum darf ein Packschlauch nicht aus Nylon bzw. Perlon bestehen, wenn die Kappe aus diesem Material besteht?
46. Welches sind die optimalen Lagerungsbedingungen für Fallschirme?
47. Wie lagern Sie einen Fallschirm in der Tragetasche?
48. Worauf müssen Sie bei starker Sonneneinstrahlung achten?
49. Womit waschen Sie verschmutzte Kappen und Gurtzeuge?
50. Was müssen Sie mit Ihrem Fallschirm nach einer Wasserung im Salzwasser tun?
51. Wo muß jedes Packen eines Schülerfallschirms und eines Reservefallschirms gewissenhaft eingetragen werden?
52. Welche Aufgabe hat der Hilfsschirm eines Fallschirms mit Packschlauch nach dem Strecken der Fallschirmkappe und der Fangleinen?
53. Nach welcher Packfrist müssen gepackt gelagerte Fallschirme (Nylonkappen) vor dem Springen geöffnet und neu gepackt werden?
54. Nach welcher Frist müssen gepackt gelagerte Fallschirme (Baumwollkappen) vor dem Springen geöffnet und neu gepackt werden?
55. Welche Fangleinen kontrollieren Sie bei der Fangleinenkontrolle bei einer Rundkappe auf freien Verlauf?
56. Darf ein nasser oder feuchter Fallschirm gepackt werden?
57. Wer darf Reparaturen aller Art an Rettungs-Fallschirmen für Fallschirmspringer durchführen?
58. Dürfen Sie bei Ihrem eigenen Sport-Fallschirmsystem die Hauptkappe durch eine andere Hauptkappe austauschen?
59. Welche Teile Ihres Fallschirms dürfen Sie selbst auswechseln?
60. Wie sollte eine Packfläche beschaffen sein?
61. Welche Bekleidung eignet sich am besten für das Fallschirmspringen?
62. Welches Teil der persönlichen Sprungausrüstung ist zu Ihrer eigenen Sicherheit unbedingt erforderlich?
63. Welches Schuhzeug sollten Sie als Sprungschüler tragen?
64. Wodurch können Sie erforderlichenfalls Ihren Fußgelenken einen zusätzlichen, festen Halt geben?
65. Sollten Sie als Freifallspringer eine Schutzbrille tragen?
66. Ab welcher Sprunghöhe sollten Sie einen Höhenmesser mitführen?
67. Ab welcher Höhe müssen Sie ein Sauerstoffgerät benutzen?
68. Wie kann man am besten die Dauer des Freifalls überwachen?
69. Worauf müssen Sie vor dem Start achten, wenn Sie einen Höhenmesser bei sich führen (Startplatz = Sprungplatz?
70. Ihr Sprungplatz liegt um 300 m tiefer als Ihr Startplatz. Wie stellen Sie Ihren Höhenmesser vor dem Start ein?
71. Mit welchem Instrument überwachen Sie Absprung-, Freifallstrecke und Öffnungshöhe?
72. Sie setzen einen Winddrifter aus 700 m GND und stellen fest, daß dieser bei einer Sinkzeit von 140 Sekunden etwa 700 m vom Ziel entfernt gelandet ist. Wie groß ist die Windgeschwindigkeit?
73. Wie groß ist die Sinkgeschwindigkeit eines Rundkappenfallschirms etwa?
74. Woraus ergibt sich die Landegeschwindigkeit eines Springers?
75. Wie sollten Landungen von wenig geübten Springern grundsätzlich durchgeführt werden?
76. Wodurch erreichen Sie eine horizontale Bewegung einer schlitzlosen Rundkappe in eine bestimmte Richtung?

77. Wodurch erhält Ihr Fallschirm einen Eigenvortrieb?
78. Um beim Landefall Verletzungen zu vermeiden, sollten Sie unbedingt eine richtige Körperhaltung einhalten. Welches sind die wichtigsten Punkte dabei?
79. Wie steuern Sie den Zielkreis an, wenn Sie bereits eine gewisse Erfahrung mit Ihrem Rundkappenfallschirm haben und sicher sind, daß Sie den Zielkreis erreichen?
80. Sinkgeschwindigkeit des Fallschirms: 5 m/s;
Eigenvortrieb: 3 m/s;
Windgeschwindigkeit: 4 m/s;
Wieweit dürfen Sie in 600 m Höhe über Grund höchstens bzw. mindestens vom Ziel entfernt sein, um es noch zu erreichen?
81. Wozu dient ein Öffnungsautomat?
82. Ein Fallschirm ist genau in der Windachse in 700 m GND voll geöffnet. Wie weit darf er bei einer Windgeschwindigkeit von 10 Knoten, einem Schirmvortrieb von 5 m/s und einer Sinkgeschwindigkeit von 5 m/s höchstens vom Ziel entfernt sein, um es noch zu erreichen?
83. Nach welchen Prinzipien arbeitet ein Öffnungsautomat?
84. In ca. 10 m Höhe am voll gebremsten Schirm stellen Sie fest, daß Sie über das Ziel hinauskommen. Was tun Sie?
85. Wie bezeichnet man den gedanklich festgelegten Raum, in dem man sich bei einer Zielannäherung ständig aufhalten muß, um das Ziel zu erreichen?
86. Welche zwei Vorgänge spielen sich bei der Entfaltung einer Fallschirmkappe ab?
87. Was ist ein Sollbruchband?
88. Welche zwei Vorgänge spielen sich bei der Entfaltung einer Fallschirmkappe ab?

Sachgebiet 5
Verhalten in besonderen Fällen

1. Nach dem Absprung mit einem automatischen Fallschirm oder nach dem Ziehen des Aufziehgriffes eines manuellen Fallschirms bleibt die Packhülle eines Fallschirms geschlossen. Wie bezeichnet man diese Funktionsstörung?
2. Was ist eine mögliche Versagerursache bei einem manuellen Fallschirm?
3. Wann öffnen Sie das Reservegerät, wenn Sie einen Versager bei Ihrem Hauptfallschirm mit Zwangsauslösung feststellen?
4. Welche Kontrolle muß man vor einem automatischen Sprung durchführen, um eine Hängenbleiben am Flugzeug zu verhindern?
5. Nach dem Betätigen des Aufziehgriffes stellen Sie keine Reaktion Ihres Fallschirmes fest. Was können Sie zunächst tun?
6. Wie bezeichnet man eine Funktionsstörung, bei der der Fallschirm zwar aus der Packhülle herauskommt, aber nur mehr oder weniger begrenzt tragfähig ist?
7. Welche der aufgeführten Funktionsstörungen ist eine Fehlöffnung?
8. Wie bezeichnet man den folgenden Zustand:
die Fallschirmkappe ist gestreckt, entfaltet sich aber nicht, weil die Öffnung der Basis behindert ist oder der Packschlauch nicht abgezogen wird?
9. Eine oder mehrere Fangleinen haben sich bei der Entfaltung über die Kappe gelegt. Wie wird diese Funktionsstörung bezeichnet?
10. Ihre Kappe ist voll geöffnet, jedoch haben sich Ihre Fangleinen etwa 2 m hoch zusammengedreht. Was tun Sie?
11. Sie bemerken, daß Ihre Hochleistungsrundkappe eine „Fahne“ gebildet hat. Sie fallen sehr schnell, ohne Drehungen. Was tun Sie?
12. Sie haben ein „Brötchen“. Ihr Fallschirm sinkt offenbar etwas schneller und mit leichter Drehung. Betätigen Sie die Kappentrennschlösser?
13. Sie haben ein „Brötchen“. Ihr Fallschirm sinkt offenbar etwas schneller und mit leichter Drehung. Wie öffnen Sie das Reservegerät?
14. Welche Maßnahmen sind in welcher Reihenfolge bei einer Wasserung erfoderlich?
15. Aufgrund eines starken Windes werden Sie nach der Landung am Boden geschleift. Wie können Sie das schnell unterbinden?
16. Sie stellen sehr spät fest, daß Sie das Ufer eines Gewässers doch nicht mehr erreichen. Wie können Sie sich bei der Wasserung sehr schnell von Fangleinen und Kappe befreien?
17. Was macht Ihre linke Hand, wenn die rechte das Reservegerät im Falle eines „Brötchen“ aufzieht?
18. Sie müssen in einem fließenden Gewässer wassern. Der Wind weht sehr stark in die entgegengesetzte Richtung der Stömung. Wie wassern Sie?
19. Eine Baumlandung läßt sich nicht vermeiden. Welche Haltung nehmen Sie ein?
20. Sie sehen, daß Sie in eine Hochspannungsleitung geraten. Welche Haltung nehmen Sie ein?
21. Sie müssen wassern. Ihrer Schätzung nach liegt die Stelle aber nicht allzuweit vom Ufer entfernt. Ist es dann vertretbar, auf vorbereitende Maßnahmen zur Wasserung zu verzichten und zu versuchen, mit dem Schirm schwimmend das Ufer zu erreichen?
22. Sie befinden sich in der Endannäherung auf den Zielkreis, in dem noch einige Springer mit ihren Fallschirmen stehen, die gerade gelandet sind. Wie verhalten Sie sich?
23. Sie springen in einer Formation in 1500 m Höhe. Plötzlich bemerken Sie ca. 300 m unter sich einen geöffneten Fallschirm. Was tun Sie?
24. Bei Ihrem Absetzflugzeug setzt im Steigflug in 1500 m Höhe plötzlich der Motor aus. Was tun Sie?
25. Ihr Reservegerät geht in der Absetzmaschine auf und fällt aus der Verpackung. Was tun Sie?
26. Eine Baumlandung ist unvermeidlich geworden. Wie stellen Sie die Fallschirmkappe?
27. Welche Fehler bei der Landung können schwerwiegende Verletzungen zur Folge haben?
28. Ein Springer hat sich bei der Landung schwerer verletzt. Welche Maßnahmen sind zu ergreifen?
29. Nach dem Absprung bleiben Sie an der Aufziehleine am Flugzeug hängen. Sie sind bei vollen Bewußtsein. Was tun Sie?

21. Deutsche Rekorde

Stand: Januar 1986

Einzel-Rekorde

Höhen-Rekorde

G-1-a, Herren: Erich Lepkowski (Gifhorn), 8720 m Freifallstrecke, Celle, 23. 9. 1964

Ziel-Rekorde

G-1-b, Damen, Tag: Gerda-Maria Klostermann, 3 Nullsprünge und 0,01 m.

G-1-b, Herren, Tag: Hans-Helmut Herold (Altenstadt) 9 aufeinanderfolgende Nullsprünge, Altenstadt, 1-8. 8. 1981

Stil-Rekorde

G-1-c, Damen: Dr. Christine Bauer (Calw), 8,76 s, Meissendorf, 9. 8. 1978

G-1-c, Herren: Siegfried Albrecht (Altenstadt), 6,17 s, Zhengshout (China), 18. 6. 1982

Mannschafts-Rekorde

Höhen-Rekorde

G-2-a, Herren (Achter-Mannschaft): – Die Mannschaft, die den Rekord aufstellte, bestand aus 10 Springern. Dies lassen die Regeln zu.
Horst Docter, Rüdiger Heym, Tomm Krämer, Rolf Leip, Friedrich Nottbohm, Peter Oltmann, Hans-Martin Riekert, Dieter Schlemann, Wolfgang Wegscheider, Werner Würger.
Mittel der Freifallstrecke aller Mannschaftsmitglieder: 9072 m Hohn bei Rendsburg, 24. 10. 1975

Ziel-Rekorde

G-2-b, Herren (Vierer-Mannschaft), Tag: Horst Kraus, Axel Hooge, Christian Stübler, Siegfried Albrecht (alle Altenstadt) 1 Nullsprung der gesamten Mannschaft, im nachfolgenden Sprung 8 cm Gesamtentfernung.
Graz, 19. 8.-23. 8. 1981

G-2-b, Herren (Achter-Mannschaft), Tag: Nach den 1986er Bestimmungen noch nicht aufgestellt.

Formations-Rekorde

Längste Sequenz (Vierer):
Lother Lippold, K. Deissenberger, Jan Rojek, Detlev Rüsing
13 Formationen
Sun City (Bophuthatswana), 15. 12. 1984

Längste Sequenz (Achter):
Karl-Heinz Musial, Werner Sünkel, Hans-Dieter Pfeifer, Stefan Kurzner, Holger Schulte, Lothar Lippold, Jan Rojek, Manfred Schafroth
9 Formationen
Worms, 7. 8. 1984

Größte Formation:
12 Frauen, Kassel-Calden, 24. 7. 1983
28 Personen, La Ferté Gaucher (Frankreich), 22. 7. 1984

Kappen-Formations-Rekorde

Vierer-Rotation:
P. Pfalzgraf, W. Baldauf, P. Schäfer, N. Schillak, 12 Punkte, Toogoolawah (Australien), 10. 10. 1984

Vierer-Sequenz:
H. J. Domhardt, M. Hameister, J. Reichardt, L. Andersen, 4 Sequenzen, Toogoolawah (Australien), 16. 10. 1984

Achter (Zeit):
W. Baldauf, M. Engelbrecht, R. Jellinek, M. Hameister, P. Pfalzgraf, P. Schäfer, N. Schillak, U. Walczak, 1 min, 44 s, La Palisse (Frankreich), 1. 8. 1982

Mitglieder, Vereine, Absprünge Fallschirme (BRD)

Jahr	Mitglieder	Vereine	Absprünge	Fallschirme ohne Res.-Ger.
1956	43	7	417	17
1957	68	8	600	39
1958	112	10	800	59
1959	164	13	1 500	87
1960	225	15	2 259	114
1961	306	17	3 103	151
1962	399	20	6 471	189
1963	498	23	8 199	237
1964	603	24	8 613	265
1965	679	26	9 897	312
1966	754	27	11 452	356
1967	863	29	15 040	398
1968	979	32	22 914	469
1969	1 186	35	28 140	507
1970	1 502	41	38 285	684
1971	1 616	45	48 699	710
1972	1 781	47	52 912	815
1973	1 914	51	58 911	956
1974	2 176	54	68 818	1 201
1975	2 349	62	77 887	1 358
1976	2 657	61	82 436	1 507
1977	3 039	59	90 357	1 600
1978	3 340*	68	100 223	1 700
1979	3 451	68	98 477	1 975
1980	3 600*	72*	105 000*	2 050*

* Hochgerechnete Zahlen, genauere liegen nicht vor, ebenfalls nicht für die folgenden Jahre.

22. Weltmeisterschaften

Datum Ort Land	Teilnehmer Frauen Männer Nationen	Zielspringen Sprungzahl / Absprunghöhe Ges. Entfernung Frauen	Männer	Stilspringen Sprungzahl / Absprunghöhe Zeitmittel Frauen	Männer	Kombination Frauen	Männer	Mannschaftszielspringen Sprungzahl / Absprunghöhe Ges.-Entfernung Frauen	Männer	Nationenwertung Frauen	Männer
16.-20.8. 1951 Bled (YU)	2 15 6	2 Spr./500 m 1 Wasserspr. aus 350 m	2 Verz.-Spr./2000 m			Monique Laroche (F)	Pierre Lard (F)				
2.-8.8. 1954 St. Yan (F)	2 29 7	2 Spr./600 m	2 Verz.-Spr./1500 m	1 Spr. (nur Körperhaltung)		Valentina Seliverstova (UdSSR)	Ivan Fedtschischin (UdSSR)	2. Spr.	1. UdSSR 2. CSSR 3. Frankreich		
29.7.-4.8. 1956 Moskau (UdSSR)	23 50 10	2 Spr./600 m	2 Verz.-Spr./1500 m	2 Spr. (nur Drehungen)		Josepha Maksova (CSSR)	Gustav Koubek (CSSR)	2 Spr. / 1000 m 1. UdSSR 2. CSSR 3. Bulgarien	1. CSSR 2. UdSSR 3. Bulgarien		
3.-10.8. 1958 Bratislava (CSSR)	21 57 14	2 Spr./1000 m	2 Verz.-Spr./1500 m	2 Spr. /2500 m (erstm. heutiges Programm)		Nadja Prischinova (UdSSR)	Pjotr Ostowski (UdSSR)	2 Spr. / 1000 m 1. UdSSR 2. Polen 3. Bulgarien	1. UdSSR 2. CSSR 3. Bulgarien		
7.-14.8. 1960 Sofia (Bulg)	42 45 12	4 Verz.-Spr. / 2000 m Monique Gallimard (F)	Zdenek Kaplan (CSSR)	2 Spr. / 2000 m Zoubova (UdSSR)	Jim Arender (USA)	Bozena Rejzlova (CSSR)	Zdenek Kaplan (CSSR)	4 Verz.-Spr. / 2000 m 1. CSSR 2. UdSSR 3. Frankreich	1. UdSSR 2. CSSR 3. Bulgarien		
11.8.-3.9. 1962 Orange (USA)	35 98 25	4 Spr. / 1000 m Dagmar Kuldova (CSSR)	Gerard Treves (F) 0,82 m aus 2 Spr.	Maria Stancikova (CSSR)	Evgenij Tkatschenko (UdSSR) 9,4 s	Muriel Simbro (USA)	Jim Arender (USA)	3 Verz.-Spr. / 1500 m (nur 2 gewertet) 1. USA 239,22 m 2. CSSR 3. Polen	1. CSSR 40,57 m 2. USA 3. UdSSR		
30.7.-17.8. 1964 Leutkirch (BRD)	41 133 29	3 Spr./1000 m Valentina Seliverstova (UdSSR)	3 Verz.-Spr./1500 m Heinz Schaal (DDR) 0 m/2 Spr.	3 Spr. / 2000 m Tee Taylor (USA) 10,8 s	Evgenij Tkatschenko (UdSSR) 8,5 s	Tee Taylor (USA)	Dick Fortenberry (USA)	4 Spr. / 1000 m (2 gewertet) 1. DDR 221,53 m 2. Bulgarien 3. USA	1. CSSR 23,33 m 2. UdSSR 3. USA	1. USA 2. DDR 3. UdSSR	1. CSSR 2. UdSSR 3. USA
24.7.-6.8. 1966 Leipzig (DDR)	36 72 18	4 Spr. / 1000 m Lidia Jeremina (UdSSR)	Günther Gerhardt (DDR) 0 m / 3 Spr.	3 Spr. / 2000 m Tatjana Woinova (UdSSR) 9,15 s	Vladislav Krestiannikov (UdSSR) 7,4 s	Lidia Jeremina (UdSSR)	Vladislav Krestiannikov (UdSSR)	4 Spr. / 1000 m (2 gewertet) 1. UdSSR 12,13 m 2. Ungarn 3. CSSR	1. UdSSR 11,98 m 2. Kanada 3. CSSR	1. UdSSR 2. CSSR 3. Ungarn	1. UdSSR 2. CSSR 3. Kanada

11.-25.8. 1968 Graz (A)	53 129 26	4 Spr./1000 m Helena Tomsikova (CSSR) 0,89 m	erstm. alle gewertet Jaroslav Kalous (CSSR) 0 m	3 Spr. / 2000 m Tatjana Woinova (UdSSR) 9,23 s	Vladimir Gurny (UdSSR) 7,56 s	Tatjana Woinova (UdSSR)	Evgenij Tkatschenko (UdSSR)	3 Spr. / 1000 m 1. CSSR 6,32 m 2. UdSSR 3. Ungarn	1. DDR 10,31 m 2. USA 3. England	1. UdSSR 2. USA 3. CSSR	1. USA 2. UdSSR 3. DDR
6.-20.9. 1970 Bled (YU)	54 129 28	4 Spr. / 1000 m Zdena Zarybnicka (CSSR) 0,30 m	Donald E. Rice (USA) 0,12 m	3 Spr. / 2000 m Valentina Zakoreckaja (UdSSR) 9,04 s	Aleksej Jacmenev (UdSSR) 7,42 s	(Ziel-Mittel + 1/2 Stil-Mittel) Marie France Baulez (F) 4.7914	Aleksej Jacmenev (UdSSR) 4.0136	3 Spr. / 1000 m 1. Frankreich 6,44 m 2. UdSSR 3. Bulgarien	1. CSSR 1,10 m 2. Jugoslawien 3. Kanada	1. CSSR 25,7486 2. UdSSR 3. Bulgarien	1. CSSR 18,2353 2. UdSSR 3. Kanada
5.-20.8. 1972 Tahlequah (USA)	42 145 31	10 Spr. / 800 m A. Dioujova (UdSSR) 3,01 m	Majer (CSSR) 0,12 m	5 Spr. / 2000 m Marie France Baulez (F) 8,48 s	Jean Claude Armaing (F) 7,18 s	Barbara Karkoschka (DDR) 5,256	Clayton Schoelpple (USA) 3,923	5 Spr. / 1000 m 1. Bulgarien 8,79 m 2. CSSR 3. DDR	1. Schweiz 3,79 m 2. UdSSR 3. CSSR	1. UdSSR 24,07 2. DDR 3. CSSR	1. UdSSR 17,78 2. USA 3. CSSR
25.7.-12.8. 1974 Szolnok (Ungarn)	73 155 31	6 Spr. / 800 m Natalia Mamaj (UdSSR) 0,29 m	Stanislav Sidor (Pol) 0,01 m	3 Spr. / 2000 m Maja Kostina (UdSSR) 7,705 s	Jean Claude Armaing (F) 6,662 s	Natalja Sergejeva (UdSSR) 4,121	Nikolaj Usmajev UdSSR) 3,615	3 Spr. / 1000 m 1. DDR 9,41 m 2. Polen 3. Bulgarien	1. Österreich 2,80 m 2. DDR 3. USA	1. UdSSR 23,7833 ·2. DDR 3. Bulgarien	1. CSSR 17,21 2. USA 3. DDR
13.-25.9. 1976 Rom (I)	72 130 28	8 Spr. / 800 m Maria Ledbetter (USA) 0,05 m	Jean Dermine (F) 0 m	4 Spr. / 2000 m Irina Klabuhn (DDR) 7,475 s	Grigori Surabko (UdSSR) 6,60 s	Valentina Zakoreckaja (UdSSR) 3,9475	Grigori Surabko (UdSSR) 3,370	4 Spr. / 1000 m 1. USA 0,84 m 2. UdSSR 3. Bulgarien	1. USA 0,06 m 2. Polen 3. UdSSR	1. USA 16,6512 2. UdSSR 3. DDR	1. UdSSR 14,5775 2. USA 3. Frankreich
26.8.-6.9. 1978 Zagreb (YU)	65 122 25	10 Spr. / 800 m Jacky Smith (GB) 0 m	Andreas Partsch (DDR) 0 m	4 Spr. / 2000 m Cheryl A. Stearns (USA) 7,47 s	Nikolaj Usmajev (UdSSR) 6,82 s	Platzzifferquadrat Ziel + Stil Cheryl A. Stearns (USA) 5	Igor Tjorlo (UdSSR) 20	4 Spr. / 1000 m 1. USA 0,51 m 2. UdSSR 3. CSSR	1. DDR 0,08 m 2. BRD 3. UdSSR	1. UdSSR 2. USA 3. DDR	1. DDR 2. UdSSR 3. BRD
15.-28.8 1980 Kazanlak (Bulg.)	58 123 25	10 Spr. / 800 m Kathy Cox (Can.) 0,11 m	Dirk Boidin (B) 0 m	4 Spr. / 2000 m Aleksandra Tschvatschko (UdSSR) 7,15 s	Nikolaj Usmajev (UdSSR) 6,45 s	Platzzifferquadrat Ziel + Stil Irina Walkhoff (DDR) 45	Nikolaj Usmajev UdSSR) 26	4 Spr. / 1000 m 1. DDR 0,05 m 2. China 3. UdSSR	1. DDR 0,02 m 2. UdSSR 3. Schweiz	1. DDR 2. UdSSR 3. CSSR	1. UdSSR 2. DDR 3. Frankreich
6.-20. 8. 1982 Lucenec (CSSR)	71 121 24	10 Spr./800 m Cheryl A. Stearns (USA) 0,08 m	Bernd Wiesner (DDR) 0,01 m	4 Spr./2000 m Irina Walkhoff (DDR) 7,43 s	Maurice Fernandez (USA) 7,14 s	Platzzifferquadrat Ziel + Stil Larisa Koriceva (UdSSR) 25	Bernd Wiesner (DDR) 50	4 Spr./1000 m 1. Bulgarien 0,23 m 2. Kanada 3. CSSR	1. Frankreich 0,22 m 3. BRD 3. Australien	1. CSSR 2. UdSSR 3. DDR	1. DDR 2. Frankreich 3. UdSSR
29. 8.-9. 9. 1984 Vichy (Frankr.)	71 135 26	10 Spr./800 m Mei YU (China) 0,05 m	Sergej Skouropat UdSSR 0,03 m	4 Spr./2000 m Barbara Harzbecker (DDR) 7,57 s	Nikolaj Usmajev (UdSSR) 7,21 s	Platzzifferquadrat Ziel + Stil Barbara Harzbecker (DDR) 37	Ronald Eilenstein (DDR) 25	5 Spr./1000 m 1. UdSSR 0,33 m 2. China 3. DDR	1. UdSSR 0,32 m 2. Jogoslawien 3. Österreich	1. UdSSR 2. DDR 3. China	1. UdSSR 2. USA 3. DDR

Formationsspringen

1. WM

4. — 15. 9. 75 Warendorf (Bundesrepublik Deutschland), 230 Teilnehmer aus 22 Nationen, 20 Vierer-Mannschaften, 15 Zehner-Mannschaften.

Vierer-Programm: 10 Sprünge aus 2500 m; Stern-Rückwärtssalto — verschiedene Folgeformationen.

Die Zeit zwischen Trennung im Stern und letzem Griff in der Folgeformation wurde gestoppt.

1. USA 4,992 s (i. M.)
2. Frankreich 5,669 s
3. Bundesrepublik Deutschland 7,283 s

Zehner-Programm: 10 Sprünge aus 3000 m; Zehner-Stern nach Zeit, 5 Sekunden zu halten.

1. USA 16,385 s (i.M.)
2. Australien 17,515 s
3. Frankreich 17,775 s

Nationenwertung:

1. USA 213,77 Ges. Sekunden
2. Frankreich 234,44 Ges. Sekunden
3. Bundesrepublik Deutschland 252,84 Ges. Sekunden

2. WM

21. — 30. 11. 77 Gatton (Australien), 153 Teilnehmer aus 19 Nationen, 19 Vierer-Mannschaften und 10 Achter-Mannschaften.

Vierer-Programm: 5 Sprünge feststehende Sequenzen und 5 Sprünge frei ausgeloste Sequenzen aus 2750 m. Die Zahl der Formationen pro Sequenz innerhalb der Arbeitszeit von 35 Sekunden ergab die Wertung in Punkten.

1. Kanada 73 Punkte
2. Schweden 71 Punkte
3. Bundesrepublik Deutschland 58 Punkte.

Achter-Programm: Analog Vierer, Absprunghöhe 3250 m, Arbeitszeit 50 Sekunden.

1. USA 42 Punkte
2. Bundesrepublik Deutschland 41 Punkte
3. Frankreich 39 Punkte

Nationenwertung (Punkte-Summe aus Vierer und Achter):

1. Kanada 111 Punkte
2. Bundesrepublik Deutschland 99 Punkte
3. USA 97 Punkte

3. WM

22. 8. — 2. 9. 79 Châteauroux (Frankreich), 164 Teilnehmer aus 19 Nationen, 19 Vierer-Mannschaften und 11 Achter-Mannschaften. Vierer- und Achter-Programm mit ähnlichen Sequenzen wie bei der 2. WM.

Vierer: 1. Kanada 82 Punkte
2. England 77 Punkte
3. Australien 73 Punkte

Achter: 1. USA 66 Punkte
2. Kanada 49 Punkte
3. Frankreich 46 Punkte

Keine Nationen-Wertung.

4. WM

9. — 18. 10. 81 Zephyrhills (Florida, USA), Teilnehmer aus 20 Nationen, 19 Vierer-Mannschaften und 12 Achter-Mannschaften. Vierer- und Achter-Programm mit ähnlichen Sequenzen wie bei der 2. WM.

Vierer: 1. USA 116 Punkte
2. Kanada 116 Punkte
3. England 109 Punkte

Die USA gewannen das Stechen (1 Sprung) mit 13 Punkten (Kanada 12 Punkte).

Achter: 1. USA 83 Punkte
2. Kanada 81 Punkte
3. Australien 79 Punkte

Keine Nationen-Wertung.

5. WM

9.-19. 12. 83 Sun City (Bophuthatswana), Teilnehmer aus 9 Nationen, 9 Vierer-Mannschaften und 6 Achter-Mannschaften: Vierer- und Achter-Programm mit ähnlichen Sequenzen wie bei der 2. WM.

Vierer: 1. Schweiz 115 Punkte
2. USA 108 Punkte
3. Südafrika 101 Punkte

Achter: 1. USA 102 Punkte
2. Schweiz 72 Punkte
3. Südafrika 53 Punkte

6. WM

15.-25. 9. 85 Mali Losinj (Jugoslawien), Teilnehmer aus 20 Nationen, 20 Vierer-Mannschaften und 11 Achter-Mannschaften. Erstmalig mit Block- und Einzelformationssystem.

Vierer: 1. USA 118 Punkte
2. Kanada 112 Punkte
3. Frankreich 109 Punkte

Achter: 1. USA 120 Punkte
2. Frankreich 96 Punkte
3. Kanada 88 Punkte

23. Weltrekorde

Stand: April 1982

Einzelrekorde

G-1-a: Höhensprünge

Allgemeine Kategorie: E. Andrejew; UdSSR, Volsk 1. 11. 1962
24 500 m Freifall

Frauen: Elvira Fomitschewa; UdSSR, Odessa, 26. 10. 1977
14 700 m Freifall

G-1-b: Zielsprünge

Allgemeine, Tag: N. Filinkova; UdSSR, Grozny, 14.-28. 10. 1983, 22 Nullsprünge und 1 cm.

Frauen, Tag: s. Allgemeine Kategorie

Allgemeine, Nacht: A. Milovanov; UdSSR, Grozny, 15.-25. 10. 1983, 18 Nullsprünge und 3 cm

Frauen, Nacht: Cheryl A. Stearns; USA, Titusville, 29. 10.-10. 11. 1984, 13 Nullsprünge und 3 cm

G-1-c: Stilsprünge

Allgemeine: Zh. Jianzhong; China, Zhengzhou, 22. 6. 1982 – 5,6 Sekunden für ein Programm

Frauen: Cheryl A. Stearns; USA, Zagreb (YU), 27. 8. 1978 – 6,30 Sekunden für ein Programm

Mannschaftsrekorde

G-2-a: Höhensprünge

Allgemeine:
Vierer-Mannschaft: überboten von Achter-Mannschaft

Achter-Mannschaft: Andrejew, Petritchenko, Techesnokov, Korolev, Molodtsov, Katkov, Borsnoy, Koudriachov, Mamaev; UdSSR, Astrakhagne, 24. 4. 1975
14 780 m Freifall

(Anm.: Die Regeln erlauben auch größere Mannschaften, daher hier 10 Springer)

Frauen:
Vierer-Mannschaft: überboten von Achter-Mannschaft

Achter-Mannschaft: Bourlaka, Nina Pronjuschkina, Jewgenija Jegorowa, Nadeschda Wassilkowa, Valentina Buchtojarowa, Margarita Tschernezkaja, Soja Wakarewa, Emma Salmina, Tatjana Denjgub, Lidia Fischer; UdSSR, Odessa, 26. 10. 1977, 14 215 m Freifall (Anm.: siehe Männer)

G-2-b: Zielsprünge

Allgemeine, Tag:
Vierer-Mannschaft: P. Yagilev, M. Balaev, S. Lanskov, A. Milovanov; UdSSR, Grozny, 21.-26- 10. 1983, 6 Nullsprünge und 4 cm

Achter-Mannschaft: V. Chaika, B. Rumiantsev, M. Bannikov, A. Falaleev, A. Nikitin, A. Kosikh, A. Zelenin, V. Sovbocher; UdSSR, Telavi 19.- 22. 10. 1983, 2 Nullsprünge und 3 cm

Allgemeine, Nacht:
Vierer-Mannschaft: J. Schilling, H. Bennett, C. Jones, M. Gabriel; USA, Titusville, 19.-29. 10. 1984, 3 Nullsprünge und 1 cm

Achter-Mannschaft: M. Jones, Ch. Stearns, J. Schilling, H. Bennett, C. Jones, M. Gabriel, F. Gerber, Ch. Heegemann; USA, Titusville, 17.-29. 10. 1984, 1 Nullsprung und 3 cm

Frauen-Tag:
Vierer-Mannschaft: E. Korotkova, V. Bushina, O. Bazhenova, L Lozovich; UdSSR, Telavi, 19.-22. 10. 1983, 4 Nullsprünge und 3 cm

Achter-Mannschaft: E. Korotkova,, L. Korycheva, E. Alexeeva, T. Sokolova, I. Kriuchkova, G. Rakovich, N. Filinkova, E. Burkova; UdSSR, Ashkhabad, 27.-30. 10. 1984, 2 Nullsprünge

Frauen, Nacht:
Vierer-Mannschaft: L. Korycheva, E. Alexeeva, N. Kolesnik, E. Korotkova; UdSSR, Ashkhabad, 27.-30. 10. 1984, 3 Nullsprünge

Achter-Mannschaft: E. Korotkova, L. Korycheva, E. Alexeeva, N. Kolesnik, I. Krichkova, G. Rakovich, N. Filinkova, E. Burkova; UdSSR, Ashkhabad, 27.-30. 10. 1984, 1 Nullsprung und 8 cm

G-2-c: Formationssprünge

Allgemeine: USA, Deland, 3. 4. 1983, 72 Personen

Längste Sequenz:
Allgemeine:
Vierer-Mannschaft: I. Bakhtine, V. Gavrilov, A. Korotkova, N. Mladinova; UdSSR, Telavi, 8. 10. 1981, 21 Formationen

Achter-Mannschaft: J. Callaghan, C. Fronk, K. Lane, S. Meek, M. Parnell, D. Peters, M. Sheerin, D. Wilds; USA, Sun City, 11. 12. 1983, 17 Formationen

Frauen:
Größte Formation: USA, Deland, 24. 3. 1984, 48er Formation

Längste Sequenz:
Vierer-Mannschaft: E. Polzikova, N. Mladinova, E. Alexeeva, L. Noroseltseva; UdSSR, Telavi, 8. 10. 1981, 19 Formationen

Achter-Mannschaft: W. Neustrup, D. Rowland, B. Chalfout, U. Thal, T. Mc Cormick, C. Deli, D. Arbogast, D. Morrison; USA, Perris, 1. 3. 1980, 5 Formationen

G-2-d: Kappen-Formationssprünge

Vierer-Rotation:
Allgemeine: Z. Hesheng, W. Yongli, Zhang Li, Chen Li; China, Shanjie, 28. 5. 1983, 22 Formationen

Frauen: L. Dudina, E. Logvinenko, L. Isaeva, L. Zelenina; UdSSR, Telavi, 5. 10. 1984, 4 Formationen

Vierer-Sequenz: noch nicht aufgestellt

Zeit-Achter:
Allgemeine: Frankreich, Toogoolawah (Australien), 15. 10. 1984, 50,77 Sekunden

Frauen: UdSSR, Telavi, 3. 10. 1984, 5 Minuten, 34 Sekunden

Größte Formation:
Allgemeine: USA, September 1985, 28 Personen

Frauen: UdSSR, Telavi, 3. 10. 1984, 8 Frauen

Der Autor

Uwe Beckmann ist eine der bekanntesten und angesehensten Persönlichkeiten im deutschen Fallschirmsport. Seine Sportspringer-Ausbildung erhielt der promovierte Bauingenieur und Geschäftsführer eines Ingenieurbüros während seiner neunmonatigen Praktikantenzeit in Grenoble (Frankreich) in den Jahren 1965/66, vorher hatte er als Fallschirmspringer bei der Bundeswehr schon 30 militärische Sprünge absolviert.

Bis heute hat er insgesamt über 800 Sprünge in seine Sprungbücher eingeschrieben, darunter sportliche Höhepunkte wie den Gewinn der ersten Deutschen Jugend-Meisterschaft 1967 und den 6. Platz im Zehner beim 2. Relativ-Weltcup in Südafrika 1974.

1968 holte ihn der damalige 1. Vorsitzende der Fachgruppe Fallschirmsport des Deutschen Aero-Club, Erich Lepkowski, als Geschäftsführer in den Verband, in dem er bis 1981 als 2. Vorsitzender mitarbeitete. Maßgeblichen Anteil hatte er in den letzten Jahren an der Entwicklung des auch in diesem Buch abgedruckten Prüfungsfragen-Katalogs, an den „Empfehlungen für die Reaktion bei Funktionsstörungen von Fallschirmen“ sowie an der Lösung der Zulassungsfragen für Sportfallschirme.

Uwe Beckmann ist der Verfasser zahlreicher Artikel über den Fallschirmsport. Von 1972 bis 1978 war er alleiniger Herausgeber und Redakteur des „sportspringer-magazins“, der ersten deutschsprachigen Fachzeitschrift für Fallschirmsport. Durch sie erhielt der Sport wesentliche Impulse während dieser Zeit der enormen Weiterentwicklung von Sprung- und Fallschirmtechnik.

Als einer der sechs internationalen Schiedsrichter der Bundesrepublik Deutschland sammelte Uwe Beckmann große Erfahrungen auf zahlreichen Wettbewerben und Meisterschaften im In- und Ausland. Für 1979 wählte ihn die Internationale Fallschirmsport-Kommission CIP (Commission Internationale de Parachutisme) des Weltluftsportverbandes FAI zum Chef-Schiedsrichter der 3. Formations-WM in Chateauroux (Frankreich).

Seit 1970 ist Uwe Beckmann der Delegierte der Bundesrepublik Deutschland in der CIP. Er erwarb sich bei den Delegierten aus über 40 Ländern ein hohes Ansehen.

1971 wählte man ihn zum erstenmal zum 2. Vize-Präsidenten. Große Verdienste erwarb sich Uwe Beckmann bei der Ausarbeitung mehrerer Fassungen des Code Sportif, Sektion 5, den internationalen und nationalen Regeln für den Fallschirmsport, an denen er maßgeblich beteiligt war.

Von 1976 bis 1983 war Uwe Beckmann der 1. Vize-Präsident der CIP, seit 1983 ist er ihr Präsident. Schwerpunkte seiner Arbeit sind die olympische Anerkennung des Fallschirmsports, die 1985 erreicht wurde, und eine Unterstützung seiner weltweiten Verbreitung.